JONAS SALZGEBER

DAS KLEINE HANDBUCH DES STOIZISMUS

Zeitlose Betrachtungen, um Stärke, Selbstvertrauen und Ruhe zu erlangen

DAS KLEINE HANDBUCH DES STOIZISMUS

Zeitlose Betrachtungen, um Stärke, Selbstvertrauen und Ruhe zu erlangen

JONAS SALZGEBER

Bibliografische Information der Deutschen Nationalbibliothek
Die Deutsche Nationalbibliothek verzeichnet diese Publikation in der Deutschen Nationalbibliografie. Detaillierte bibliografische Daten sind im Internet über https://dnb.de abrufbar.

Für Fragen und Anregungen
info@m-vg.de

Wichtiger Hinweis
Ausschließlich zum Zweck der besseren Lesbarkeit wurde auf eine genderspezifische Schreibweise sowie eine Mehrfachbezeichnung verzichtet. Alle personenbezogenen Bezeichnungen sind somit geschlechtsneutral zu verstehen.

9. Auflage 2026

Türkenstraße 89
80799 München
Tel.: 089 651285-0

Übersetzung: Kerstin Brömer
Redaktion: Anne Büntig-Blietzsch
Korrektorat: Claudia Fregiehn
Umschlaggestaltung: Marc-Torben Fischer
Illustrationen Cover und Innenteil: © 2019 Jonas Salzgeber. All rights reserved. Die Abbildungen auf den Seiten 27, 52, 56, 92, 97, 100, 108 wurden für die deutsche Ausgabe bearbeitet von Manuela Amode.
Satz: Carsten Klein, Torgau
Druck: ScandBook, Litauen
Printed in the EU

MIX
Papier | Fördert gute Waldnutzung
FSC® C021394
www.fsc.org

ISBN Print 978-3-95972-270-4
ISBN E-Book (PDF) 978-3-96092-495-1
ISBN E-Book (EPUB, Mobi) 978-3-96092-496-8

PRODUZIERT MIT VERANTWORTUNG

Inhalt

Die Macht der Philosophie

»Die Macht der Philosophie, Schicksalsschläge abzufedern, ist unglaublich. Kein Wurfgeschoss kann sich in ihrem Körper einnisten; sie ist gut geschützt und undurchdringlich. Manchen Geschossen raubt sie die Kraft und wehrt sie mit den lockeren Falten ihres Gewandes ab, als besäßen sie keinerlei Macht, Schaden zuzufügen; andere schlägt sie beiseite und schleudert sie mit Wucht auf den Absender zurück. Leb wohl.«

– SENECA

Vorwort für die deutsche Ausgabe

Ich selbst hätte nie gedacht, dass ich einmal ein Buch veröffentliche, und dann noch in verschiedenen Sprachen. Das hört und fühlt sich immer noch verrückt an, aber es hat sich nun so ergeben. Jetzt sitze ich hier mit einem Lächeln im Gesicht, und schreibe dieses Vorwort für die deutsche Ausgabe. Richtig, ich als Deutschschweizer schrieb das Buch auf Englisch. Auch das hat sich so ergeben. Im Jahr 2015 lancierten mein Bruder Nils und ich NJlifehacks, einen englischsprachigen Blog über Persönlichkeitsentwicklung. Seither schrieben wir alles auf Englisch und bauten eine bemerkenswerte und treue Leserschaft auf.

Dieses Buch erschien mit dem Originaltitel *The Little Book of Stoicism* im Januar 2019 und verkaufte sich besser als erhofft. Fast täglich erhalte ich positive Rückmeldungen von fremden Personen, die mir danken und detailliert schildern, wie ihnen dieses praxisorientierte Buch im Leben weiterhilft. Einige sprechen mit der Familie beim Abendessen darüber, andere versuchen die Prinzipien ihren Kindern mitzugeben, und viele nehmen sich die Zeit, eine Bewertung oder sogar einen Artikel darüber zu verfassen. Für diese unerwartete Wertschätzung und Unterstützung bin ich enorm dankbar. Vielleicht ist dies der Lohn für die harte Arbeit, die hinter der Veröffentlichung dieses Buches steckt.

Im Selbststudium brachte ich mir das Wissen der antiken Stoiker bei, und seither habe ich versucht, es im eigenen Leben anzuwenden. Nach zahlreichen beliebten Artikeln auf unserem Blog und dank des notwendigen Drucks durch meinen Bruder entschloss ich mich während unseres halbjährigen Auslandabenteuers in Ägypten, dieses Buch zu schreiben. Es stellte sich als steiniger Weg heraus. Trotz der stets konkreter werdenden Idee im Kopf schrieb sich dieses Buch nicht von selbst. Zurückblickend muss ich lachen. Dort sitze ich hinter meinem Computer, verzweifelt und ein wenig hilflos, mit mir selber kämpfend, und versuche irgendwie meine Vorstellung aufs Papier zu bringen. Es ist schwierig zu erklären, aber etwas in mir versuchte unaufhörlich, mich zurückzuhalten. Ein innerer Widerstand, der mir sagte, ich bin nicht gut genug, die Struktur des Buches ist chaotisch, und es wird ohnehin niemand kaufen. Zum Glück lag mein innerer Widerstand falsch.

Während des kreativen Prozesses und seit der Veröffentlichung konnte ich mich laufend weiterentwickeln und viele nützliche Werte des Stoizismus vertiefen und vermehrt anwenden. Jetzt bin ich überglücklich, dass das Buch auf Deutsch erscheint, so dass es auch für meine Mutter, viele Freunde und Bekannte, und für die große deutsche Lesergemeinde zugänglich ist.

Mögen auch Dir die Werte des Stoizismus im Leben hilfreich sein.

Einführung

Vielleicht sind Sie auf ein kluges Zitat eines stoischen Philosophen des Altertums gestoßen oder Ihnen ist ein Artikel mit inspirierenden stoischen Impulsen untergekommen. Vielleicht hat Ihnen ein Freund von dieser nützlichen alten Philosophie berichtet, oder Sie haben bereits ein oder zwei Bücher über den Stoizismus gelesen. Vielleicht haben Sie aber auch, obwohl die Chancen dafür sehr gering sind, noch nie zuvor davon gehört.

Allerdings ist die Begegnung mit dem Stoizismus – auf welche Weise auch immer – der einfache Teil. Ihn zu verstehen und genau zu erklären, ist der knifflige Teil. Zu erkennen und exakt nachzuvollziehen, wie relevant er heute ist und wie er Ihnen helfen kann, ist der herausfordernde Teil. Ihn vollständig zu erfassen und in die Praxis umzusetzen, ist der ehrgeizige Teil – und hierin liegt das Gold versteckt.

Was die Stoiker in der Ära der Gladiatoren, die um ihr Leben kämpften, und der Römer, die sich in Dampfbädern zum Plausch trafen, lehrten und praktizierten, ist in der Ära von *Game of Thrones* und Facebook noch immer bemerkenswert zutreffend. Die Weisheiten dieser alten Philosophie sind zeitlos und ihr Wert im Streben nach einem glücklichen und bedeutsamen Leben ist unbestreitbar.

Mit diesem Buch halten Sie die Schatzkarte in Ihren Händen. Es stellt Ihnen die maßgeblichen Philosophen vor. Es gibt Ihnen einen leicht verständlichen Überblick über die Philosophie und vermittelt Ihnen die Grundprinzipien. Es bietet Ihnen 55 stoische Übungen sowie hilfreiche Tipps zu deren Anwendung. Und vor allem zeigt es Ihnen, wie Sie diese Übungen von der Buchseite in die Praxis übertragen können.

Cool! Aber woher weiß ein Kerl in seinen Zwanzigern, wie man die stoische Schatzkarte für gutes Leben schreibt?, denken Sie nun vielleicht. Vermutlich würde ich mir dieselbe Frage stellen. Nach vielen Jahren in Schule und Universität hatte ich es einfach satt, akademische Bücher und Schriften zu lesen und Dinge zu lernen, die mir im Grunde nichts von Wert für das wahre Leben beibrachten. Also verließ ich buchstäblich am Tag nach der Abgabe meiner Abschlussarbeit das Land und trat meine siebenmonatige Reise um die Welt an. Ich wollte weg, wollte andere Orte und Kulturen sehen, vor allem aber wollte ich mich selbst kennen lernen, um mir bei meiner Rückkehr klar darüber zu sein, was ich mit meinem Leben anfangen wollte. Der letzte Teil hat nicht geklappt, aber ich habe stattdessen etwas anderes herausgefunden: »Ich muss irgendwie das Seminar über richtiges Leben verpasst haben.«

Konnte es wirklich sein, dass ich innerhalb meiner fünfzehneinhalbjährigen Ausbildungszeit zwar Mathematik, Physik, Chemie, Biologie und einen Haufen anderes Zeug gelernt habe, aber nicht, wie man mit schwierigen Situationen umgeht? Wie ich mich meinen Ängsten und größten Herausforderungen stellen kann? Wie ich mit meinen depressiven Stimmungen umgehen kann? Wie ich den Tod meines Freundes verarbeiten kann? Was ich mit meiner Wut anfangen soll? Wie ich selbstbewusster werden kann? Nein, ich musste all diese Lektionen verpasst haben. Genau darum ging es übrigens bei den Philosophenschulen in der Antike: Sie brachten den Menschen bei, wie man richtig und gut lebt. Und obwohl diese Schulen nicht mehr existieren, brauchen Sie, ich und die meisten anderen Menschen ebenso sehr wie die Menschen damals eine Philosophie, die uns lehrt, wie wir leben sollen.

Lange Rede, kurzer Sinn: Ich beschloss, in mich selbst zu investieren und zu lernen, wie man gut lebt. Von all dem Wissen, das ich in den folgenden Jahren in mich aufgesogen habe, half mir die stoische Philosophie am meisten, auch wenn unsere Beziehung auf dem falschen Fuß begann. Bevor ich viel (oder überhaupt irgendetwas) über die Philosophie wusste, dachte ich, dass sie das Langweiligste auf Erden sein müsse. Ich meine, schließlich heißt es *Stoizismus* und nicht »Supermanismus« oder etwas anderes, was darauf hindeutet, dass es sich lohnt, sich dem Thema zu widmen und darüber zu lernen.

Ich habe es trotzdem versucht. Schon bald ließ es mich nicht mehr los, und seitdem bin ich ein begieriger Schüler und Praktiker der stoischen Philosophie. Doch obwohl ich unzählige Bücher gelesen und erneut gelesen habe, fehlte mir immer eine Quelle, die einen einfachen Überblick bietet und erklärt, was genau Stoizismus ist. Also schrieb ich einen sehr umfangreichen Artikel, der genau das tun sollte: einen Überblick über die Philosophie bieten und mitteilen, worum es da eigentlich geht. Glücklicherweise mochten viele Leute den Artikel und fanden ihn ungemein nützlich – tatsächlich sogar so sehr, dass jemand den Inhalt Wort für Wort klaute und ihn als sein Buch verkaufte. Das hat nicht nur meine persönliche stoische Haltung auf die Probe gestellt, sondern die ganzen Fünf-Sterne-Rezensionen, die das Buch bekam, haben mir auch gezeigt, dass die Menschen wirklich etwas über diese Philosophie erfahren wollen.

Also sitze ich nun hier und schreibe voller Leidenschaft das auf, was mir unzählige Wochen der Recherche erspart und mich mit einer Menge heiß begehrter und dringend benötigter Weisheit dieser vorbildlichen Philosophie versorgt hätte. Ich bin sicher, dass dieses Buch die moderne Literatur zum Stoizismus bereichern wird und vor allem, dass es Ihnen gute Dienste bei Ihrem Streben nach dem guten Leben leisten wird. Denn genau das ist es, wobei der Stoizismus hilft: ein wunderbares Leben zu führen.

Die Stoiker haben eine breite Palette an Ratschlägen geliefert, die Ihnen in jeder Lebenslage helfen können – ganz egal, was Sie durchmachen. Trotz des Alters der Philosophie fühlen sich ihre Weisheiten oft überraschend modern und frisch an. Sie können Ihnen helfen, Durchhaltevermögen und Kraft für Ihr forderndes Leben aufzubauen. Sie können Ihnen dabei helfen, emotional belastbar zu werden, sodass äußere Ereignisse Sie nicht aus der Bahn werfen und andere Menschen Sie nicht auf die Palme bringen können. Sie können Ihnen beibringen, sich richtig zu verhalten und inmitten eines Sturms ruhig zu bleiben. Sie können Ihnen außerdem dabei helfen, Entscheidungen zu treffen und damit den Alltag drastisch zu vereinfachen.

»Wer bei einem Philosophen studiert«, so Seneca, »sollte jeden Tag etwas Gutes daraus mitnehmen: Er sollte täglich als besserer Mann nach Hause zurückkehren oder sich zumindest auf dem Weg befinden, besser zu werden.« Das Praktizieren des Stoizismus hilft Ihnen, sich als Mensch zu verbessern; der Stoizismus lehrt Sie, Ihr Leben bewusst an einer Reihe erstrebenswerter Werte auszurichten, wie Tapferkeit, Geduld, Selbstdisziplin, Gelassenheit, Ausdauer, Vergebung, Freundlichkeit und Demut. Seine vielen Leitsätze bieten Sicherheit und Orientierung und werden Ihr Selbstvertrauen stärken.

Jeder Mensch kann das erreichen. Tatsächlich hat die stoische Philosophie das gute Leben zu einem erreichbaren Ziel für alle werden lassen, indem sie die sozialen Klassen aufhob – ob Sie reich oder arm sind, gesund oder krank, gut ausgebildet oder nicht, all das spielt für Ihre Fähigkeit, ein gutes Leben zu leben, keine Rolle. Die Stoiker waren der lebende Beweis dafür, dass ein auf eine einsame Insel Verbannter glücklicher sein kann als jemand, der in einem Palast lebt. Sie hatten begriffen, dass es nur einen losen Zusammenhang zwischen äußeren Umständen und unserem Glück gibt.

Im Stoizismus ist es viel wichtiger, was man aus den gegebenen Umständen *macht*. Die Stoiker erkannten, dass das gute Leben nicht so sehr davon abhängt, was in der unkontrollierbaren Welt um uns herum geschieht, sondern hauptsächlich von der Kultivierung des eigenen Charakters, von den eigenen Entscheidungen und Handlungen. Dies, meine lieben Mitschüler der stoischen Lehre, ist die Wurzel eines schwierigen und zugleich hochgradig attraktiven Aspekts des Stoizismus – er überträgt uns die Verantwortung und entzieht uns jegliche Ausreden, nicht das bestmögliche Leben zu führen.

Sie und ich, wir sind für unser eigenes Wohl verantwortlich. Wir sind dafür verantwortlich, dass unser Glück nicht von äußeren Umständen abhängt – wir sollten nicht den Regen, nervige Fremde oder eine undichte Waschmaschine über unser Wohlbefinden entscheiden lassen. Andernfalls werden wir kurzerhand zu hilflosen Opfern von Lebensumständen. Als Schüler der stoischen Philosophie lernen Sie, dass nur *Sie* Ihr Leben ruinieren können und dass nur *Sie* dafür sorgen können, dass Ihr inneres Selbst nicht von irgendwelchen üblen Herausforderungen, die das Leben Ihnen auferlegen mag, bezwungen wird.

Der Stoizismus lehrt uns also, nach einer Reihe von Werten zu leben, die zu emotionaler Belastbarkeit, ruhigem Selbstvertrauen und einer klaren Lebensführung beitragen. Er ist ein Leitfaden für das Leben, der auf Vernunft statt auf Glauben basiert, ein Leitfaden, der uns in unserem Streben nach Selbstbeherrschung, Durchhaltevermögen und Weisheit unterstützt. Stoizismus macht uns zu besseren Menschen und lehrt uns, wie wir uns im Leben auszeichnen können.

Seine mächtigen psychologischen Techniken sind fast identisch mit denen, deren Wirksamkeit inzwischen durch die wissenschaftliche Forschung im Bereich der Positiven Psychologie erwiesen wurde. Ich bezichtige die Forscher nicht des Diebstahls, aber die in der Positiven Psychologie diskutierten Übungen sind denen, die die Stoiker vor über zweitausend Jahren verwendeten, verdächtig ähnlich. Die Tatsache, dass die moderne Forschung oft mit dem, was die Stoiker lehrten, einhergeht, macht die Philosophie noch reizvoller. Außerdem ist der Stoizismus nicht starr, sondern offen. Er sucht nach der Wahrheit. Wie ein lateinisches Sprichwort sagt: »Zenon (der Gründer des Stoizismus) ist unser Freund, aber die Wahrheit ist ein noch größerer Freund.«

Um uns herum gibt es unzählige Menschen, die ihre Träume von einer goldenen Villa, einem Porsche 911 und einem Job mit sechsstelligem Gehalt nachgejagt sind, und doch sind sie nicht glücklicher als zuvor mit der schimmeligen Wohnung, dem rostigen alten Auto und dem gering dotierten Job. Sie leben nach einer Formel, die in etwa so aussieht: Wenn du hart arbeitest, wirst du irgendwann erfolgreich sein, und wenn du erfolgreich bist, *dann* wirst du glücklich sein. Oder: Wenn ich dies oder das abschließe/erhalte/erreiche, *dann* werde ich glücklich sein. Was ist das Problem an dieser Formel? Sie stimmt nicht. Und nachdem sie dieser Formel jahrelang gefolgt sind, fragen sich diese Menschen: *Ist das wirklich alles, was das Leben zu bieten hat?*

Nein, es ist nicht alles. Die Sache ist die, dass viele Menschen mit zunehmendem Alter nicht glücklicher werden, sie verbessern sich überhaupt nicht. Sie schlendern gedankenlos durchs Leben, ohne klare Richtung, begehen immer wieder die gleichen Fehler und sind in ihren Achtzigern einem glücklichen und sinnvollen Leben noch kein Stück näher gekommen als in ihren Zwanzigern.

Für viele von uns sollte es selbstverständlich sein, eine Lebensphilosophie anzunehmen, die dem Leben Orientierung, Richtung und einen größeren Sinn verleiht. Ohne diesen Kompass besteht die Gefahr, dass wir trotz all unserer Bemühungen nur im Kreis herumlaufen, nutzlosen Dingen hinterherjagen und damit enden, ein unerfülltes Leben voller emotionaler Leiden, Reue und Frustration zu führen. Und da es nicht viel Überwindung kostet, dem Stoizismus als leitender Lebensphilosophie eine Chance zu geben, haben Sie tatsächlich nichts zu verlieren, aber viel zu gewinnen.

Das Versprechen dieses Buches entspricht dem Versprechen der stoischen Philosophie: Es lehrt, wie man ein äußerst glückliches und reibungslos verlaufendes Leben führt, auch bei Widrigkeiten oder in Zeiten der Not. Es hilft Ihnen dabei, auf alles vorbereitet zu sein – wie ein Fels in der Brandung –, unerschütterlich, tief verwurzelt, emotional belastbar und überraschend ruhig und achtsam, selbst inmitten eines Höllenfeuers.

Stoizismus kann auch in guten Zeiten Ihr Leben verbessern, aber in schlechten Zeiten zeigt sich seine Wirksamkeit am deutlichsten. Er kann das Licht sein, das Ihnen den Weg durch Momente pechschwarzer Depression weist. Er hält Ihre Hand, wenn Sie Selbstvertrauen benötigen, und hilft, Ihr emotionales Leiden zu lindern, indem er die bösen Jungs wie Wut, Angst und Trauer in ihre Schranken weist. Er kann Ihr Sprungbrett sein, um die Ruhe zu erreichen, die Sie brauchen, wenn Sie knietief in der Scheiße stecken. Er kann Ihr starkes Rückgrat sein, wenn Sie mutig handeln müssen, aber wie Espenlaub zittern. Er kann der Clown sein, der Sie aufweckt und Ihnen ein Lächeln ins Gesicht zaubert, wenn Sie es am meisten brauchen.

Kurz gesagt, der Stoizismus zeigt Ihnen nicht nur den Weg, sondern gibt Ihnen auch den Schlüssel zum guten Leben an die Hand. Sie brauchen nur dem Weg zu folgen, den Schlüssel umzudrehen und hineinzugehen. Und so fragt der Stoiker Epiktet: »Wie lange willst du noch warten?«

»Wie lange willst du warten, bis du das Beste von dir verlangst? Du bist kein Kind mehr, sondern ein erwachsener Mensch, und doch zögerst du«, ruft Epiktet sich selbst in Erinnerung. »Du wirst nicht bemerken, dass du keine Fortschritte machst, aber du wirst als jemand ganz Gewöhnliches leben und sterben.« Von nun an, so mahnt er sich selbst und uns alle, solle man wie ein mündiger Mensch leben und immer das tun, was man für das Beste hält. Und sollte man auf Schwierigkeiten stoßen, so solle man daran denken, dass der Wettbewerb jetzt und hier stattfinde. »Du bist bei den Olympischen Spielen, du kannst nicht länger warten.«

Wir können uns nicht den Luxus gönnen, unser Training zu verschieben, denn im Gegensatz zu den Olympischen Spielen hat der Wettbewerb, an dem wir jeden Tag teilnehmen – das Leben –, bereits begonnen. Das Leben findet jetzt statt, in diesem Moment, also ist es an der Zeit, mit dem Training zu beginnen.

Das Training im Stoizismus ist ein bisschen wie beim Surfen – ein bisschen Theorie und viel Praxis. Im Moment können Sie es kaum erwarten, loszulegen. Sie stellen sich vor, wie Sie auf dem Surfbrett stehen, Welle für Welle reiten und sich bestens amüsieren … *Halt*, ich muss Sie gleich hier stoppen. Denn in Ihrer ersten Surfstunde lernen Sie auch einige theoretische Fakten zum Surfen. Sie üben auf dem Festland, wie man paddelt, sich aufrichtet und auf dem Brett steht. Mit anderen Worten, der erste Teil ist ziemlich nervig – schließlich wollten Sie nur surfen und haben sich nicht wegen dieser trockenen Theorielektion angemeldet.

Überraschend schnell schaffen Sie es durch den Theorieteil und können ins Wasser, den sandigen Mund ausspülen und mit der Praxis beginnen. Im Wasser merkt man schnell, dass es gar nicht so einfach ist und dass der Theorieteil tatsächlich notwendig war. So ist es auch mit dem Stoizismus. Sie werden auf die begehrten Wellen treffen, aber wenn Sie sie erfolgreich meistern und nicht nach den ersten paar (vielen) Stürzen aufgeben wollen, müssen Sie zuerst etwas von der Theorie des Surfens … ähm, des Stoizismus, verstehen.

Ich habe versucht, dieses Buch zu strukturieren und die alten Weisheiten auf eine leicht zugängliche, leicht verdauliche und äußerst zweckmäßige Weise zu präsentieren. Im ersten Teil lernen

Sie das Versprechen der Philosophie kennen, ihre Geschichte, die wichtigsten Philosophen und die Grundprinzipien, die als stoisches Glücksdreieck dargestellt werden. Wenn Sie dieses Dreieck verstanden haben, können Sie die Philosophie einem Fünfjährigen erklären. Der zweite Teil dreht sich um das Wellenreiten; er ist vollgepackt mit praktischen Ratschlägen und Übungen für den Alltag.

Mein oberstes Ziel dieser direkten und unkomplizierten Herangehensweise an den Stoizismus ist, Ihnen dabei zu helfen, ein besseres Leben zu führen. Ich glaube, dass wir alle ein wenig weiser und glücklicher werden können, wenn wir diese wundervolle Philosophie anwenden.

Legen wir also los.

TEIL 1:

Was ist Stoizismus?

»Wenn es nicht richtig ist, dann tu es nicht, wenn es nicht wahr ist, dann sag es nicht.«
– MARK AUREL

Kapitel 1

Das Versprechen der stoischen Philosophie

Kein Baum wird kräftig und entwickelt tiefe Wurzeln, wenn er nicht von starken Winden getroffen wird. Erst dieses Rütteln und Schütteln bringt den Baum dazu, seine Wurzeln zu festigen und sicherer zu verankern. Ein sonniges und windfreies Tal bringt dagegen nur fragile Bäume hervor. »Warum also«, fragt Seneca, »wunderst du dich, dass gute Menschen erschüttert werden, damit sie stark werden?« Genau wie bei den Bäumen sind heftiger Regen und starker Wind von Vorteil für gute Menschen, so können sie Ruhe, Disziplin, Bescheidenheit und Stärke entwickeln.

So wie der Baum seine Wurzeln festigen muss, um nicht bei jeder Brise umzufallen, müssen wir unsere Position stärken, wenn wir nicht von jeder Kleinigkeit aus der Bahn geworfen werden wollen. Genau dabei hilft die stoische Philosophie – sie wird Sie stärker machen, sie wird den gleichen Regen und Wind leichter erscheinen lassen und sie wird dafür sorgen, dass Sie sich jederzeit auf den Beinen halten können. Mit anderen Worten, sie wird Sie darauf vorbereiten, mit jedwedem stürmischen Wetter, das das Leben Ihnen bringen mag, effektiver umzugehen.

Von ringenden Philosophen bis hin zu emotionalen Wölfen, dieses erste Kapitel beinhaltet alles, was Sie über das Versprechen der stoischen Philosophie wissen müssen, und zeigt Ihnen, warum Sie in den Stoizismus einsteigen sollten.

Warnung: In diesem Buch werden Ihnen einige fremdartig erscheinende Wörter wie *Eudämonie oder Arete* begegnen. Lassen Sie sich durch ihr unbekanntes Aussehen nicht dazu verleiten, einfach weiterzublättern, sondern bleiben Sie standhaft und stark. Es lohnt sich, durchzuhalten, und Sie können diese Wörter sogar in Ihr Alltagsvokabular aufnehmen. Und hey, es gibt keine antike Philosophie ohne zumindest ein paar komplizierte Wörter.

Praktizieren Sie die Kunst des Lebens: Werden Sie ein Kriegerphilosoph

»Mach dir zunächst klar, was du sein möchtest;
und dann tue, was du tun musst.«
– EPIKTET

Wie kann man ein gutes Leben führen? Diese klassische philosophische Frage steht am Anfang des primären Anliegens der stoischen Philosophie: Wie man sein Leben leben sollte oder »die Kunst des Lebens«. Der Stoiker Epiktet verglich Philosophie mit Handwerkern: Wie das Holz für den Zimmermann und die Bronze für den Bildhauer, so ist unser eigenes Leben das richtige Material in der Kunst des Lebens. Philosophie ist nicht den weisen alten Männern vorbehalten, sie ist ein unverzichtbares Handwerk für jeden, der lernen will, wie man gut lebt (und stirbt). Jede Lebenssituation stellt eine leere Leinwand oder einen Marmorblock dar, den wir formen und an dem wir üben können, sodass wir im Laufe des Lebens unser Handwerk immer besser beherrschen. Das ist der Kern des Stoizismus, er lehrt uns, wie man sich im Leben auszeichnet, er bereitet uns darauf vor, Widrigkeiten ruhig zu begegnen, und er hilft uns schlicht und ergreifend dabei, ein gutes Leben zu gestalten und zu genießen.

Wie erreicht man es, gut zu leben? Laut Epiktet gehören dazu weder Reichtum noch ein Spitzenamt und auch keine Führungsposition. Es muss noch etwas anderes geben. So wie jemand, der eine gute Handschrift haben will, üben und viel über Handschrift wissen muss, oder jemand, der gut Musik machen will, ein Instrument erlernen und sich mit Musiklehre befassen muss, muss auch jemand, der gut im Leben sein will, über gute Kenntnisse verfügen, wie man lebt. Das ergibt Sinn, oder? Seneca, ein weiterer wichtiger stoischer Philosoph, den wir in Kapitel 2 kennenlernen werden, sagte einmal: »Der Philosoph ist jemand, der das Wesentliche weiß: wie man lebt.«

»Philosoph« bedeutet wörtlich aus dem Griechischen übersetzt »Freund der Weisheit«. Ein Philosoph ist jemand, der es liebt, zu lernen, wie man lebt, jemand, der praktische Weisheit darüber erlangen möchte, wie man sein Leben tatsächlich leben sollte. Wie wir bereits von Epiktet erfahren haben: Wenn wir gut im Leben werden wollen, müssen wir Wissen darüber erlangen, wie man am besten lebt. Es mag Sie überraschen, aber Philosophie ist tatsächlich eine Frage der *Praxis*. Sie lehrt uns, wie wir unser Leben gestalten können. Durch Nachdenken und Philosophieren über den leeren Marmorblock werden wir nicht lernen, wie wir Hammer und Meißel geschickt einsetzen können. Den Stoikern ging es vor allem darum, die Philosophie im Alltag *anzuwenden*. Sie sahen sich selbst als wahre *Krieger des Geistes* und glaubten, das Hauptziel eines Studiums der Philosophie sei, sie in die Praxis umzusetzen.

Der Autor Donald Robertson hat in seinem Buch *The Philosophy of Cognitive Behavioral Therapy* einen großartigen Vergleich gezogen. Er schreibt, in der Antike sei der ideale Philosoph ein wahrer *Krieger* des Geistes gewesen, aber in der Neuzeit sei der Philosoph »eher auf Bücher versessen, er ist kein Krieger, sondern nur ein *Bibliothe-*

kar des Geistes«. Stellen Sie sich den alten grauhaarigen Philosophielehrer vor. Wir wollen stattdessen ein *Krieger* sein. Das Wichtigste ist nicht unsere Fähigkeit, stoische Prinzipien rezitieren zu können, sondern sie in der realen Welt auch tatsächlich zu *leben*. Epiktet drückte genau das aus, als er seine Schüler fragte: »Wenn ihr diese Dinge nicht gelernt habt, um sie in der Praxis anzuwenden, wofür habt ihr sie dann gelernt?« Er fuhr fort, sie – seine Schüler – seien nicht hungrig und mutig genug, um in die Welt hinauszugehen und die Theorie in der Praxis zu demonstrieren. »Deshalb möchte ich nach Rom entfliehen, um meinen Lieblingsringkämpfer in Aktion zu sehen; wenigstens er setzt die Richtlinien in die Praxis um.«

Wahre Philosophie besteht aus ein wenig Theorie und viel Praxis, wie das Ringen in der Antike und das Surfen in der Moderne. Denken Sie daran, dass wir beim Surfen vor dem Üben im Wasser einen kurzen Theorieteil am Strand haben. Hohe Wellen sind allerdings bessere Lehrer als schwere Lehrbücher. Und der Stoizismus verlangt genau das, nämlich in die wirkliche Welt hinauszugehen und das, was wir in der Theorie gelernt haben, entschlossen anzuwenden. Unser Leben bietet mit seinen unzähligen Wellen und seinen unbehauenen Marmorblöcken den perfekten Trainingsplatz für die tägliche Praxis.

Diese praktische Dimension des Stoizismus zur »Kunst des Lebens« beinhaltet zwei Hauptversprechen: Erstens lehrt er, wie man ein glückliches und reibungslos verlaufendes Leben führt, und zweitens lehrt er, wie man emotional belastbar bleibt, sodass man dieses glückliche und reibungslose Leben auch im Angesicht von Widrigkeiten beibehalten kann. Widmen wir uns nun dem ersten Versprechen und nehmen dabei gleich auch das erste der komplizierten Wörter in Angriff: *Eudämonie*.

Versprechen #1: Seelisches Wohlbefinden

»Sieh in dein Inneres. Dort ist die Quelle des Guten; und sie ist jederzeit dazu bereit, zu sprudeln, solange du nur gräbst.«
– MARK AUREL

Stellen Sie sich die beste Version Ihrer selbst vor. Sehen Sie in sich hinein. Erkennen und wissen Sie, wer diese beste Version von Ihnen ist, diejenige, die in allen Situationen richtig handelt, die keine Fehler macht und unschlagbar erscheint? Wenn Sie mir auch nur ein klein wenig ähneln und bereits versucht haben, sich als Mensch zu verbessern, dann kennen Sie wahrscheinlich diese ideale Version von sich. Nun, auf Griechisch hieße diese beste Version der innere *Dämon*, ein innerer Geist oder göttlicher Funke. Im Altertum war für die Stoiker und auch für alle anderen Schulen der Philosophie das oberste Ziel des Lebens die *Eudämonie*, das heißt, sich mit seinem inneren Dämon gut (*eu*) zu stellen (nicht zu verwechseln mit dem *Dämon* im Sinne eines bösartigen Wesens).

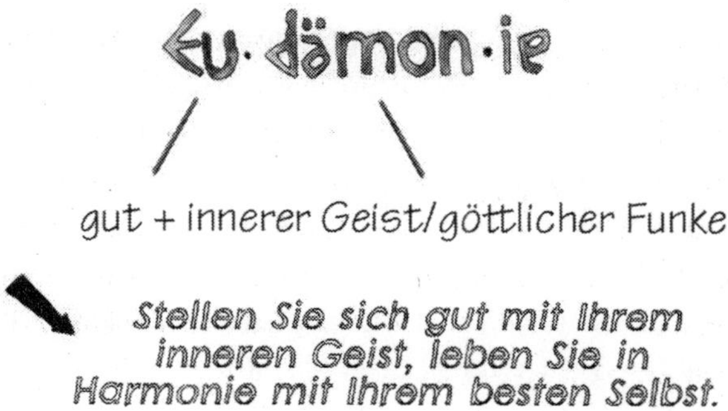

Die Stoiker glaubten, dass die Natur *will*, dass wir diese ideale Version von uns selbst werden. Deshalb ist der innere Dämon (oder göttliche Funke) uns allen als Samen eingepflanzt worden, sodass es in unserem natürlichen Potenzial liegt, diese beste Version von uns selbst zu werden. Mit anderen Worten, es liegt in unserer *Natur*, das zu vollenden, was mit diesem göttlichen Samen begonnen wurde, und unser menschliches Potenzial zum Leben zu erwecken. Uns mit unserem inneren Dämon gut zu stellen, in Harmonie mit unserem idealen Selbst zu leben, bedeutet daher, dieser Version unseres Selbst so nahe wie möglich zu kommen.

Wir sollten also die Lücke schließen zwischen *dem, der wir sein können* (unser ideales Selbst), und *dem, der wir* in diesem Moment *tatsächlich sind.* Wie können wir das tun? Auch dafür hatten die Stoiker ein Wort: *Arete.* Kurz gesagt, heißt Arete so viel wie »Tugend« oder »Vortrefflichkeit«, aber es hat eine tiefere Bedeutung – so etwas wie »jederzeit die beste Version deiner selbst präsentieren«. Wir werden in Kapitel 3 genauer darauf eingehen, aber Sie können bereits hier sehen, dass sich der Stoizismus mit Ihren aktuellen Handlungen beschäftigt und damit, so zu leben, dass Sie Ihrem idealen Selbst so nahe wie möglich kommen.

Das übergeordnete Ziel der Stoiker war Eudämonie; sich mit seinem inneren Geist gut zu stellen, in Harmonie mit dem eigenen idealen Selbst zu leben, jederzeit die beste Version von sich zu präsentieren. Aber was bedeutet das genau? Die häufigste Übersetzung des griechischen Wortes *eudaimonía* ist »Glück«. Die Übersetzungen »Aufblühen« oder »Weiterentwicklung« erfassen die ursprüngliche Bedeutung jedoch besser, da sie auf eine Form des fortlaufenden Handelns hinweisen – man kann nur auf gutem Fuß mit seinem inneren Dämon stehen, wenn die eigenen alltäglichen Handlungen mit dem idealen Selbst in Einklang stehen. Dann blühen Sie auf, sind erfolgreich darin, gut zu leben, und nur als Folge dessen werden Sie sich glücklich fühlen.

Eudämonie bezieht sich mehr auf die allgemeine Lebensqualität eines Menschen als auf eine vorübergehende Stimmung wie Glück. Sie ist ein Zustand, in dem ein Mensch gedeiht und so gut wie nur möglich und höchst glücklich lebt. Zenon, der Begründer des Stoizismus, formulierte es so: »Glück ist ein reibungslos verlaufendes Leben.« Das bedeutet, dass Ihr Leben *im Allgemeinen* reibungslos verläuft. Fassen wir also zusammen, dass Eudämonie ein glückliches und reibungslos verlaufendes Leben ist, das daher rührt, dass wir unsere alltäglichen Handlungen erfolgreich in Einklang mit unserem idealen Selbst bringen.

Dieses Versprechen der Eudämonie bedeutet, dass wir alles haben, was wir brauchen, um uns jeder Herausforderung stellen zu können, vor der wir im Leben stehen. Wie sonst könnten wir glücklich bleiben, auch wenn das Leben hart wird? Denn das Leben ist ziemlich einfach, wenn alles gut läuft, es wird nur dann mühsam, wenn sich die Dinge gegen uns zu wenden scheinen, wenn wir mit Schwierigkeiten konfrontiert sind. Damit kommen wir zum zweiten Versprechen des Stoizismus: Die Philosophie bringt uns bei, jedes Hindernis im Leben mit der richtigen Einstellung anzunehmen, sodass das Leben weiterhin reibungslos verläuft.

Versprechen #2: Emotionale Belastbarkeit

»Prüfungen mit einem ruhigen Geist zu ertragen, raubt dem Unglück seine Stärke und Last.«
– SENECA

»Aber was ist Philosophie?«, fragte Epiktet. »Bedeutet sie nicht, sich auf die Dinge vorzubereiten, die uns bevorstehen?« Er sagte, ja, die Philosophie bereite uns darauf vor, alles zu ertragen, was auch immer passieren möge. »Andernfalls wäre es, als würde ein Boxer den Ring verlassen, weil er ein paar Schläge einstecken musste.« Tatsächlich könnten wir den Ring ohne Konsequenzen verlassen, aber was wäre, wenn wir das Streben nach Weisheit aufgäben? »Also, was sollte jeder von uns zu jeder Prüfung sagen, der wir gegenüberstehen? Dafür habe ich trainiert, das ist meine Disziplin!« Ein Boxer, der einen Treffer im Gesicht einstecken muss, wird den Ring nicht verlassen, es ist das, worauf er sich vorbereitet hat, es ist *seine* Disziplin. Und das Gleiche gilt für Philosophen; nur weil das Leben uns schlägt, tritt, bespuckt und zu Boden schlägt, bedeutet das nicht, dass wir aufgeben sollten, sondern dass wir wieder aufstehen und uns weiter verbessern sollten. So ist das Leben – es ist unser Boxring. Schläge und Tritte gehören dazu, dies ist *unsere* Disziplin.

»Derjenige, dem es wohlergeht und dem noch niemals Leid zugefügt wurde, kann keinen einzigen Schlag ertragen«, sagte Seneca, wohingegen ein Mann, der unzählige Unglücke erlitten habe, »durch das Leiden eine schwielige Haut entwickelt«. Dieser Mann kämpft, bis er zu Boden gerungen wird, und führt den Kampf sogar auf den Knien weiter. Er wird niemals aufgeben. Die Stoiker liebten Ringkampf-Metaphern, und so sagte Mark Aurel ganz ähnlich: »Die Kunst des Lebens entspricht eher dem Ringen als dem Tanzen.« Wir müssen auf plötzliche Angriffe vorbereitet sein. Niemand wird jemals eine Tänzerin attackieren. Die Tänzerin wird niemals wie ein Ringer von Widrigkeiten in den Würgegriff genommen werden. Als Krieger-Philosophen wissen wir, dass das Leben eine Herausforderung sein wird. Eigentlich sollten wir uns sogar die Hände reiben und uns auf ein paar Schläge freuen, weil wir wissen, dass sie uns stärker machen und dazu führen werden, dass wir eine dickere Haut bekommen.

Deshalb sollten wir in diesem Kampf, den sie Leben nennen, trainieren und uns engagieren *wollen*. Weil wir stark sein wollen, weil wir ein glückliches und reibungslos verlaufendes Leben führen wollen. Wir wollen zurechtkommen und handlungsfähig bleiben, wenn das Leben hart wird. Wir wollen ein Fels in der Brandung sein, unerschütterlich, selbst inmitten eines Sturms. Wenn andere in Panik geraten, wollen wir cool bleiben, besonnen und in der Lage, die möglichst beste Version unserer selbst zu sein.

Das Praktizieren des Stoizismus hilft uns, die passenden Werkzeuge zu entwickeln, um so effektiv wie möglich mit allen Tritten und Schlägen umzugehen, die das Leben für uns bereithält. Egal, was in unserem Leben passiert, wir sind auf alles vorbereitet. Wir sind bereit, Haken und Tritte einzustecken, niemals aufzugeben und das Beste aus der Situation zu machen. Das ist das Versprechen der stoischen Philosophie. Und doch, was würde passieren, wenn jemand Ihnen jetzt, in diesem Moment, ins Gesicht schlagen würde? Sie würden emotional reagieren. Wie jeder andere auch, würden Sie sich entweder wütend wehren oder – und das ist wahrscheinlicher – Sie würden anfangen, zu weinen. Die Stoiker bezeichneten starke Emotionen als unsere ultimative Schwäche, besonders dann, wenn wir sie über unser Verhalten bestimmen lassen. Sie sind Gift für Eudämonie und die Ursache allen menschlichen Leids. Leider sind die meisten von uns nach Angaben der Stoiker Sklaven der blinden *Leidenschaft* – also von starken negativen Emotionen wie irrationaler Angst, Trauer oder Wut. Deshalb sind so viele von uns unglücklich. Wir sind weit davon entfernt, ein Fels in der Brandung zu sein, wir sind weit davon entfernt, gute Beziehungen zu unserem idealen Selbst zu unterhalten. Unsere Leidenschaften veranlassen uns, weit unterhalb von dem zu handeln, wozu wir fähig sind.

Wenn wir in der Lage sein wollen, wie unser ideales Selbst zu handeln, so sagen die Stoiker, müssen wir unsere Emotionen in Schach halten, wir müssen sie zügeln, damit sie dem guten Leben nicht im Weg stehen. *Nein, danke, ich kann es mir im Moment nicht leisten, in Panik zu geraten.*

Zügeln Sie beeinträchtigende Emotionen (≠ gefühlskalt)

Das Versprechen der stoischen Philosophie besteht in einem höchst glücklichen Leben (Eudämonie) und der Vorbereitung, durch die wir mit allem, was uns das Leben beschert, effektiv umgehen können. Aber wir können nur dann gut mit den Herausforderungen des Lebens umgehen, wenn wir emotional belastbar sind und uns nicht von unseren Emotionen an der Nase herumführen lassen.

Deshalb müssen wir besser darin werden, die uns beeinträchtigenden Wünsche und Emotionen zu zügeln und zu überwinden, damit – wie Seneca es ausdrückt – der Glanz des Goldes unsere Augen nicht stärker blendet als das Aufblitzen eines Schwertes und damit wir das, was andere Menschen begehren und fürchten, leicht beiseite schieben können. Diese Überwindung der eigenen Emotionen wird manchmal als stoische »Therapie der Leidenschaften« bezeichnet und könnte der Grund dafür sein, warum Epiktet sagte: »Die Philosophenschule ist eine Arztpraxis.«

Wenn wir uns jetzt vorstellen, dass in einer Arztpraxis eine Couch steht, dann haben wir, wenn wir das typische Klischee hinzunehmen, das Behandlungszimmer eines Psychotherapeuten. Damals hätte man bei Problemen mit der Psyche oder der Seele jedoch keinen Psychiater aufgesucht, sondern einen Philosophen – Philosophen waren die bevorzugten *Ärzte der Psyche.* Die Stoiker studierten die menschliche Psyche genau und verfügten tatsächlich über viele wichtige psychologische Erkenntnisse. Sie erkannten zum Beispiel, dass unsere Interpretation von Beleidigungen diese so verletzend macht, nicht deren Inhalt. Sie verstanden unsere Psyche gut und entwickelten psychologische Techniken, um negative Emotionen zu verhindern und mit ihnen umgehen zu können (die meisten dieser Techniken werden im zweiten Teil dieses Buches behandelt).

Obwohl es sich beim Stoizismus um eine Philosophie handelt, besitzt er eine bedeutende psychologische Komponente. Viele seiner Überzeugungen, wie das Ziel, als Menschen *zu gedeihen,* sich weiterzuentwickeln, gehen Hand in Hand mit der modernen Forschung in der Positiven Psychologie – das ist einer der Aspekte, die mich am Stoizismus so ungeheuer faszinieren. Es geht über den Rahmen dieses Buches hinaus, sich mit der Wissenschaft hinter den stoischen Ideen zu befassen, aber wenn Sie zufällig ein Buch über Positive Psychologie lesen sollten, werden Ihnen die Übereinstimmungen auffallen (Shawn Achors *The Happiness Advantage* bietet sich dazu an).

Ebenso wie es Erkrankungen des Körpers gibt, gibt es auch Erkrankungen der Psyche – und die Stoiker waren sich dessen wohl bewusst. Sie sagten, es sei unmöglich, im Leben voranzukommen, wenn man von irrationalen Emotionen gequält werde. Deshalb brauchen wir *apatheia* – die Fähigkeit, diese störenden Emotionen zu überwinden. Daher stammt das Wort »Apathie«, und das ist auch einer der Hauptgründe für das klassische Missverständnis, dass die Stoiker irgendwie *gefühlskalt* gewesen seien oder versucht hätten, ihre Gefühle zu unterdrücken. Der andere Grund für dieses Missverständnis liegt in dem Wort *stoisch*, das »etwas klaglos hinnehmen« oder »sich nichts anmerken lassen« bedeutet und absolut nichts mit dem Wort *Stoizismus* zu tun hat, um den es in diesem Buch geht. Lassen Sie uns dieses Missverständnis, Stoiker seien gefühlskalt, gleich jetzt klären.

Stoizismus hat nichts damit zu tun, die eigenen Emotionen zu unterdrücken oder zu verbergen, und es bedeutet auch nicht, dass man gefühlskalt ist. Vielmehr geht es darum, unsere Emotionen anzuerkennen, darüber nachzudenken, was sie verursacht, und zu lernen, sie zu unserem Vorteil umzuleiten. Mit anderen Worten: Es geht eher darum, sich aus der Abhängigkeit der negativen Emotionen zu *befreien*, sie zu *zügeln*, und weniger darum, sie loszuwerden.

Stellen Sie sich starke Emotionen als Ihren inneren Wolf vor – er ist enorm kraftvoll, wenn man ihm einen Bewegungsspielraum zugesteht, und er ist in der Lage, Sie in die Richtung zu ziehen, die er will. Emotionen aktivieren eine *Handlungstendenz* – wenn Sie beispielsweise wütend sind, tendieren Sie dazu, die Hände zu Fäusten zu ballen, zu schreien und mit Sachen um sich zu werfen. Im Grunde genommen übergeben wir dem inneren Wolf, wenn er wütend ist, das Ruder, folgen blind der Handlungstendenz und handeln entsprechend. Die Stoiker fanden jedoch heraus, dass wir dieser Tendenz nicht folgen *müssen*. Wir können uns antrainieren, ruhig zu handeln, auch wenn wir wütend sind; mutig zu handeln, auch wenn wir Angst verspüren; und nach Osten zu gehen, obwohl der Wolf nach Westen zieht.

Glücklicherweise müssen wir nicht so tun, als wäre der Wolf nicht da, oder ihn sogar töten (was sowieso nicht möglich wäre). Die Stoiker wollen, dass wir den Wolf *zähmen* und dass wir lernen, ihn zu verstehen. Anstatt ihn über unsere Handlungen bestimmen zu lassen, wenn er wütend, ängstlich oder hungrig ist, handeln wir beispielweise *trotz* der Wut ruhig. Er kann knurren und heulen so viel er will, wir fürchten ihn nicht und handeln so, wie wir wollen. Der Wolf hat kein Mitspracherecht mehr bei unseren Entscheidungen, auch wenn wir die Handlungstendenz spüren.

Das Ziel ist nicht, alle Emotionen abzuschalten, das Ziel besteht darin, sich trotz ihrer immensen Kraft nicht von ihnen überwältigen zu lassen. Wir spüren den emotionalen Wolf, aber wir bleiben auf unserem Weg, auch wenn er in eine andere Richtung zieht. »Okay, der Wolf will ausflippen, aber was würde das nützen?«, sagen wir uns. Wir erheben uns über unsere Emotionen, wir können den Wolf knurren hören, aber wir wissen, dass wir weder zuhören noch uns nach ihm richten müssen.

Die Stoiker waren keine gefühlskalten Menschen mit Herzen aus Stein. Sie erkannten an, dass Wünsche und Emotionen Teil der menschlichen Natur sind, aber sie waren der Ansicht, dass es in unserer Macht liegt, uns über sie zu erheben und nicht (zu sehr) von ihnen aus der Bahn geworfen zu werden. »Keine Schule besitzt mehr Güte und Sanftmut, keine verfügt über mehr Liebe zum Menschen«, sagte Seneca. »Diese Schule gibt uns das Ziel vor, nützlich zu sein, anderen zu helfen und uns zu kümmern – nicht nur um uns selbst, sondern um alle.« Die Stoiker kümmern sich um ihre geliebten Menschen und um ihre Mitbürger; es ist nur so, dass sie ihre Emotionen zügeln, damit sie nicht irrationalerweise von ihnen überwältigt werden. Wie Seneca es ausdrückt, ist nichts Beeindruckendes daran, »etwas zu ertragen, was man nicht fühlt«. Der stoische Autor Donald Robertson erklärt es gut: »Ein tapferer Mann ist nicht jemand, der keinerlei Spur von Angst verspürt, sondern jemand, der *mutig handelt, obwohl er Angst hat.*«

Die Stoiker möchten, dass wir Herr über unsere Leidenschaften werden, indem wir stärker werden als sie, nicht, indem wir sie eliminieren. Der emotionale Wolf wird sich immer wieder in uns regen, aber wir können uns antrainieren, unsere *Tendenz* zu erkennen, uns nach ihm zu richten, und dann bewusst zu *entscheiden*, ob wir das tun möchten oder nicht. Stoizismus wird uns dabei helfen, weniger von negativen Emotionen geplagt zu werden und gleichzeitig mehr positive Emotionen wie Freude oder Ruhe zu erleben. Für die Stoiker sind diese positiven Emotionen jedoch eher ein *zusätzlicher Bonus* als ein eigenes Motiv. Betrachten wir die Ruhe als Nebenprodukt der Ausübung des Stoizismus einmal näher.

Üben Sie Stoizismus und werden Sie ganz nebenbei ruhiger

Es mag Sie überraschen, aber der Stoizismus ist eine eher fröhliche Lebensphilosophie. Wenn man die Schriften der Stoiker liest, so findet man gut gelaunte und optimistische Menschen, die das Leben in vollen Zügen genießen. Sie waren nicht gefühlskalt, sie hatten nur erkannt, dass starke Emotionen ihre Schwäche waren und dass sie ihnen dabei im Weg standen, so zu leben, wie sie es könnten.

Erinnern Sie sich daran, dass das ultimative Ziel des Lebens die Eudämonie ist – das glückliche und reibungslos verlaufende Leben, das man erreicht, indem man erfolgreich jederzeit die ideale Version seiner selbst präsentiert. Wenn Sie hingegen ein Sklave Ihres emotionalen Wolfes sind, dann geraten Sie in Panik und folgen Ihren Handlungstendenzen, die weit unter dem liegen, wozu Sie fähig sind. Deshalb wollen die Stoiker, dass wir die Auswirkungen starker Emotionen auf unser Leben minimieren; sie wollen, dass wir diesen Wolf zähmen, damit wir jederzeit am Steuerrad bleiben können, anstatt dem Wolf zu gestatten, es zu übernehmen, wann immer er will. Nur dann können wir die beste Version unseres Selbst präsentieren und schließlich ein glückliches und reibungslos verlaufendes Leben führen.

Wenn wir also nicht Sklaven unserer Gefühle sind, können wir stets die beste Version von uns präsentieren. Wenn wir das tun, gibt es keinen Platz mehr für Reue, Angst oder Unsicherheit. Daraus ergibt sich ein wirklich hilfreicher Nebeneffekt – Ruhe.

In der heutigen hektischen Welt streben viele von uns danach, auch inmitten des Chaos ruhig zu bleiben, sich sicher und geborgen fühlen zu können. Wenn wir Stoizismus praktizieren, bekommen wir genau das ganz nebenbei. Es handelt sich um ein Nebenprodukt, weil die Stoiker nicht in erster Linie danach gesucht haben. Sie suchten nicht die Ruhe, sie suchten die Eudämonie und erhielten die Ruhe als zusätzlichen (und willkommenen) Bonus. Es wäre also nicht so ganz im Einklang mit dem Stoizismus, ihn nur um der Ruhe willen zu praktizieren.

Was ist überhaupt Ruhe? Seneca spricht in seinen klassischen Briefen über die Kraft der *Euthymie*. Laut ihm geht es bei der Euthymie, die als Ruhe übersetzt wird, darum, seinen Weg zu kennen und ihn zu gehen. Es ist das Gefühl, das wir haben, wenn wir uns selbst wirklich und völlig vertrauen. Sie sind sich sicher, dass das, was Sie tun, richtig ist, und müssen nicht darauf hören, was andere links und rechts von Ihnen zu sagen haben. Sie müssen nicht mehr zweifeln und sich mit anderen vergleichen. Sie vertrauen auf das, was Sie tun, weil Sie Ihr Bestes geben, entsprechend Ihren Werten leben und wissen, dass Sie nicht mehr tun können.

Euthymie ist die ruhige Zuversicht, die Sie spüren, wenn Sie Ihr authentisches Selbst in Integrität mit Ihren höchsten Werten leben. Sie erhalten diesen Seelenfrieden, so Seneca, weil Sie einen unveränderlichen Standard haben, nach dem Sie leben, nicht wie der Rest der Menschheit, der »ständig in seinen Entscheidungen hin- und herschwankt, der in einem Zustand schwebt, in dem er Dinge abwechselnd ablehnt und anstrebt«.

Der Stoizismus wird Ihnen viele Stützen anbieten, an denen Sie sich festhalten können, damit Sie Ihren Weg finden und ihn sicher entlanggehen können. Somit werden Sie jederzeit eine innere Ruhe, ein ruhiges Selbstvertrauen verspüren, selbst wenn das Leben hart wird und seine gemeinsten Tritte und Schläge austeilt. Weil Sie wissen, warum Sie tun, was Sie tun. Sie haben diese innere Sicherheit, dass Sie das Richtige tun und – komme, was wolle – standhaft bleiben wie der sprichwörtliche Fels in der Brandung. Nichts kann Sie umwerfen.

Kapitel 2

Eine kurze Geschichtslektion

»Die Reise, bei der ich Schiffbruch erlitt, war eine erfolgreiche Reise.«
– ZENON VON KITION

Wir befinden uns etwa im Jahr 320 v. Chr. Ein phönizischer Kaufmann erleidet im Mittelmeer irgendwo zwischen Zypern und dem griechischen Festland Schiffbruch. Er verliert dabei all seinen Murex-Farbstoff, einen sehr wertvollen lilafarbenen Farbstoff, der aus der Murex-Seeschnecke gewonnen wurde, und damit all seinen Reichtum. Wir sprechen von Zenon von Kition, der dank dieses Schiffbruchs viele Jahre später der Gründer des Stoizismus werden sollte.

Zenons Vater war ebenfalls Kaufmann und kehrte von seinen Reisen für gewöhnlich mit Büchern aus der griechischen Stadt Athen nach Hause zurück. Dies könnte der Grund dafür sein, dass sich Zenon nach dem Schiffsunfall nach Athen begab, sich dort in einen Buchladen setzte und über den Athener Philosophen Sokrates las, der etwa ein Jahrhundert zuvor gelehrt hatte. Zenon war so beeindruckt, dass er den Buchhändler fragte, wo man Männer wie diesen Sokrates finden könne. Der Buchhändler deutete auf den eben vorbeikommenden Krates von Theben, auch Krates der Kyniker genannt, und sagte: »Folgt jenem Mann.«

Tatsächlich folgte Zenon Krates, der zu dieser Zeit ein führender Philosoph war, und wurde für einige Jahre sein Schüler. Zenon war glücklich über die Wendung, die sein Leben genommen hatte, und sagte: »Das hast du gut gemacht, Schicksal, mich zur Philosophie zu bringen.« Als Zenon später auf die Zeit seines Schiffbruchs zurückblickte, meinte er: »Die Reise, bei der ich Schiffbruch erlitt, war eine erfolgreiche Reise.«

Anmerkung: Diese faszinierende Schiffbruchgeschichte wurde vom griechischen Biographen Diogenes Laertios in seinem Werk *Leben berühmter Philosophen* etwa 150 Jahre nach Zenons Tod aufgeschrieben. Es gibt verschiedene Versionen der Geschichte, und die Daten sind inkonsistent und widersprüchlich. Wir können also nicht sicher sein, ob dies die wahre Geschichte oder nur die attraktivste Geschichte über die Gründung des Stoizismus ist.

Nachdem Zenon eine Zeitlang bei Krates studiert hatte, entschied er sich, bei weiteren führenden Philosophen zu studieren, bevor er einige Jahre später, etwa 301 v. Chr., seine eigene Philosophie begründete. Ursprünglich wurden seine Anhänger *Zenonier* genannt, wurden aber als *Stoiker* bekannt, weil Zenon seine Vorträge in der *stoa poikilē* hielt, der »bemalten Säulenhalle«, einer berühmten Kolonnade, die mit Gemälden historischer Schlachten geschmückt war und sich im Zentrum Athens befand. Der Stoizismus war geboren. Im Gegensatz zu anderen Schulen der Philosophie folgten die Stoiker dem Beispiel ihres Helden Sokrates und trafen sich draußen in der Öffentlichkeit, in dieser Säulenhalle, wo jeder zuhören konnte. Denn die stoische Philosophie war sowohl für Akademiker als auch für gewöhnliche Menschen gedacht und daher so etwas wie eine »Philosophie der Straße«.

Wie wir gesehen haben, wurde der Stoizismus nicht aus dem Nichts geboren. Sein Gründer Zenon und die frühen Stoiker waren von verschiedenen philosophischen Schulen und Denkern beeinflusst worden, besonders von Sokrates, den Kynikern (wie Krates) und von den Akademikern (Anhänger Platons). Die Stoiker nahmen sich der Frage von Sokrates an: Wie kann man ein gutes Leben führen? Sie konzentrierten sich darauf, die Philosophie auf alltägliche Herausforderungen *anzuwenden*, auf die Entwicklung eines guten Charakters und darauf, bessere Menschen zu werden, die sich im Leben hervortaten und sich um andere Menschen und die Natur kümmerten. Die Stoiker gaben allerdings die kynische Askese auf. Im Gegensatz zu den Kynikern bevorzugten die Stoiker einen Lebensstil, der einfachen Komfort erlaubte. Sie argumentierten, dass die Menschen die guten Dinge im Leben genießen sollten, ohne sich an sie zu klammern. Wie Mark Aurel später sagte: »Wenn man schon in einem Palast leben muss, dann kann man auch gut in einem Palast leben.« Diese Gewährung von Komfort ließ den Stoizismus damals und sicherlich auch heute attraktiver erscheinen.

Nach dem Tod von Zenon (der übrigens von den Athenern so bewundert wurde, dass sie eine Bronzestatue von ihm errichteten) behielt der Stoizismus seinen Platz als eine der führenden Athener Schulen der Philosophie (neben anderen) bis 155 v. Chr., als etwas sehr Wichtiges mit der antiken Philosophie geschah – die Köpfe des Stoizismus (Diogenes von Babylon) und anderer Schulen der Philosophie wurden als Botschafter ausgewählt, um Athen in politischen Verhandlungen mit Rom zu vertreten, und zwar in Rom. Die Verhandlungen selbst sind nicht besonders interessant, die kulturellen Auswirkungen dieses Besuchs jedoch durchaus. Die Athener hielten gut besuchte Vorträge und weckten bei den eher konservativen Römern das Interesse an der Philosophie. Der Stoizismus wurde zu einer florierenden Schule in Rom mit all den berühmten Stoikern, deren Schriften heute die Hauptquelle der Philosophie sind: Seneca, Gaius Musonius Rufus, Epiktet und Mark Aurel (wir werden in Kürze auf sie zurückkommen.)

Der Stoizismus war fast fünf Jahrhunderte lang eine der einflussreichsten und angesehensten Schulen der Philosophie. Er wurde von den Reichen und Armen, den Mächtigen und den Leidenden gleichermaßen praktiziert, im Streben nach einem guten Leben. Aber nach dem Tod seiner berühmten Lehrer – Gaius Musonius Rufus, Epiktet und dem römische Kaiser Mark Aurel – stürzte der Stoizismus in eine Krise, von der er sich noch nicht wieder erholt hat. Der Mangel an charismatischen Lehrern und der Aufstieg des Christentums sind die Hauptgründe für den Niedergang der einst so populären Philosophie.

Die Idee des Stoizismus fand jedoch ihren Weg in viele Schriften historischer Philosophen wie Descartes, Schopenhauer und Thoreau. Und sie findet ihren Weg zurück in das Leben von gewöhnlichen Menschen wie Ihnen und mir (nichts für ungut). Dieses Comeback des Stoizismus geht auf Viktor Frankls Logotherapie und Albert Ellis' rationale emotionale Verhaltenstherapie zurück, die beide von der stoischen Philosophie beeinflusst wurden. In den letzten Jahren haben Autoren wie Pierre Hadot, William Irvine, Donald Robertson und insbesondere Ryan Holiday der Rückkehr des Stoizismus Auftrieb gegeben.

Die wichtigsten Philosophen des Stoizismus

Sehen Sie sich um: Sie befinden sich inmitten von Tausenden aufgeregten Menschen, die ihre Fahnen schwingen, schreien und wie wahnsinnig ihren Lieblings-Streitwagenfahrern unten in der Arena des Circus Maximus zujubeln – zoomen Sie heraus, bewegen Sie sich eine halbe Meile nach Norden und dann zoomen Sie wieder hinein. Direkt vor Ihnen kämpft ein Gladiator gegen einen brüllenden Löwen, zu Ihrer Rechten zielt ein Gladiator mit seinem Speer in Ihre Richtung, von links sehen Sie einen monströsen Elefanten auf sich zukommen! In diesen dramatischen Zeiten lehrten und praktizierten unsere Hauptfiguren die stoische Philosophie. Obwohl Philosophie viel weniger aufregend ist als blutige Schlachten im Kolosseum (wo Sie soeben von einem Elefanten zermalmt wurden), hat von beidem doch die Philosophie bis heute überlebt. Aus gutem Grund, wie Sie in den folgenden Kapiteln erfahren werden.

Sehen wir uns die vier römischen Stoiker an, deren Schriften und Lehren fast zwei Jahrtausende überlebt haben und nun das Fundament des Stoizismus bilden: Seneca, Gaius Musonius Rufus, Epiktet und Mark Aurel. Es heißt, dass über tausend Bücher über die stoische Philosophie geschrieben wurden, aber nur eine Handvoll hat die Zeit überdauert – hauptsächlich die von diesen Koryphäen.

Glücklicherweise lebten diese brillanten Männer (die allerdings auch ihre Fehler hatten) nicht irgendwo in den Bergen in Höhlen, sondern engagierten sich allesamt voll in der Gesellschaft und arbeiteten hart daran, die Welt zu einem besseren Ort zu machen. Sie werden einen unglaublich wohlhabenden Dramatiker und ein Äquivalent zum modernen Unternehmer kennenlernen, zudem einen frühen Feministen, der zur mächtigsten Person der Welt werden sollte, und einen verkrüppelten Sklaven, der später den größten Einfluss auf den römischen Kaiser haben sollte. Um dem Namen dieses Buches treu zu bleiben, werden wir nur die Oberfläche dieser faszinierenden Lebensläufe der vier wichtigsten stoischen Philosophen ankratzen.

Seneca der Jüngere (circa 4 v. Chr. – 65 n. Chr.)

»Wer nicht weiß, welchen Hafen er ansegeln will,
für den ist kein Wind der richtige.«
– SENECA

Der umstrittenste stoische Philosoph, Lucius Annaeus Seneca, hauptsächlich bekannt als Seneca der Jüngere oder einfach Seneca, wurde um die Zeit Jesu in Cordoba, Spanien, geboren und in Rom, Italien, ausgebildet. Er ist als einer der besten Schriftsteller der Antike bekannt, und viele seiner Essays und persönlichen Briefe sind erhalten geblieben und dienen als wichtige Quelle der stoischen Philosophie. Diese Schriften sprechen zu uns, weil er sich auf den praktischen Aspekt des Stoizismus konzentrierte, bis hin zu Fragen dazu, wie man am besten reist, wie man mit Widrigkeiten und den von ihnen ausgelösten Emotionen wie Trauer oder Wut umgehen sollte, wie man sich beim Selbstmord (der Seneca befohlen worden war) verhalten sollte, wie man mit Reichtum (den er nur allzu gut kannte) und Armut umgehen sollte.

Seneca führte ein außergewöhnliches Leben, ein Leben, das bei genauer Betrachtung viele Fragen aufwirft. Abgesehen von seinen Briefen, die fast zwei Jahrtausende nach seinem Tod noch immer gelesen werden, hat er es aus vielen weiteren Gründen in die Geschichtsbücher geschafft. Er war ein erfolgreicher Dramatiker. Er wurde dank kluger Finanztransaktionen (als moderner Unternehmer und Investor, wenn Sie so wollen) äußerst reich. Weil er mit der Nichte des Kaisers Ehebruch begangen hatte, wurde er nach Korsika, das er einen »kargen und dornigen Fels« nannte, ins Exil geschickt – tatsächlich ist es übrigens ein beliebtes Urlaubsziel, das für seine vielfältigen und landschaftlichen Besonderheiten bekannt ist. Nach acht Jahren im Exil wollte die neue Frau des Kaisers Seneca als Tutor für ihren Sohn Nero.

Als Nero Kaiser wurde, wurde Seneca zu seinem Berater befördert und zu einem der reichsten Menschen im Römischen Reich. Laut dem Autor Nassim Taleb, der Seneca in seinem Buch *Antifragile* ein ganzes Kapitel widmete, betrug sein Vermögen »dreihundert Millionen Denare (um ein Gefühl für den Wert dieser Summe zu bekommen: Judas bekam etwa zur gleichen Zeit dreißig Denare, das entspricht einem Monatsgehalt, dafür, Jesus zu verraten)«. Da Seneca solch immensen Reichtum genoss, während er als Philosoph die Belanglosigkeit von Besitztümern propagierte, wird er manchmal als Heuchler bezeichnet. Eine weitere Tatsache, die Fragen aufwirft, ist, dass er der Tutor und Berater von Kaiser Nero war, der ein selbstherrlicher und grausamer Herrscher war und seine Mutter und viele andere Menschen töten ließ. Im Jahre 65 n. Chr. befahl Nero Seneca, Selbstmord zu begehen, weil er angeblich in eine Verschwörung gegen den Kaiser verwickelt war.

Ob Heuchler oder nicht, Seneca lebte ein turbulentes Leben voller Reichtum und Macht, aber auch voller Philosophie und Selbstprüfung (ihm war klar, dass er unvollkommen war). Der Stoizismus blieb eine Konstante in seinem Leben und prägte seine vielen hilfreichen und inspirierenden Briefe, aus denen ich in diesem Buch großzügig zitieren werde.

Gaius Musonius Rufus (circa 30 n. Chr. – ca. 100 n. Chr.)

»Da jeder Mensch sterben muss, ist es besser, in Würde zu sterben, als lange zu leben.«
– GAIUS MUSONIUS RUFUS

Gaius Musonius Rufus, der am wenigsten bekannte der vier großen römischen Stoiker, lehrte in seiner eigenen Schule stoische Philosophie. Wir wissen wenig über sein Leben und seine Lehren, weil er sich nicht die Mühe machte, etwas aufzuschreiben. Glücklicherweise machte sich einer von Musonius' Schülern, Lucius, während der Vorlesungen Notizen. Musonius setzte sich für eine praktische und gelebte Philosophie ein. Er sagte: »So wie eine medizinische Studie keinen Nutzen hat, wenn sie nicht zur Gesundheit des menschlichen Körpers beiträgt, so gibt es auch keinen Nutzen für eine philosophische Lehre, wenn sie nicht zur Tugend der menschlichen Seele beiträgt.« Er gab detaillierte Ratschläge zu Ernährungsgewohnheiten, zum Sexualleben, zur richtigen Kleidung und zum Verhalten gegenüber den Eltern. Neben seiner Ansicht, dass Philosophie sehr praktisch sein sollte, glaubte er auch, dass sie universell sein sollte. Er meinte, dass Frauen und Männer gleichermaßen von Bildung und vom Studium der Philosophie profitieren könnten.

Musonius Rufus war damals der bedeutendste stoische Lehrer, er verfügte über beachtlichen Einfluss in Rom. Über zu viel, wenn es nach dem tyrannischen Kaiser Nero ging, sodass dieser Musonius 65 n. Chr. auf die griechische Insel Gyaros verbannte (ja, die Verbannung ins Exil war im alten Rom üblich). Senecas Beschreibung Korsikas als »karger und dorniger Fels« hätte viel besser zu Gyaros gepasst, das wirklich eine wüstenartige Insel war (und ist). Nach Neros Tod im Jahre 68 n. Chr. kehrte Musonius nach Rom zurück, bevor er sieben Jahre später erneut ins Exil geschickt wurde. Er starb um 100 n. Chr. und hinterließ nicht nur die wenigen Vorlesungsunterlagen von Lucius, sondern auch seinen berühmtesten Schüler, Epiktet, der, wie wir gleich sehen werden, selbst zu einem einflussreichen stoischen Lehrer wurde.

Epiktet (circa 55 n. Chr. – ca. 135 n. Chr.)

»Erkläre deine Philosophie nicht.
Verkörpere sie.«
– EPIKTET

Epiktet wurde als Sklave in Hierapolis (dem heutigen Pamukkale in der Türkei) geboren. Sein richtiger Name, falls er überhaupt einen hatte, ist unbekannt. Epiktet bedeutet einfach »Eigentum« oder »das, was gekauft wurde«. Er wurde von Epaphroditos erworben, einem wohlhabenden Freigelassenen (er war also selbst ehemals ein Sklave gewesen), der als Sekretär des Kaisers Nero in Rom arbeitete. Dort verbrachte Epiktet seine Jugend. Eines seiner Beine war entweder von Geburt an oder durch die Verletzung seitens eines ehemaligen Herrn verkrüppelt. Sein neuer Herr Epaphroditos behandelte ihn gut und ermöglichte ihm das Studium der stoischen Philosophie beim renommiertesten Lehrer Roms, Gaius Musonius Rufus.

Einige Zeit nach Neros Tod im Jahre 68 n. Chr. wurde Epiktet von seinem Herrn freigelassen – eine in Rom übliche Praxis bei intelligenten und gebildeten Sklaven. Er gründete seine eigene Schule und lehrte fast fünfundzwanzig Jahre lang stoische Philosophie, bis Kaiser Domitian bekannterweise alle Philosophen aus Rom verbannte. Epiktet floh und verlegte seine Schule nach Nikopolis, Griechenland, wo er ein einfaches Leben mit wenig Besitz führte. Nach der Ermordung von Domitian wurde der Stoizismus wieder respektiert und bei den Römern populär. Epiktet war damals der führende stoische Lehrer und hätte zurück nach Rom ziehen können, entschied sich aber dafür, in Nikopolis zu bleiben, wo er um 135 n. Chr. starb. Trotz seiner Lage zog seine Schule Schüler aus dem gesamten Römischen Reich an und brachte ihnen unter anderem bei, wie man auch angesichts der Schwierigkeiten des Lebens Würde und Ruhe bewahrt.

Wie sein eigener Lehrer Gaius Musonius Rufus schrieb Epiktet nichts auf. Glücklicherweise gab es wieder einen Streber unter den Schülern, Arrian, der sich exzessiv Notizen machte und die berühmten *Lehrgespräche* schrieb – eine Reihe von Auszügen aus Epiktets Vorträgen. (Jetzt bin ich der Streber, der versucht, den gesamten Stoizismus in einem kleinen Buch unterzubringen und zu organisieren …) Arrian hat zudem ein Kurzbuch namens *Handbüchlein* zusammengestellt, eine Zusammenfassung der wichtigsten Prinzipien der *Lehrgespräche*. Der Originalname *Encheiridion* bedeutet wörtlich »griffbereit«, was eher zu einem Dolch als einem Handbuch passt – jederzeit bereit, sich den Herausforderungen des Lebens zu stellen.

Mark Aurel (121 n. Chr. – 180 n. Chr.)

»Es verblüfft mich immer wieder: Wir alle lieben uns selbst am meisten, und doch ist uns die Meinung anderer wichtiger als unsere eigene.«
– MARK AUREL

»Verschwende keine Zeit mehr damit, darüber zu debattieren, was ein guter Mensch sein sollte. Sei einer.« Diese Worte schrieb nicht irgendein Versager, sondern das seltene Beispiel eines Philosophen-Kaisers und zugleich einer der mächtigsten Menschen der Welt – Mark Aurel, auf Deutsch oft auch Marc Aurel genannt, Kaiser des legendären Römischen Reiches. Er ist der bekannteste aller stoischen Philosophen und seine *Selbstbetrachtungen*, eine Reihe von zwölf Kurzbüchern, die er sich selbst (wie ein Tagebuch) als Handlungsempfehlung und zur Selbstvervollkommnung schrieb, gelten als eines der größten philosophischen Werke aller Zeiten.

Als Teenager, so heißt es, sei Mark Aurel nicht nur Aktivitäten wie Ringen, Boxen und Jagen gern nachgekommen, sondern auch der

Philosophie. Er studierte bei verschiedenen Philosophen, von denen einer ihm eine Kopie von Epiktets *Lehrgesprächen* lieh. Dieses Werk hatte den größten Einfluss auf ihn. Als er sechzehn Jahre alt war, adoptierte Kaiser Hadrian Mark Aurels mütterlichen Onkel Antoninus, der wiederum Mark Aurel adoptierte (dessen leiblicher Vater starb, als er jung war). Als Mark Aurel in den Palast einzog, stieg ihm seine politische Macht nicht zu Kopf (weil er es nicht zuließ), weder als Mitkaiser seines Adoptivvaters noch als eigenständiger Kaiser nach Antoninus' Tod. Er übte große Zurückhaltung bei der Nutzung von Macht und Geld. Trotz seines Interesses an der stoischen Philosophie entschied er sich außerdem, seine Macht nicht dazu zu nutzen, den Stoizismus zu predigen und die anderen Römer über die Vorteile seiner Praktiken zu belehren. Er war ein außergewöhnlich guter Kaiser, der von 161 n. Chr. bis zu seinem Tod 180 n. Chr. regierte und als der *letzte* einer Reihe von Herrschern gilt, die als die fünf guten Kaiser bekannt sind.

Kapitel 3

Das stoische Glücksdreieck

»Ein loderndes Feuer lässt aus allem, was hineingeworfen wird, Flammen und Glanz entstehen.«
– MARK AUREL

Genug der Historie, es ist Zeit, zum Kern des Stoizismus zu kommen. Was glaubten und lehrten diese faszinierenden Philosophen genau? Wie wollten sie ihr Versprechen auf ein äußerst glückliches und ruhig dahinfließendes Leben halten? Wie können ihre Prinzipien uns darauf vorbereiten, uns den Herausforderungen des Lebens zu stellen? Und wie können wir unsere Emotionen zügeln und zu einem unerschütterlichen Fels in der Brandung werden? Es ist ganz einfach: Sie müssen nur in die reale Welt hinausgehen und wie ein Krieger-Philosoph trainieren. Aber zuerst müssen Sie die Regeln des Spiels kennen, Sie müssen wissen, wofür Sie kämpfen sollten, und Sie müssen wissen, welche Richtung Sie einschlagen sollten. Das sind die Grundprinzipien des Stoizismus, die Sie in diesem Teil lernen werden.

Vielleicht meinen Sie, dass das ziemlich einfach sein sollte. *Spuck es aus, was sind die Grundprinzipien?* Das habe ich auch gedacht, als ich zum ersten Mal über den Stoizismus stolperte. Er hatte mich schnell an der Angel, ich las viel darüber und erzählte meinen Freunden von dieser coolen Philosophie. Aber als sie wissen wollten, was genau dahintersteckt, habe ich kläglich dabei versagt, es zu erklären. Mir wurde klar, dass ich trotz der vielen Texte, die ich gelesen hatte, kaum etwas über den Stoizismus wusste, schließlich schaffte ich es nicht einmal, ihn meinen Freunden richtig zu erklären.

Wie sich herausstellte, ist es gar nicht so einfach, sich einen einfachen Überblick über diese Philosophie zu verschaffen. Die Originaltexte – bestehend aus Vorlesungsskripten, persönlichen Briefen und Tagebucheinträgen – bieten keine klare Antwort wie aus einem Lehrbuch. Und selbst modernen Büchern fehlen narrensichere Erklärungen, finde ich. Sie bestehen oft aus einer Mischung aus fantastischen stoischen Ideen, die es definitiv wert sind, sich ihnen zu widmen, die aber nicht zu einem einfachen Überblick führen.

Das ist im Grunde genommen die Idee hinter dem stoischen Glücksdreieck. Es bietet Ihnen einen einfachen Überblick über die Grundprinzipien des Stoizismus. Wenn man das Dreieck kennt, kennt man die wichtigsten Aspekte dessen, was Stoizismus ist, und kann sie erklären – selbst einem Fünfjährigen. Es ist die beste Idee, mit der ich aufwarten konnte, um die stoische Philosophie auf einfache und visuelle Weise zu präsentieren, und sie vereint das Wissen aus alter und moderner Literatur. Ich hoffe, dass es Ihnen nützen wird. Und denken Sie daran, dass das stoische Glücksdreieck nichts ist, was die Stoiker selbst gelehrt haben, es ist meine Visualisierung ihrer Kernlehren.

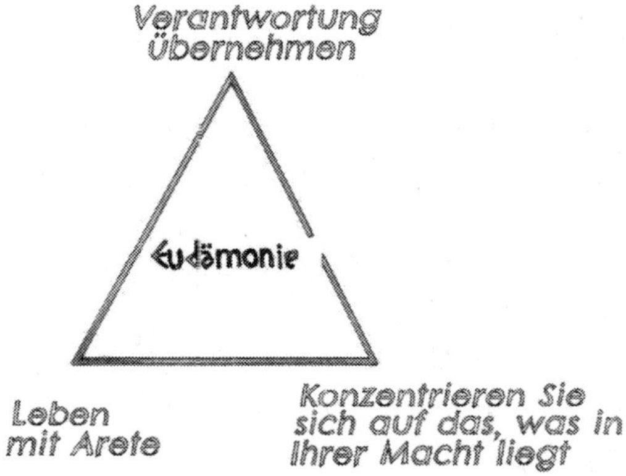

Eudämonie: Im Mittelpunkt des Dreiecks steht die Eudämonie – das ultimative Ziel des Lebens, auf das sich alle alten Philosophien geeinigt haben. Wie in Kapitel 1 erwähnt, ist dies das Hauptversprechen der stoischen Philosophie. Es geht dabei darum, ein äußerst glückliches und reibungslos verlaufendes Leben zu führen. Es geht darum, in unserem Leben *zu gedeihen, uns weiterzuentwickeln, voranzukommen*. Das ist doch im Grunde das, was wir alle wollen, uns weiterentwickeln und ein glückliches Leben führen, oder? Deshalb bildet es den Kern des stoischen Glücksdreiecks. Erinnern Sie sich an den griechischen Ursprung des Wortes? Es bedeutet, ein gutes Verhältnis (*eu*) zu seinem inneren *Dämon*, seinem göttlichen Funken, dem höchsten Selbst, zu haben. Und wie können wir das erreichen? Indem wir mit Arete leben.

Leben mit Arete: Präsentieren Sie jederzeit Ihr ideales Selbst. Wenn wir mit unserem idealen Selbst auf gutem Fuß stehen wollen, müssen wir die Lücke schließen zwischen dem, wozu wir fähig sind, und dem, was wir tatsächlich tun. Hier geht es darum, im Hier und Jetzt die beste Version seiner selbst zu sein. Es geht darum, vernünftig zu handeln und in Harmonie mit wichtigen Werten zu leben. Das ist offensichtlich leichter gesagt als getan. Um diesem ehrgeizigen Ziel näherzukommen, ist es wichtig, Gut und Böse zu trennen und sich auf das zu konzentrieren, was in unserer Macht liegt.

Konzentrieren Sie sich auf das, was in Ihrer Macht liegt: Dies ist das prominenteste Prinzip im Stoizismus. Zu jeder Zeit müssen wir uns auf die Dinge konzentrieren, die wir kontrollieren, die also in unserer Macht liegen. Den Rest müssen wir so hinnehmen, wie er eben geschieht. Was bereits *ist*, müssen wir akzeptieren, denn es liegt außerhalb unserer Macht, es rückgängig zu machen. Was außerhalb unserer Macht liegt, ist letztlich nicht wichtig für unser Vorankommen. Wichtig für unsere Weiterentwicklung ist dagegen, was wir mit den gegebenen äußeren Umständen *tun*. Also egal in welcher Situation, es liegt immer in unserer Macht, zu versuchen, das Beste daraus zu machen und in Harmonie mit unserem idealen Selbst zu leben.

Verantwortung übernehmen: Gut und Böse stammen nur aus einem selbst. Dies folgt den Erkenntnissen der beiden ersten Ecken des Dreiecks, die besagen, dass äußere Einflüsse für das gute Leben keine Rolle spielen, sodass das Leben mit Arete, was innerhalb unserer Macht liegt, ausreicht, um im Leben zu gedeihen. Außerdem sind Sie für Ihr Leben verantwortlich, denn jedes externe Ereignis, das nicht in Ihrer Macht liegt, beinhaltet einen Bereich, den Sie sehr wohl kontrollieren können, nämlich wie Sie auf dieses Ereignis *reagieren*. Das ist entscheidend im Stoizismus. Nicht die Ereignisse machen uns glücklich oder unglücklich, sondern unsere Interpretation dieser Ereignisse. Und genau dadurch kann ein Fels in der Brandung entstehen – in dem Moment, in dem Sie sich entscheiden, äußeren Ereignissen keine Macht mehr über sich zu geben.

Das ist natürlich nur der Rahmen des Dreiecks, und wir haben kaum an der Oberfläche gekratzt. Auf den nächsten Seiten werden wir jede Ecke im Detail betrachten, mit klärenden Informationen und Metaphern, und wir werden den Schurken kennenlernen, der so viele von uns daran hindert, unser höchstes Selbst in jedem einzelnen Moment zu präsentieren. Aber vorerst sollten wir uns an die Analogie des Surfens erinnern.

Zu Beginn Ihrer ersten Surfstunde kommt der sehr wichtige, aber nicht so lustige Theorieteil. *Oh, da haben wir es …* Einige Besserwisser laufen direkt ins Wasser, trotz der Warnungen. Das passiert jedes Mal. Doch jetzt kommt das Coole: Sobald wir hier fertig sind und Sie ihnen ins Wasser folgen, werden Sie es sofort besser machen als sie, weil den vorangepreschten Jungs die Grundlagen fehlen – und sehen Sie sich dann deren Gesichter an. Unbezahlbar! Einige von ihnen werden jedoch früher zurückkommen, weil sie erkannt haben, dass ihnen etwas fehlt oder weil sie sich verletzt haben. Wie auch immer, fangen wir ohne die lospreschenden Besserwisser an und Sie kommen schneller ins Wasser, als Sie glauben. Auf den Sand, fertig, los!

1. Leben mit Arete: Zeigen Sie immer die beste Version Ihres Selbst

»Die einzige Garantie für ewiges, unbeschwertes Glück ist ein guter Charakter.«
– SENECA

Die erste Ecke des stoischen Glücksdreiecks lautet *Leben mit Arete*. Die klassische Übersetzung für das griechische Wort *aretē* lautet »Tugend« oder »Vortrefflichkeit«. Ich bevorzuge die Übersetzung von Brian Johnson, dem Philosophen hinter der Website optimize.me: »jederzeit die beste Version seiner selbst präsentieren«. Wegen dieser tieferen Bedeutung des Wortes und weil es offenbar eines der höchsten Ideale der griechischen Kultur war, lassen Sie uns das ursprüngliche Wort für den Namen dieser ersten Ecke des Dreiecks verwenden. Wir werden notwendigerweise auch die übliche Übersetzung »Tugend« verwenden, bitte behalten Sie das im Hinterkopf.

Das ultimative Ziel des Stoizismus steht in der Mitte des Dreiecks: *Eu-dämon-ie*, ein glückliches und reibungslos verlaufendes Leben zu führen. Um dieses Ziel zu erreichen, müssen wir mit unserem inneren *Dämon*, das heißt dem uns innewohnenden göttlichen Funken, also der besten Version unserer selbst, die ein uns natürlich angeborenes Potenzial ist, auf gutem Fuß sein (*eu*). Stellen Sie sich bei allem, was Sie tun, zwei Linien vor: Die höhere Linie zeigt an, wozu Sie *fähig* sind, und die untere Linie, was Sie *tatsächlich tun*. Mit Arete zu leben, bedeutet, zu versuchen, die höhere Linie zu erreichen und das zu präsentieren, wozu man in diesem Moment fähig ist. Das ist dann die beste Version Ihrer selbst, genau das meinen wir, wenn wir davon sprechen, mit dem eigenen inneren Dämon auf gutem Fuß zu stehen, dann erreichen Sie das glückliche und reibungslos verlaufende Leben namens Eudämonie.

Es ist vielleicht nicht allzu schwer, diese perfekte Verwirklichung unseres idealen Selbst in einzelnen Situationen oder in unserer Vorstellung zu zeigen, aber in der realen Welt versagen wir kläglich. Und das ist in Ordnung, wir sind dazu hier, mehr über uns selbst zu lernen und darüber, wie wir die beste Version unseres Selbst präsentieren können – von einem Moment auf den anderen und immer so weiter. Deshalb versuchen wir, besser zu werden, deshalb versuchen wir, unsere Tugend zu verbessern. Denken Sie bei Arete oder Tugend als eine Form von Weisheit oder Stärke, die Ihnen hilft, jederzeit das Richtige zu tun, sodass Ihre Handlungen in Harmonie mit Ihrem idealen Selbst stehen – also zum Beispiel tapfer, diszipliniert und freundlich. Tugend hilft Ihnen, die Kluft zwischen dem, was Sie tatsächlich tun, und dem, wozu Sie fähig sind, zu schließen. Je größer diese Kluft ist, desto weiter sind Sie von Eudämonie entfernt und desto schlechter sind Sie dran. Denn irgendwo in der Dunkelheit der Kluft lauern sie, die Bösewichte, angeführt von Reue, Angst und Ernüchterung.

Bei Tugend geht es also darum, zu versuchen, jederzeit der beste Mensch zu sein, der man sein kann. Und wenn Sie das schaffen, dann haben Sie eine gute Beziehung zu Ihrem idealen Selbst und werden ein glückliches und reibungslos dahinfließendes Leben führen. Wenn Sie die beste Version Ihrer selbst nicht zeigen können, wird dies dem Bedauern und der Angst Raum geben, aus der Dunkelheit zu kriechen und ihr Elend zu verbreiten. Das zu wissen, ist sehr wichtig, aber seien wir ehrlich, es hilft noch nicht viel. Ich meine, wollen wir nicht alle die Besten sein, die wir überhaupt sein können? (Das hoffe ich doch.) Nun, abgesehen vom *Leben mit Arete* benutzten die Stoiker noch eine weitere Standardredensart für das gleiche Ziel, nämlich die ideale Version seines Selbst zu präsentieren: *Leben im Einklang mit der Natur.* Lassen Sie uns das genauer in Augenschein nehmen und sehen, ob wir danach klüger sind.

Die Vervollkommnung unseres natürlichen Potenzials

Die Stoiker glaubten, dass die Natur *will*, dass wir im Leben Erfolg haben. Deshalb wurde der innere Dämon, unser ideales Selbst, wie ein göttlicher Samen in uns alle gepflanzt, sodass es in unserem *na-*

türlichen Potenzial liegt, diese ideale Version unserer selbst zu werden. Wie Gaius Musonius Rufus sagte, werden wir alle »mit einer Neigung zur Tugend« *geboren*. Mit anderen Worten, es liegt in unserer *Natur*, das, was mit diesem göttlichen Samen begonnen wurde, zu vollenden und unser menschliches Potenzial zum Leben zu erwecken. Die Tugend eines Menschen hängt also von seiner Vortrefflichkeit ab, davon, wie gut er sein natürliches Potenzial ausschöpft. Tugendhaft zu sein, bedeutet also, so zu leben, wie die Natur es uns vorherbestimmt hat. Daher stammt der stoische Aphorismus *im Einklang mit der Natur leben*.

Einfach ausgedrückt, ist Tugend für alle Lebewesen das Gleiche – die Vervollkommnung ihrer eigenen Natur. Das Leben mit Arete bedeutet also im Grunde genommen, unsere Natur zu vervollständigen. Ohne diese Vollendung fehlt uns etwas und unser Leben bleibt unerfüllt. Es ist klar – wenn wir unserem angeborenen Potenzial nicht gerecht werden, wird unser Leben niemals erfüllt sein.

Betrachten wir ein Beispiel aus der Natur. Das natürliche Potenzial eines Traubenkerns besteht darin, zu einer Weinrebe heranzuwachsen und Trauben zu tragen. Also *lebt* ein Traubenkern *mit Arete* oder *im Einklang mit der Natur*, wenn er sein natürliches Potenzial voll ausschöpft, indem er zu einer Weinrebe heranwächst und Trauben produziert.

So wie es für die Weinrebe reicht, Trauben hervorzubringen, um ein gutes Leben zu haben, so reicht es uns, in jedem Moment die ideale Version unserer selbst zu präsentieren. Das ist alles, was nötig ist. Nichts, was außerhalb unserer selbst liegt, ist erforderlich, um zum guten Leben zu gelangen – keine Villa am Strand, keine Diamantringe, keine Porzellanteller und grundsätzlich nichts, was uns nicht als natürliches Potenzial eingepflanzt wurde. Genau das macht den Stoizismus so reizvoll. Das Potenzial, das gute Leben zu leben, liegt in uns allen – ob wir reich oder arm, gesund oder krank, so schön wie ein Model oder andersartig schön sind. Wir alle können das gute Leben erreichen. Aber ich greife vor, wir werden mehr über die Unwichtigkeit externer Dinge in der zweiten Ecke des stoischen Glücksdreiecks erfahren.

Ihr natürliches Potenzial liegt in der besten Version Ihrer selbst. Das ist jedoch nicht alles. Die Stoiker meinten, dass der wichtigste Unterschied zu Tieren die Fähigkeit des Menschen ist, die *Vernunft* zu nutzen. Der Stoiker Epiktet erklärte, dass das, was uns von wilden Tieren und Schafen unterscheidet, unser *rationales* Element ist und nicht die nackte Haut, schwächere Knochen oder fehlende Schwänze. Wir leugnen unsere eigene Menschlichkeit und verfallen in den Zustand eines Schafes, wenn wir impulsiv und unüberlegt handeln. Er fragte: »Wenn unsere Handlungen streitlustig, boshaft, wütend und unhöflich sind, geben wir dann nicht unsere Menschlichkeit auf und werden zu wilden Tieren?«

Epiktet wollte damit sagen, dass unsere Fähigkeit, die Vernunft zu nutzen, im Mittelpunkt unseres natürlichen Potenzials steht, das wir erfüllen müssen, und sie zeigt sich am besten in unserem Handeln, indem wir sie jederzeit berücksichtigen. Auf der einen Seite ist die Fähigkeit zur Vernunft unser wertvollstes Geschenk, und wenn wir uns nach ihr richten, werden wir ein glückliches und reibungslos verlaufendes Leben haben – wie eine Weinrebe, die Trauben produziert. Auf der anderen Seite ist diese Fähigkeit unsere schwerste Last, denn wenn wir sie *nicht* einsetzen, fallen wir auf die Ebene eines Tieres, leugnen unsere Menschlichkeit und werden kein glückliches Leben führen – ähnlich einer Weinrebe, die keine essbaren Trauben produziert.

Für die Stoiker ist es also vernünftig, immer zu versuchen, das Beste zu sein, was man sein kann. Wir alle tragen diesen Samen der Vernunft in uns, diesen Samen unseres besten Selbst. Und deshalb haben wir das Potenzial, ein tugendhaftes Leben zu führen, das heißt ein Leben, das von der Vernunft geleitet wird und unser ideales Selbst ausdrückt. Dieser Ausdruck zeigt sich in generell ehrenhaften und lobenswerten Handlungen, die uns und anderen zugutekommen. Wie bereits erwähnt, ist Tugend für alle Lebewesen die Vervollkommnung ihrer eigenen Natur; im Falle des Menschen ist Tugend also die *Vervollkommnung der Vernunft*. Anders ausgedrückt, ist das Leben mit Arete die Vervollkommnung dessen, jederzeit unser ideales Selbst zu präsentieren. Denken Sie daran, mit Arete, Tugend, Vernunft und im Einklang mit der Natur zu leben, sind allesamt nur verschiedene Ausdrücke für dasselbe Ziel.

In der stoischen Philosophie ist klar, dass zur Vervollkommnung der Vernunft nicht nur *rationale*, sondern auch *soziale* Handlungen in Form von Pflichten gegenüber unseren Mitmenschen gehören, wie zum Beispiel unsere Eltern zu ehren, zu unseren Freunden nett zu sein und sich für das Wohlbefinden der Menschheit zu interessieren. Als rationale *und* soziale Geschöpfe sollten wir daher die Vernunft anwenden und unser ideales Selbst in drei Hauptbereichen des Lebens zum Ausdruck bringen:

- **Bei uns selbst mit unserem eigenen Verstand:** Als Menschen mit der Fähigkeit zu vernünftigem Denken sollten wir unser Handeln rational und weise betrachten und immer versuchen, die beste Version unserer selbst zu sein.
- **Bei anderen Menschen:** Als soziale Wesen, die einander von Natur aus zugetan sind, sollten wir versuchen, in Harmonie mit anderen zu leben und zum Wohlbefinden der Menschheit beizutragen.
- **Im Universum:** Als Bürger des weiten Kosmos sollten wir versuchen, in Harmonie mit der Natur zu leben, Ereignisse, die uns passieren, ruhig zu akzeptieren und weise darauf zu reagieren.

Mir ist bewusst, dass dieses ganze Konzept mit Arete, Tugend, Vernunft und der Erfüllung unserer Natur sehr abstrakt ist und dass es schwierig ist, genau zu verstehen, wie das in der Praxis aussieht. Glücklicherweise verwendeten die Stoiker eine greifbarere Klassifizierung der Tugend, die diese in vier wünschenswerte Charakterzüge unterteilte, die als die vier *Kardinaltugenden* bekannt sind. Bevor wir sie betrachten, lassen Sie uns jedoch kurz auf den stoischen *Weisen* schauen, das hypothetische Ideal, das die Stoiker verwendeten, um einen vollkommen weisen und guten Menschen darzustellen – den Adonis des Charakters, wenn Sie so wollen.

Sie haben sich vielleicht gefragt: *Ist es überhaupt möglich, in jedem einzelnen Moment die beste Version unserer selbst zu sein?* Nein, das geht nicht. Deshalb haben die Stoiker auch den Weisen als Ideal benutzt, denn es gibt keine perfekten Menschen. Und für die Stoiker müssen wir auch gar nicht perfekt sein, aber wir können zumindest versuchen, so gut wie möglich zu sein. Deshalb haben die Stoiker sich den Weisen vor Augen geführt, sie wollten so gut wie möglich sein und wie der Weise eine perfekte Eudämonie erreichen. »Er lebt in völliger Harmonie mit sich selbst, dem Rest der Menschheit und der Natur als Ganzem«, beschreibt Donald Robertson den Weisen, »weil er der Vernunft folgt und sein Schicksal, soweit es außerhalb seiner Kontrolle liegt, würdevoll annimmt. Er hat sich über irrationale Wünsche und Emotionen erhoben, um Seelenfrieden zu erlangen. Sein Charakter ist absolut lobenswert, ehrenhaft und schön.«

Kein Wunder, dass der Weise ein hypothetisches Ideal ist. Die Stoiker sind jedoch der Ansicht, dass es vorteilhaft ist, jemanden zu haben, zu dem man aufschauen und mit dem man sich vergleichen kann. Der Weise macht es uns einfacher, uns unser ideales Selbst vorzustellen, und agiert als Wegweiser, der uns die Richtung vorgibt. Betrachten wir nun die vier Tugenden, mit denen wir versuchen können, ähnlich wie der Weise zu handeln.

Die vier Kardinaltugenden

Sie und ich, wir kommen unserem gemeinsamen Ziel des guten Lebens näher, indem wir Fortschritte im Leben mit Arete machen. Nun können wir diesen Fortschritt anhand von vier weit gefassten Charakterzügen bewerten, die die Stoiker aus der sokratischen Philosophie übernommen haben. Sie teilten die Tugend in die vier Kardinaltugenden Klugheit, Gerechtigkeit, Tapferkeit und Selbstdisziplin. Nach diesen Eigenschaften zu leben, macht einen starken Charakter aus, und lässt jemanden generell ehrenhaft und lobenswert handeln, genau wie den Weisen. Die gegenteiligen unmoralischen und bösartigen Charakterzüge sind als die vier *Kardinallaster* bekannt. Das griechische Wort *kakia* bezeichnet das Gegenteil von Arete und führt zu einem schwachen Charakter, der sich als beschämendes und ignorantes Verhalten zeigt. Betrachten wir nun die Kardinaltugenden, eine nach der anderen:

- Bei **Klugheit** geht es darum, zu verstehen, wie wir uns angemessen verhalten und fühlen. Klugheit beinhaltet sorgfältiges Abwägen, ein gesundes Urteilsvermögen, Durchblick und gesunden Menschenverstand. Sie ist der Gegensatz zum Laster der Torheit oder Gedankenlosigkeit.
- Bei der **Gerechtigkeit** geht es darum, zu wissen, wie wir uns in unseren Beziehungen zu anderen richtig verhalten und uns wohl fühlen. Gerechtigkeit umfasst Gutherzigkeit, Integrität, Dienst an unseren Mitmenschen und Fairness. Sie ist der Gegensatz zum Laster des Fehlverhaltens oder der Ungerechtigkeit.
- **Tapferkeit** bedeutet, zu wissen, wie wir in beängstigenden Situationen richtig fühlen und uns richtig verhalten. Tapferkeit beinhaltet Mut, Ausdauer, Ehrlichkeit und Zuversicht. Sie ist der Gegensatz zum Laster der Feigheit.

- Bei der **Selbstdisziplin** (oder Besonnenheit) geht es darum, zu wissen, wie wir uns trotz solcher Emotionen wie starkem Verlangen, innerem Widerstand oder Lust richtig verhalten und fühlen. Selbstdisziplin beinhaltet Ordentlichkeit, Selbstbeherrschung, Vergebung und Bescheidenheit. Sie ist der Gegensatz zum Laster des Überflusses.

Das sind definitiv Charakterzüge, nach denen man streben sollte, oder? Sie ergeben intuitiv Sinn, und wir alle, selbst über verschiedene Religionen und Kulturen hinweg, schätzen diese Eigenschaften bei unseren Mitmenschen und bei uns selbst. Als Sie die Beschreibungen der vier Kardinaltugenden gelesen haben, haben Sie vielleicht gedacht, dass Sie gut in *Gerechtigkeit* sind, weil Sie andere immer mit äußerster Fairness behandeln, dass Sie aber nicht so gut in *Selbstdisziplin* sind, weil es Ihnen oft schwerfällt, bei *einem* Glas Rioja zu bleiben. Auch wenn es durchaus sinnvoll ist, zu sagen, dass man bei einigen dieser Charakterzüge besser und bei anderen schlechter abschneidet, zählt für die Stoiker immer das ganze Paket. Tugend ist ein Alles-oder-nichts-Paket.

Zur Verdeutlichung boten die Stoiker eine Analogie: Jemand kann ein Dichter, ein Redner *und* ein General sein, aber zugleich ist er immer noch nur *ein* Individuum. Und so sind auch die Tugenden in einer vereint, können aber auf verschiedene Handlungsfelder angewendet werden. Diese Person kann also beispielsweise ein ausgezeichneter Dichter, ein durchschnittlicher Redner und ein lausiger General sein, was aber zählt, ist die Person als Ganzes und nicht die einzelnen Handlungen in den jeweiligen Bereichen. Und wenn wir darüber nachdenken, ist dieses Alles-oder-nichts-Paket sinnvoll. Schließlich würden wir einen äußerst disziplinierten und mutigen Bankräuber nicht als tugendhaften Menschen bezeichnen.

Perfekte Tugend ist ein Ideal, das nur der Weise erreichen kann, aber es ist ermutigend, zu sehen, dass das, was zählt, man selbst als ganzheitliches Wesen ist. Sie können als ganzheitliche Person wachsen und reifen, wobei es keine Rolle spielt, ob jemand Ihre tugendhaften Handlungen beobachtet oder nicht. Es reicht aus, Fortschritte zu machen und zu versuchen, die beste Version Ihrer selbst zu sein. Tugend ist also im Wesentlichen eine Form der *praktischen* Klugheit: zu *wissen*, was das Richtige ist, und es tatsächlich zu *tun*. Und denken Sie daran, dass eine Weinrebe in den ersten Jahren keine perfekten Trauben hervorbringt und auch in der Blütezeit einige saure Trauben trägt. Wie diese Weinrebe werden auch Sie besser, wenn Sie versuchen, Ihr Bestes zu geben, aber Sie werden auch weiterhin einige Fehler machen. Diese Unvollkommenheit ist absolut natürlich. Auch die Stoiker konnten sie in ihrem eigenen Leben beobachten.

Hier ist ein Beispiel von Seneca: »Wenn das Licht fort ist und meine Gattin schweigt, da sie meine Gewohnheit kennt, überprüfe ich meinen gesamten Tag und gehe meine Taten und Worte erneut durch.« Seneca plädierte jeden Abend vor seinem eigenen Gericht und gab in seinem Brief *Über die Wut* einige Beispiele. Meine Lieblingsgeschichte ist die, als er bei einer Veranstaltung wütend wurde, weil ihm kein Ehrenplatz zugewiesen worden war, von dem er jedoch meinte, er stünde ihm zu. Den ganzen Abend über war er wütend auf den Gastgeber, der die Sitzordnung aufgestellt hatte, und auf die Gäste, die auf besseren Plätzen saßen als er. »Du Verrückter«, schrieb er in seinem Tagebuch, »welchen Unterschied macht es, auf welcher Seite der Couch du dein Gewicht niederlässt?«

Niemand wird jemals in all seinen Handlungen perfekt sein, doch solange wir unser Bestes geben, spielt das keine Rolle. Die Welt ist nicht schwarz-weiß, wir wissen nicht immer, was das Richtige wäre, aber wir können jederzeit versuchen, in bester Absicht zu handeln. Und das ist, wie ich finde, der einfachste Weg, das Leben mit Arete zu verstehen – versuchen Sie immer und überall, so gut zu sein, wie Sie nur können, versuchen Sie, die richtige Handlung oder Antwort zu wählen, und versuchen Sie einfach, ein guter Mensch zu sein, dem andere und die Natur als Ganzes am Herzen liegen. Mit anderen Worten, entwickeln Sie Ihren Charakter. Wie das geht, sehen wir uns nach einer wichtigen Nebenbemerkung genauer an.

Aufmerksamkeit: Wenn wir in jeder Situation die Besten sein wollen, die wir sein können, wenn wir mit Arete leben wollen, dann müssen wir uns über jeden unserer Schritte im Klaren sein. Heute nennen wir das »Achtsamkeit«, die Stoiker verwendeten den Begriff »Aufmerksamkeit« (*prosochê*). Mark Aurel sagte, wir sollten »der Erfüllung der gestellten Aufgabe große Aufmerksamkeit« schenken, »mit präziser Analyse, mit reiner Würde, mit menschlicher Anteilnahme, mit objektiver Gerechtigkeit«. Wir können einen solchen Geist, der frei von anderen Gedanken ist, erreichen, indem wir jede Handlung so ausführen, »als wäre sie die letzte im Leben«.

Stellen Sie sich vor, Sie gehen barfuß am Strand entlang und gelangen zu einem Abschnitt, der voller Glasscherben ist. Jetzt gehen Sie vorsichtig und beäugen mit Adleraugen jeden Schritt, damit Sie sich nicht verletzen – *das* ist die Aufmerksamkeit, die die Stoiker von uns bei jeder Handlung erwarten. Diese fokussierte Aufmerksamkeit und diese kontinuierliche Selbstbeobachtung sind notwendig, wenn wir unser Handeln aktiv an der Tugend ausrichten wollen. Denn wie könnten wir sicherstellen, dass wir tugendhaft handeln, wenn wir uns unserer Handlungen nicht einmal bewusst sind? Wenn wir unsere Gedanken abschweifen lassen, handeln wir *ohne Verstand*, wir stolpern in die Torheit und geben unsere beste Chance auf Eudämonie auf, da wir in diesem Moment noch lange nicht die beste Version unserer selbst sind. Das wird unzählige Male passieren, aber genau dann ist Achtsamkeit am wichtigsten. »Sich seines Fehlverhaltens bewusst zu sein, ist der erste Schritt zur Erlösung«, sagt Seneca. »Man muss sich dabei ertappen, bevor man es korrigieren kann.« Genau wie er es tat, als er erkannte, wie blöd es von ihm war, wegen eines Sitzplatzes auf andere wütend zu werden. Ohne ein solches Bewusstsein handeln wir impulsiv, automatisch und zufällig – was genau das Gegenteil dessen ist, was wir wollen.

»Aufmerksamkeit (*prosochê*) ist die grundlegende stoische spirituelle Haltung«, erklärt der Autor Pierre Hadot. »Es ist eine ständige Wachsamkeit und Gegenwart des Verstandes, ein Selbstbewusstsein, das nie schläft, und eine ständige Spannung des Geistes. Dank dieser Haltung ist sich der Philosoph in jedem Moment seiner Handlungen voll bewusst und er steuert seine Handlungen willentlich.« Auch wenn dieses Bewusstsein, das nie schläft, das Ziel des Stoikers ist, sagte Epiktet, dass es nicht möglich sei, keinerlei Fehler zu machen, aber wir könnten es versuchen und »wir müssen zufrieden sein, wenn wir, indem wir niemals in unserer Aufmerksamkeit nachlassen, zumindest ein paar Fehler vermeiden«.

Charakter schlägt Schönheit

»Legt die Kleidung des Senators ab, hüllt Euch in Lumpen und erscheint in dieser Rolle.« Egal welche Rolle Sie in der Gesellschaft spielen, ob Sie einen Anzug mit Krawatte oder Socken mit Sandalen tragen, worauf es immer ankommt, so Epiktet, ist Ihr innerer Kern, Ihr Charakter. Die einzige Möglichkeit, einen wahren Stoiker zu erkennen, ist also anhand seines Charakters.

Denken Sie an jemanden, den Sie kennen, der einen gefestigten Charakter hat, so gefestigt, als sei er aus Granit. Mir kommt da Bruno in den Sinn. Bruno war einer meiner frühen Fußballtrainer. Er war zuverlässig, vertrauenswürdig und vor allem konsequent in seinem Handeln. Er war fair und ehrlich, nicht nur dann, wenn es sich gerade anbot, sondern immer. Er war so solide wie ein Fels und besaß eine Prise fantastischen Humor. Ich bin sicher, Ihnen fällt auch ein

Bruno in Ihrem Leben ein. Anhand solcher Menschen wird deutlich, warum der Stoizismus den Charakter einer Person so hoch schätzt.

»Charakter schlägt Schönheit«, schrieb ich einmal in einem Artikel. Das gilt wahrscheinlich nicht für unsere Zeit, die als *Schönheitswahn-Epoche* in die Geschichtsbücher eingehen wird, aber definitiv für die stoische Philosophie. Die Stoiker würden noch einen Schritt weitergehen und behaupten, dass »der Charakter nicht nur die Schönheit, sondern auch den Reichtum, die Macht und ja, sogar den Joker schlägt«. Eine Person mit Tugend zu sein, bedeutet, sich charakterlich auszuzeichnen und immer zu versuchen, sein Bestes zu geben und sich so zu verhalten, wie es allgemein als ehrenhaft und lobenswert angesehen wird. Tugend ist wirklich das höchste Gut im Stoizismus. Wenn Sie Ihr Leben danach ausrichten, wird Sie das letztendlich zu einem richtig guten Menschen machen. Und das bringt einige Pluspunkte mit sich. Lassen Sie es mich erklären.

Kehren wir noch einmal zu Bruno zurück. Glauben Sie, dass unbemerkt blieb, dass er stets ehrlich war und sich fair verhielt? Nein! Er wurde als Trainer mehrmals befördert und wurde zu einer der wichtigsten Personen des Vereins. Soweit ich weiß, liebten und schätzten ihn alle. Sein vertrauenswürdiger und standhafter Charakter brachte ihm viele Pluspunkte ein. Um nur einige zu nennen: Liebe und Bewunderung von seinen Spielern, Respekt und Macht im Verein und so weiter. Dank dieser Pluspunkte verspürte Bruno mit Sicherheit so etwas wie Freude und fühlte sich wertgeschätzt.

So kann es auch in unserem Leben laufen. Wenn wir mutig, ehrlich und gerecht handeln, dann erhalten wir im Gegenzug vielleicht ein paar positive Gefühle. Wenn Sie Ihre Stimme gegen Jimmy den Mobber erheben, könnte es sein, dass das Opfer Ihnen dafür dankt und Sie selbst stolz auf Ihr Handeln sind. Wenn Sie Ihren Eltern die Wahrheit über jenen Joint erzählen, werden Sie sich vielleicht erleichtert fühlen. Wenn Sie bei der Stellensuche beharrlich bleiben, werden Sie sich freuen, wenn Sie einen Job bekommen.

Für die Stoiker ist es wichtig, dass diese positiven Gefühle nicht die Hauptgründe für unser tugendhaftes Handeln sind. Die positiven Gefühle sollten als *zusätzliche Boni* betrachtet werden. Die Belohnung muss aus mindestens zwei Gründen in der Tugend selbst stecken:

1. Der zusätzliche Bonus (zum Beispiel ein Gefühl der Freude) liegt nicht in unserer Macht.
2. Der zusätzliche Bonus kann durch andere *nicht-tugendhafte* Handlungen ausgelöst werden.

Sie sollten tugendhaft handeln, weil es richtig ist, und nicht, weil es Ihnen auf die eine oder andere Weise nützen könnte. Helfen Sie dem gemobbten Mädchen, weil es richtig ist, das zu tun, und nicht, weil Sie sich danach großartig fühlen werden und eine Chance auf ein Date bekommen. Die zusätzlichen Boni sind ungewiss und liegen nicht in Ihrer Macht. Sie kontrollieren nur Ihr eigenes Handeln und nicht, was danach passiert. Ja, es könnte sein, dass Sie sich gut fühlen, nachdem Sie ihr geholfen haben. Ja, vielleicht bekommen Sie sogar ihre Telefonnummer. Es könnte aber auch sein, dass der Tyrann, von dem sie schikaniert wird, Ihnen ins Gesicht schlägt. Und es könnte sein, dass das Mädchen Sie ignoriert. Ein Stoiker sollte also bereit sein, mutig zu handeln, *obwohl* seine Gefühle ihn davon abhalten wollen und nicht *wegen* möglicher künftiger Vorteile.

Mark Aurel beschreibt dies in seinen *Selbstbetrachtungen* elegant. Er unterscheidet zwischen drei Arten von Menschen. Die erste Art Mensch verlangt schnell nach einer Gegenleistung, nachdem sie einem anderen gegenüber eine gute Tat vollbracht hat. Die zweite Art Mensch ist nicht so schnell dabei, eine Gegenleistung zu verlangen, sieht den anderen innerlich jedoch als ihren Schuldner an. Die dritte Art Mensch ist »wie die Rebe, die Trauben hervorgebracht hat und nach nichts anderem strebt, nachdem sie ihre eigenen Früchte getragen hat«. Wie ein Pferd nach dem Rennen oder eine Biene nach der Honigproduktion verlangt diese dritte Art Mensch nichts anderes, als selbst zur nächsten Tat überzugehen, »so wie die Rebe sich darauf vorbereitet, zu gegebener Zeit wieder Trauben zu tragen«. Es liegt in unserer *Natur*, anderen Gutes zu tun, und wir sollten es um seiner selbst willen tun.

Die stoische Liebe der Menschheit

Wir sind soziale Wesen mit einer natürlichen Zuneigung zu anderen Menschen. Die stoische Philosophie ist voll von Güte, Freundlichkeit, Liebe zu den Menschen und Rücksichtnahme auf das Gemeinwohl, so Seneca. Das Ziel ist es, nützlich zu sein, anderen zu helfen und für sich selbst und alle anderen zu sorgen.

Die Stoiker befanden, dass wir uns um andere Menschen kümmern und ihnen Erfolg wünschen sollten. Zudem sollten wir die Vorstellung hegen, mit dem Rest der Menschheit verwandt zu sein. Wir sollten auch Fremde und diejenigen, die sich gegen uns wenden, wie Verwandte – Brüder und Schwestern, Tanten und Onkel – behandeln. Wir sind alle Bürger derselben Welt. Diese gemeinsame Verbundenheit bildet die Grundlage für gegenseitige Liebe und Freundschaft.

Ein Mensch kann nichts Gutes für sich selbst erreichen, so Epiktet, »solange er nicht einen Dienst an der Gemeinschaft leistet«. Das ist die Natur des sozialen und rationalen Tieres, das wir sind. Wir sind dazu bestimmt, unter anderen Menschen zu leben, ganz ähnlich wie Bienen, so Gaius Musonius Rufus: »Eine Biene kann nicht allein leben: In der Isolation geht sie zugrunde.« Und Mark Aurel fügt passenderweise hinzu: »Was dem Bienenstock keinen Nutzen bringt, bringt auch der Biene keinen Nutzen.« Unser Handeln muss dem Gemeinwohl dienen, sonst nützt es uns selbst auch nichts. Wir sind wie ein riesiger Organismus: Wir sind alle voneinander abhängig.

Es ist unsere soziale Pflicht, uns um die gesamte Menschheit zu sorgen, zusammenzuarbeiten und uns gegenseitig zu helfen. »Denn alles, was ich tue«, sagte Mark Aurel, »sollte auf dieses eine Ziel ausgerichtet sein: den gemeinsamen Nutzen und die Harmonie.« Wir können nicht unser ideales Selbst zum Ausdruck bringen, ohne gleichzeitig zum Gemeinwohl beizutragen. Wenn wir das Beste in uns selbst suchen, werden wir uns aktiv um das Wohlergehen aller anderen Menschen kümmern. Das Beste für andere ist auch das Beste für uns.

Sozial zu sein, bedeutet nicht, dass wir gern mit anderen Menschen zusammen sind, es geht im tieferen Sinne darum, dass wir ohne die Hilfe anderer nicht *existieren* könnten. Wenn wir also anderen Gutes tun, profitieren wir tatsächlich auch selbst. Anderen zu helfen, ist eine Form der Tugend, und letztendlich kommt sie uns selbst zugute, denn Tugend ist sich selbst Lohn. Jetzt, da Sie wissen, dass es Ihnen selbst nützt, anderen Gutes zu tun, könnten Sie ganz selbstsüchtig anderen Gutes tun. Alles zu Ihrem eigenen Nutzen.

Letztendlich spielt es keine Rolle, ob wir anderen aus egoistischen oder uneigennützigen Gründen Gutes tun, solange die Absicht besteht, zum Gemeinwohl beizutragen. Erinnern Sie sich an die drei Arten von Menschen, die Mark Aurel beschrieben hat? Die erste erwartet immer eine Gegenleistung, die zweite ist der Meinung, dass der andere ihr etwas schuldet, und die dritte ist eher wie eine Weinrebe, die Trauben produziert und keine Gegenleistung verlangt. Diese Menschen sehen es als ihre soziale Pflicht an, anderen Gutes zu tun, und sie verlangen keine Gegenleistung dafür.

Mark Aurel sagte, dass die Erfüllung der sozialen Pflichten den Menschen die beste Chance auf ein gutes Leben gibt. Darin besteht die Belohnung, zum Gemeinwohl beizutragen, und nicht in Dankbarkeit, Bewunderung oder Sympathie – das sind (ungewisse) Boni, und sie sollten nicht der Grund für Ihr Handeln sein. Somit handelte sogar Mark Aurel aus einem egoistischen Grund für das Gemeinwohl, denn er glaubte, dadurch die besten Chancen auf ein gutes Leben zu haben.

Es birgt seinen eigenen Lohn, mit Arete zu leben und zugunsten des Gemeinwohls zu handeln. Das ist unsere Natur und letztlich unsere beste Chance, ein glückliches und reibungslos verlaufendes Leben zu führen. Wir dürfen nicht nach zusätzlichen Boni wie der Bewunderung anderer streben, weil sie nicht in unserer Macht liegen und schnell verblassen können. »Aber ein weiser Mensch kann nichts verlieren«, meinte Seneca, »sein wahres Gut ist fest in ihm verankert, in Tugend gebunden, es erfordert keinen Zufall und kann daher weder vergrößert noch vermindert werden.«

Auf Ihren Charakter, der sich aus Ihren Handlungen ergibt, können Sie sich jederzeit verlassen. Nach der stoischen Philosophie genügt es, zu versuchen, jederzeit sein bestes Selbst zu präsentieren und sein Handeln auf das Gemeinwohl auszurichten. Mehr können Sie nicht tun. Mark Aurel erinnert sich mit der schönen Analogie daran, dass eine Lampe leuchtet, bis ihr Brennstoff vollständig verbraucht ist. Warum also sollten die Ehrlichkeit, Gerechtigkeit und Selbstbeherrschung eines Menschen nicht leuchten, bis sein Leben erloschen ist? Lassen Sie uns in diesem Sinne unsere Lampen der Tugend entzünden und lassen wir sie leuchten, indem wir die besten Versionen unserer selbst präsentieren, solange wir existieren.

2. Konzentrieren Sie sich auf das, was in Ihrer Macht liegt: Akzeptieren Sie, was auch immer geschieht, und machen Sie das Beste daraus

»Was sollten wir uns also aneignen? Wir sollten lernen, unsere natürlichen vorgefassten Meinungen auf die richtigen Dinge gemäß der Natur anzuwenden und darüber hinaus die Dinge, die in unserer Macht liegen, von denen zu trennen, die es nicht tun.«
– EPIKTET

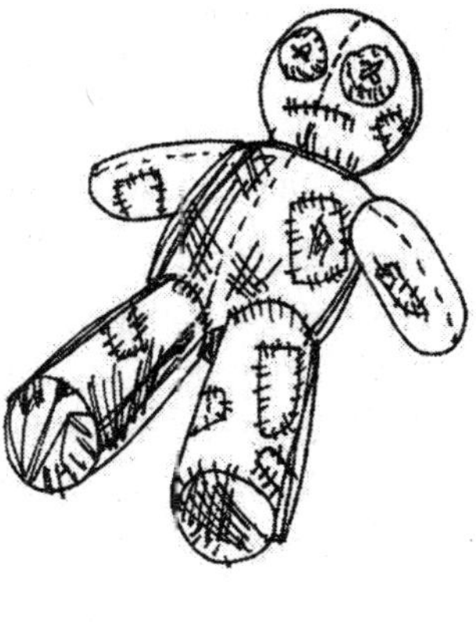

»Manche Dinge liegen in unserer Macht, andere nicht.« So beginnt Epiktets *Encheiridion*. Wie wir bereits erfahren haben, bedeutet *Encheiridion* »griffbereit« – wie ein Dolch –, und die Unterscheidung dessen, was in unserer Macht liegt und was nicht, ist etwas, das wir immer zur Hand haben sollten, damit es uns dabei hilft, mit allem fertig zu werden, was uns das Leben beschert. Die zentrale Lehre von Epiktet lautet, dass es Dinge gibt, die wir beeinflussen können, und Dinge, auf die wir keinen Einfluss haben; wir sollten immer »das Beste aus dem machen, was in unserer Macht liegt, und alles andere so nehmen, wie es geschieht«. Dieser Gedanke ist *der* Grundstein der stoischen Philosophie und bildet damit die zweite Ecke unseres stoischen Glücksdreiecks.

Stellen Sie sich vor, Sie hielten in Ihren Händen eine Puppe, die genauso aussieht wie Sie. Nennen wir sie eine *Voodoo-Puppe*. Wunderschön. Jetzt gehen Sie zum Fenster, öffnen es und werfen Ihre Puppe auf die Straße. Sie bleiben drinnen und hoffen auf einen sonnigen Tag mit glücklichen Vorkommnissen. Plötzlich wird das Leben zu einer emotionalen Achterbahnfahrt – ohne dass Sie ein Mitspracherecht haben. Ein Mops pinkelt Sie an, ein Typ im Anzug tritt Sie durch die Gegend, und ein Prius rollt über Sie drüber. Uff … das Leben ist fürchterlich!

Niemand würde tatsächlich so mit seiner eigenen Voodoo-Puppe umgehen. Oder doch? Ist es nicht genau das, was viele Menschen tun, indem sie sich um Dinge kümmern, die außerhalb ihrer eigenen Macht liegen? Richtig, die *Grundursache* für emotionales Leiden ist, sich um äußere Dinge zu kümmern. Mag Steven mich? Werde ich diesen Job bekommen? Warum bin ich nicht größer/schlanker/schöner? Dingen Macht einzuräumen, über die wir keine direkte Kontrolle besitzen, verursacht emotionales Leiden. Deshalb würden die Stoiker uns sagen, wir sollten diese imaginäre Voodoo-Puppe wieder in unsere eigenen Hände nehmen und uns selbst entscheiden lassen, wann wir herumgetreten werden und wann nicht. Die Stoiker wollen, dass wir uns auf das konzentrieren, was in unserer Macht liegt, und dass wir die Möpse dort pinkeln lassen, wo sie mögen.

Was liegt denn in unserer Macht? Nur wenig, nämlich unsere freiwilligen Urteile und Handlungen. Wir können entscheiden, was Ereignisse für uns bedeuten und wie wir darauf reagieren wollen (wir werden uns unsere Urteile in der dritten Ecke des stoischen Glücksdreiecks genauer ansehen). Und wir können entscheiden, unsere Handlungen mit Tugend in Einklang zu bringen, wie im vorherigen Teil dargelegt. Alles andere unterliegt nicht unserer Kontrolle. Das betrifft sowohl das Wetter als auch andere Menschen und deren Handlungen, unsere Gesundheit und unseren Körper sowie buchstäblich alles, was um uns herum passiert.

Richtig, über unseren Körper zum Beispiel haben wir nicht die vollständige Kontrolle. Wir können ihn sicherlich mit unserem Verhalten beeinflussen – wir können Gewichte heben, laufen gehen und jeden Tag Brokkoli essen – aber das macht unsere Hüften nicht schmaler, unsere Schultern nicht breiter, unsere Nase nicht gerade oder unsere Augen nicht blauer. Es gibt bestimmte Dinge, die unseren Körper beeinflussen und die wir nicht kontrollieren, wie unsere Gene, welchen Einflüssen wir früh im Leben ausgesetzt waren oder Verletzungen. Laut der sogenannten stoischen *Dichotomie der Kontrolle* – einige Dinge liegen in unserer Macht, andere nicht – ist unser Einfluss auf die Welt in drei Stufen unterteilt:

- **Großer Einfluss:** unsere Entscheidungen bei Urteilen und Handlungen;
- **Partieller Einfluss:** Gesundheit, Wohlstand, Beziehungen und die Ergebnisse unseres Verhaltens;
- **Kein Einfluss:** Wetter, ethnische Zugehörigkeit und die meisten äußeren Umstände.

»Es liegt ganz bei dir – denn wer sollte dich daran hindern, gut und aufrichtig zu sein?« Mark Aurel erinnerte sich oft an die Macht, die er von Natur aus besaß – die Macht, seine Handlungen zu wählen und seinen eigenen Charakter zu formen. Er sagte, dass jemand nicht für etwas bewundert werden könne, was ihm von Natur aus gewährt wurde, doch es gebe viele andere Qualitäten zu kultivieren. »Zeige also jene Tugenden, die ganz in deiner eigenen Macht liegen – Integrität, Würde, Fleiß, Verzicht, Zufriedenheit, Genügsamkeit, Freundlichkeit, Selbstständigkeit, Bescheidenheit, Diskretion, Großzügigkeit.«

Nur wir selbst halten uns davon ab, diese Eigenschaften zu pflegen. Es liegt in unserer Macht, zu verhindern, dass wir uns boshaft verhalten, unsere Arroganz einzudämmen, das Streben nach Ruhm einzustellen und unser Temperament zu zügeln. »Siehst du nicht, wie viele Tugenden du zeigen kannst, ohne dich mit einem Mangel an Talent oder Begabung herauszureden? Oder zwingt dich die Tatsache, dass du kein angeborenes Talent hast, zu grollen, vor anderen zu kriechen oder ihnen die Schuld zuzuweisen?« Nein, tut sie nicht! Es liegt in unserer Macht, über unser Verhalten zu entscheiden, auch wenn alles andere nicht oder nur teilweise unserer Kontrolle unterliegt.

Bevor wir uns genauer ansehen, was sich in unserer Kontrolle befindet, lassen Sie uns ein Beispiel dafür in der Praxis betrachten. Das Gelassenheitsgebet, ein Gebet, das von den Anonymen Alkoholikern und anderen Organisationen zur Suchtbewältigung verwendet wird, thematisiert im Grunde genommen genau diese Idee, übertragen auf die praktische Anwendung:

»Gott, gib mir die Gelassenheit, Dinge hinzunehmen, die ich nicht ändern kann, den Mut, Dinge zu ändern, die ich ändern kann, und die Weisheit, das eine vom anderen zu unterscheiden.«

Genesende Süchtige können den Missbrauch, den sie in ihrer Kindheit oder vielleicht sogar schon vor ihrer Geburt erfahren haben, nicht ändern. Sie können die Entscheidungen, die sie in der Vergangenheit getroffen haben, nicht rückgängig machen; sie können den Koks nicht *un*geschnupft, den Alkohol nicht *un*getrunken oder die Pillen nicht *un*geschluckt machen. Sie können den Schmerz, den sie sich selbst und anderen zugefügt haben, nicht rückgängig machen. Aber sie können die Vergangenheit akzeptieren und versuchen, die Gegenwart und die Zukunft zu verändern, indem sie sich auf die Entscheidungen konzentrieren, die sie gerade treffen. Und wir können dasselbe tun, indem wir uns auf das konzentrieren, was in unserer Macht liegt – nämlich die Entscheidungen, die wir Tag für Tag treffen –, und den Rest so hinnehmen, wie er nun mal geschieht. Denn es ist sinnlos und deshalb *töricht*, sagte Epiktet, sich um Dinge zu sorgen, die wir nicht ändern können.

Der stoische Bogenschütze: Fokussieren Sie den Prozess

Da ich Schweizer bin, ist es Zeit für eine Schweizer Legende. Im frühen vierzehnten Jahrhundert wurde ein Teil der Schweiz von den habsburgischen Kaisern von Wien unterdrückt. In einem Dorf stellte der grausame Statthalter eine Stange auf dem Marktplatz auf, hängte seinen gefiederten Hut darüber und forderte alle auf, sich vor diesem Hut zu verbeugen. Als Wilhelm Tell und sein Sohn den Ort ohne Verbeugung passierten – entweder wussten sie nichts von der Anordnung oder sie ignorierten sie –, wurde Tell gezwungen, mit seiner Armbrust einen Apfel vom Kopf seines Sohnes zu schießen. Glücklicherweise war er sehr geschickt im Umgang mit der Armbrust und traf den Apfel genau. Dennoch wurde er verhaftet, weil er zugegeben hatte, einen zweiten Pfeil vorbereitet zu haben, mit dem er den Statthalter hatte töten wollen, falls er den Apfel verfehlt und stattdessen seinen Sohn getroffen hätte.

Dank eines Sturms gelang es Tell, von dem Boot zu fliehen, das ihn in die Burg des Statthalters bringen sollte, wo er eingesperrt worden wäre. Da er wusste, dass ihn nun ein Todesurteil erwartete, eilte er in die Gasse, die zur Burg führte, und lauerte im Hinterhalt. Als der grausame Statthalter und seine Anhänger durch die Gasse kamen, sprang Wilhelm Tell heraus und schoss dem Statthalter seinen zweiten Bolzen direkt ins Herz, bevor er wieder mit dem Wald verschmolz. Der mutige Akt meines Landsmannes löste eine Rebellion aus und führte zur freien Schweizerischen Eidgenossenschaft – *hurra!*

Hunderte von Jahren bevor Tell seinem Sohn einen Apfel vom Kopf schoss, nutzten die Stoiker eine *Bogenschützenmetapher* zur Erläuterung ihrer Grundidee, seinen Fokus ganz auf das zu richten, was in der eigenen Macht liegt. Tell kann seine Armbrust ziehen, ein Auge schließen, fokussieren, zielen, den Atem anhalten und schließlich den Abzug betätigen. Stellen Sie sich nun vor, wie der Pfeil in Zeitlupe durch die Luft fliegt. Der Pfeil ist nun da draußen und bewegt sich durch die Luft in Richtung Apfel. Er ist außerhalb jeder Kontrolle – Tell kann ihn nicht mehr beeinflussen, er kann nur abwarten und zusehen. Eine unerwartete Windböe könnte den Pfeil vom Kurs abbringen. Ein Vogel könnte direkt vor den Pfeil fliegen. Der Sohn könnte sich nach unten beugen oder seine Mutter könnte sich vor den Pfeil werfen und ihn heldenhaft abfangen.

Der Punkt ist, Tell kann bis zu dem Zeitpunkt, an dem er den Abzug betätigt, sein Bestes geben, aber ob er den Apfel oder das Auge trifft, liegt nicht in seiner Macht. Und das Gleiche gilt für uns im Alltag. Wir können über unsere Absichten und Handlungen entscheiden, aber das Endergebnis hängt von externen Variablen ab, die außerhalb unserer Kontrolle liegen. Deshalb rieten die Stoiker dazu, sich auf das zu konzentrieren, was in unserer Macht liegt, und den Rest so geschehen zu lassen, wie es geschieht.

In der heutigen Zeit nennen wir dies den *Prozessfokus* – den Prozess (der in unserer Macht liegt) zu fokussieren, anstatt das gewünschte Ergebnis (das nicht in unserer Macht liegt). Beim Bogen- oder Armbrustschießen besteht das gewünschte Ergebnis darin, das Ziel zu treffen, aber darauf sollte nicht der Fokus liegen, weil es außerhalb unserer Kontrolle ist. Es ist klüger, sich auf den Prozess zu konzentrieren, der im optimalen Fall zum gewünschten Ergebnis führen wird. Die Stoiker erkannten, dass der Prozess das Ergebnis beeinflusst. Bei diesem Prozess geht es um unser Verhalten, unsere bewusste Vorgehensweise und alles andere, was uns dazu bringt, gut zu schießen.

Erfolg definiert sich also durch unser Bestreben, alles zu tun, was in unserer Macht liegt. Ob wir das Ziel erreichen oder nicht, ob wir gewinnen oder verlieren, ob wir etwas Gewicht verlieren oder nicht, spielt letztlich keine Rolle. Wir sind erfolgreich oder scheitern bereits im Prozess. Also konzentriert sich der stoische Bogenschütze auf den Prozess (auf eine gute Vorbereitung und auf gutes Schießen); ein mögliches positives Ergebnis (das Ziel zu treffen) wird keinen Jubel hervorrufen und ein mögliches negatives Ergebnis (das Ziel zu verfehlen) wird keine Verzweiflung hervorrufen. Der stoische Bogenschütze ist bereits in diesem Prozess erfolgreich und er ist bereit, jedes Ergebnis mit Gelassenheit und ruhigem Selbstvertrauen anzunehmen, da er weiß, dass er sein Bestes gegeben hat.

Diese Fokussierung auf den Prozess, die Fokussierung auf das, was in Ihrer Macht liegt, gibt dem Selbstvertrauen einen immensen Schub. Sie wissen, dass Sie erfolgreich sein werden, wenn Sie nur Ihr Bestes geben, ganz egal, was ansonsten passiert. Denn mehr können Sie nicht tun. Wenn Sie bei Ihrer Arbeit, in Ihren Beziehungen und für Ihre Gesundheit Ihr Bestes geben, dann werden Sie sich jederzeit zuversichtlich und in Frieden mit sich selbst fühlen. Dieses ruhige Selbstvertrauen beziehungsweise diese Gelassenheit resultiert aus dem Wissen, dass Sie alles getan haben, was in Ihrer Macht lag, denn nur darüber haben Sie Kontrolle. Selbst wenn die Dinge nicht gut laufen sollten, können Sie Zufriedenheit daraus ziehen, zu wissen, dass Sie Ihr Bestes gegeben haben. Es besteht keine Notwendigkeit, schlechte Ergebnisse zu rechtfertigen, denn es gibt einfach zu viele unkontrollierbare Faktoren, die das Ergebnis beeinflussen.

Sie werden sich nur dann unsicher fühlen und rechtfertigen müssen, wenn Sie wissen, dass Sie nicht alles in Ihrer Macht Liegende getan haben. Das ist die bereits erwähnte dunkle Kluft zwischen dem, was Sie tatsächlich tun, und dem, wozu Sie fähig sind. Die Stoiker betonten, dass Angst und innere Unruhe dadurch entstehen, dass wir Dinge wollen, die außerhalb unserer Kontrolle liegen. Epiktet zum Beispiel sagte, dass es dumm sei, zu wollen, dass Freunde und Verwandte für immer leben, weil es nicht in unserer Macht liegt. Wie wir bereits gesehen haben, liegt die Ursache für emotionales Leiden darin, dass wir uns um Dinge sorgen, die sich außerhalb unserer Kontrolle befinden. Deshalb sollten wir uns auf den Prozess konzentrieren; der Prozess liegt vollständig in unserer Macht. Und wenn wir es als Erfolg ansehen, im Prozess unser Bestes zu geben, dann können wir nicht scheitern, fühlen uns ruhig und zuversichtlich und können jedes Ergebnis gelassen akzeptieren.

Stoische Akzeptanz: Genießen Sie die Reise oder lassen Sie sich mitschleifen

»Zu leiden ist unser psychologischer Widerstand gegen das, was passiert«, erklärt Dan Millman in *Der Pfad des friedvollen Kriegers*. Es gibt äußere Ereignisse, die uns physische Schmerzen bereiten können, aber psychisches Leiden und innere Unruhe rühren ausschließlich vom Widerstand gegen das her, was ist, vom Kampf mit der Realität. Wir werden wütend auf den Autofahrer, der uns geschnitten hat, wir sind unzufrieden mit unseren Prüfungsnoten, und wir sind verzweifelt, weil der Zug zu spät kommt. Wenn wir diese Situationen objektiv betrachten, erkennen wir, dass es sinnlos ist, gegen sie anzukämpfen, weil wir nicht ändern oder rückgängig machen können, was bereits ist. Und doch fechten wir ständig Kämpfe mit der Realität aus und wollen, dass sie anders ist. Dieser Fahrer sollte nicht so rücksichtslos fahren, meine Noten sollten besser sein, der

Zug sollte pünktlich sein. Alles *muss* so sein, wie wir es wollen, wie wir es erwartet haben.

Das sei, als würde man gegen die Götter kämpfen, sagte Epiktet, die Dinge seien so, wie sie seien, weil sie so sein sollten. Unser psychischer Schmerz rührt daher, dass wir die Dinge, die in unserer Macht liegen, mit denen verwechseln, bei denen das nicht so ist. Der Kampf mit der Realität, der Kampf mit den Dingen, die wir nicht ändern können, lässt uns unruhig werden, wütend auf die Welt. Das führt dazu, dass wir andere beschuldigen, mit dem Leben hadern und die Götter hassen.

Wann immer wir etwas wünschen, das nicht in unserer Macht liegt, beeinträchtigt das unsere Seelenruhe und unser Selbstvertrauen. Wenn wir nicht bekommen, was wir wollen, sind wir verärgert, und wenn wir bekommen, was wir wollen, verspüren wir während des Prozesses Angst und Unsicherheit, weil wir nie sicher sein können, dass wir es tatsächlich bekommen werden. Deshalb sollten wir uns immer auf das konzentrieren, was unserer Kontrolle unterliegt, denn dann werden wir nicht anderen die Schuld zuweisen, nicht mit dem Leben hadern und ganz sicherlich nicht gegen die Götter kämpfen. Hierher stammt ein Großteil der Macht des Stoizismus. Die Verinnerlichung dieser grundlegenden Wahrheit, dass wir unsere Handlungen kontrollieren können, aber nicht deren Ergebnisse, macht uns selbstbewusst und zuversichtlich, weil wir alles gegeben haben, was in unserer Macht lag, und diese Zuversicht lässt uns ruhig alles akzeptieren, was auch immer geschieht.

Konzentrieren Sie sich auf das, was in Ihrer Macht liegt, und nehmen Sie alles andere so hin, wie es passiert, denn es unterliegt nicht Ihrer Kontrolle. Deshalb raten die Stoiker, es zu akzeptieren, auch wenn es einem nicht gefällt. Akzeptieren Sie es zunächst und versuchen Sie dann, das Beste daraus zu machen. Wir sollten besser Dinge hinnehmen, anstatt mit jeder Kleinigkeit zu kämpfen. Wenn dieser

Kerl Sie mit dem Auto schneidet, dann ist es eben so. Wenn Ihre Noten schlecht sind, dann sind sie es nun mal, Sie hatten Ihre Chance, sich besser vorzubereiten. Wenn der Zug zu spät kommt, dann kommt er eben zu spät. Vielleicht ist es sogar gut, dass er unpünktlich ist. Wer weiß? Sie wissen nur, dass der Zug noch nicht da ist. Und das ist in Ordnung, denn dieser Zug wird von jemandem anderen gefahren.

Die Stoiker wollen, dass wir diese Akzeptanz für alles, was geschieht, entwickeln, weil die meisten Ereignisse ohnehin passieren, ohne dass wir ein Mitspracherecht haben. Sie können sie entweder so hinnehmen, wie sie geschehen, und versuchen, sie zu genießen, oder Sie können sich innerlich dagegen sträuben, wobei Sie aber trotzdem mitgeschleift werden. Es gibt eine wunderbare Metapher, mit der die Stoiker das erklären. Stellen Sie sich einen Hund vor, der an einen fahrenden Wagen angeleint ist. Die Leine ist lang genug, um dem Hund zwei Möglichkeiten zu bieten: Er kann entweder der Richtung des Wagens, über die er keine Kontrolle hat, problemlos folgen und gleichzeitig den Weg genießen und die Umgebung erkunden, oder er kann sich stur und mit aller Kraft dem Wagen widersetzen und letztlich doch für den Rest der Fahrt mitgeschleift werden.

Genau wie für diesen Hund gibt es auch in unserem Leben viele Dinge, die wir nicht kontrollieren können. Entweder akzeptieren wir die Situation und versuchen, das Beste daraus zu machen, oder wir kämpfen wie ein stures Baby dagegen an und enden damit, zu weinen und uns elend zu fühlen. Es ist unsere Entscheidung. Mit den Worten von Ryan Holiday: »Sich über Dinge zu ärgern, bedeutet, fälschlicherweise davon auszugehen, dass sie von Dauer sein werden, und mit Veränderungen zu hadern, bedeutet, fälschlicherweise davon auszugehen, dass man in dieser Angelegenheit eine Wahl hat.« Deshalb sollten wir uns den Rat von Epiktet zu Herzen nehmen:

»Verlange nicht, dass Ereignisse so ablaufen, wie du es willst, sondern wünsche dir lieber, dass sie so geschehen, wie sie nun einmal geschehen, und dein Leben wird reibungslos verlaufen.« Sehr simpel (und doch nicht einfach – wir werden uns in Teil 2 verschiedene Übungen dazu ansehen).

Es passieren Dinge, die sehr unglückselig erscheinen, keine Frage. Geliebte Menschen sterben, eine Flut zerstört Ihr Zuhause, Sie verlieren Ihre Arbeit oder scheitern in einer Prüfung. Man kann diese Dinge nicht rückgängig machen, man kann nur versuchen, sie in Würde zu ertragen und das Beste aus der gegebenen Situation zu machen. Die stoische Philosophie lehrt, sich auf das zu konzentrieren, was in der eigenen Macht liegt, den Rest so anzunehmen, wie er nun einmal passiert, und zu versuchen, das Beste daraus zu machen. Wichtig ist, was man aus einer bestimmten Situation macht und wie man es macht. Das Ergebnis hingegen liegt außerhalb Ihrer Kontrolle und spielt keine Rolle.

Nach genau solch einer Person hält Epiktet Ausschau: »Zeige mir einen einzigen Mann, der sich darum schert, wie er das tut, was er tut, und der sich nicht dafür interessiert, was er bekommen kann, sondern dem die Art und Weise seiner eigenen Handlungen wichtig ist.«

Achtung: Den Rest (alles, was außerhalb unserer Macht liegt) so hinzunehmen, wie er geschieht, hat nichts mit Resignation zu tun. Nur weil die Stoiker gesagt haben, dass viele Dinge nicht in unserer Macht liegen und wir alle Ergebnisse mit Gleichmut hinnehmen sollten, bedeutet das nicht, dass sie keinen Ehrgeiz hatten, sich hilflos fühlten oder resignierten. Im Gegenteil, Resignation ist genau das, *wogegen* die Stoiker gepredigt und gehandelt haben. Ereignisse passieren nicht so, wie sie es tun, *ohne jeglichen Bezug* zu Ihren Handlungen, sondern *abhängig* von Ihren Handlungen. Durch Ihre

Handlungen, für die Sie sich entscheiden, können Sie die Ergebnisse mitbestimmen. Es spielt eine große Rolle, wie hart Sie trainieren und wie sehr Sie sich anstrengen, das Ziel zu treffen – es liegt nur nicht ausschließlich an Ihnen, ob Sie es treffen oder verfehlen.

Das Argument, dass man sich ja zurücklehnen könnte, wenn man sowieso alles, was passiert, gutheißen soll, ist ignorant und einfach nur faul. Es gehört viel mehr dazu, Dinge zu akzeptieren, als mit allem, was passiert, zu hadern. Es braucht einen echten Mann oder eine echte Frau, sich dem Unvermeidlichen zu stellen, und es braucht ein robustes Gemüt und gleichzeitig einen bescheidenen Geist, um ein Unglück zu akzeptieren und damit umzugehen. Mit anderen Worten, es braucht einen Kriegerphilosophen. Denn ein Krieger nimmt alles als Herausforderung wahr, um die beste Version seiner selbst zu werden, während ein gewöhnlicher Mensch alles entweder als Segen oder Fluch betrachtet.

Nur weil wir versuchen sollten, das, was passiert, zu akzeptieren, bedeutet das nicht, dass wir mit allem einverstanden sind. Es bedeutet nur, dass wir verstehen, dass wir es nicht ändern können. Und deshalb besteht die beste Option darin, es zu akzeptieren – und aus dieser Akzeptanz heraus zu versuchen, das Beste daraus zu machen. »Niemand möchte, dass seine Kinder krank werden, niemand will einen Autounfall haben; aber wenn so etwas passiert, wie kann es dann hilfreich sein, innerlich darüber zu schimpfen?« Das schreibt Byron Katie in ihrem Buch *Lieben was ist*. Sicher, manchmal läuft es alles andere als gut, aber es hilft weder dagegen anzukämpfen, noch hilft es, aufzugeben und sich hilflos zu fühlen. Was nach Ansicht der Stoiker wirklich hilft, ist, es als *Herausforderung* zu betrachten, als einen Marmorblock, an dem wir trainieren können, unser Bestes zu geben und schließlich stärker zu werden.

Die Stoiker lehnten sich nicht zurück – sie hatten sich dem Ziel verschrieben, geeignete Maßnahmen zu ergreifen. Mark Aurel war der mächtigste militärische und politische Führer seiner Zeit und führte seine Armeen in unzählige Schlachten zum Schutz des Römischen Reiches. Er war *weise* genug, den Unterschied zu kennen zwischen dem, was in seiner Macht lag und was nicht, *mutig* genug, sich auf seine Zuständigkeiten zu konzentrieren und entsprechend zu handeln, und *besonnen* genug, um das, was außerhalb seiner Kontrolle lag, gelassen hinzunehmen, damit es sein Wohlbefinden nicht beeinträchtigte (siehe das Gelassenheitsgebet auf Seite 75).

Das Gute, das Schlechte und das Gleichgültige

»Von all den Dingen, die es gibt, sind manche gut, andere schlecht, wiederum andere gleichgültig.« Epiktet und die Stoiker haben nicht nur danach unterschieden, welche Dinge in unserer Macht liegen und welche nicht, sondern auch danach, was gut, was schlecht und was gleichgültig ist. Grundsätzlich können nur die Dinge, die in unserer Macht liegen, entweder gut oder schlecht sein, und all die, die nicht in unserer Macht liegen, werden als *gleichgültig* eingestuft. Deshalb nimmt der stoische Bogenschütze jedes Ergebnis mit Gelassenheit an, denn es unterliegt nicht seiner Kontrolle und ist daher letztlich gleichgültig. Die Stoiker verwendeten jedoch noch eine feinere Unterscheidung, die das Treffen des Ziels (oder des Apfels) als *bevorzugtes Gleichgültiges* definierte. Denn wenn das Ergebnis *völlig* gleichgültig wäre, warum würde man dann überhaupt versuchen, das Ziel zu treffen? Bevor wir diese Unterscheidung genauer betrachten, lassen Sie uns einmal ansehen, was gute, schlechte und gleichgültige Dinge beinhalten:

- **Gute Dinge:** alles, was Tugend ist; Weisheit, Gerechtigkeit, Tapferkeit und Selbstdisziplin.
- **Schlechte Dinge:** alles, was Laster ist; Torheit, Ungerechtigkeit, Feigheit, Unmäßigkeit.

- **Gleichgültige Dinge:** alles andere; Leben und Tod, Gesundheit und Krankheit, Reichtum und Armut, Freude und Schmerz, hohes Ansehen und schlechter Ruf.

Die guten und schlechten Dinge ergeben sich ausschließlich aus Ihrem Verhalten. Wie wir bereits gesehen haben, reicht es für das glückliche und reibungslos verlaufende Leben aus, sein ideales Selbst zu präsentieren. Denn nur das steht in unserer Macht. Unsere Handlungen sind immens wichtig und die Entwicklung des eigenen Charakters ist alles, was für das gute Leben zählt. Dazu wird nichts von außen benötigt. Das Gleiche gilt für ein unglückliches Leben – es rührt von einem unmoralischen Verhalten her, unabhängig von den äußeren Umständen. Das einzig *Gute* ist also, im Einklang mit der Natur zu leben, unser natürliches Potenzial zu entfalten und somit nach den Tugenden Weisheit, Gerechtigkeit, Tapferkeit und Selbstdisziplin zu leben. Das *Ergebnis* unseres tugendhaften Verhaltens ist jedoch Schicksal, es liegt außerhalb unserer direkten Kontrolle und ist daher weder gut noch schlecht, sondern *gleichgültig*. Wenn die Dinge, die nicht in unserer Macht liegen, gut oder schlecht sein könnten, dann müssten wir wegen unserer Unfähigkeit, etwas dagegen zu unternehmen, leiden. Alles Gute muss notwendigerweise von uns selbst kommen.

Die *gleichgültigen* Dinge werden oft als *Gesundheit, Reichtum und Ruf* zusammengefasst; aber im Grunde genommen wird alles von außen Stammende, alles, was *nicht* in unserer Macht liegt, als gleichgültig eingestuft. Mit *gleichgültig* meinen die Stoiker, dass diese Ereignisse neutral sind und unserem Gedeihen als Menschen weder helfen noch schaden können, sie sind unwichtig für das glückliche und reibungslos verlaufende Leben. Wenn wir solch äußere Dinge für das gute Leben bräuchten, wäre das demoralisierend für diejenigen, denen sie fehlen. Deshalb sollten wir lernen, gleichgültig gegenüber gleichgültigen Dingen zu sein und – wie bereits besprochen – den Rest so zu akzeptieren, wie er geschieht, anstatt dagegen anzukämpfen. Denken Sie daran, dass der stoische Bogenschütze bereit ist, jedes Ergebnis mit Gelassenheit anzunehmen, weil es außerhalb seiner Kontrolle liegt.

Der Begriff *Gleichgültigkeit* ist jedoch leicht irreführend, da er darauf hinweist, dass diese Dinge überhaupt keinen Wert haben. Das ist nicht der Fall. Obwohl diese äußeren Dinge für das gute Leben irrelevant sind, werden einige dennoch anderen *vorgezogen*. Schon rein intuitiv ergibt es Sinn, lieber gesund statt krank zu sein, lieber reich statt arm und schön statt hässlich. Außerdem ist klar, dass Wilhelm Tell es vorzog, den Apfel und nicht seinen Sohn zu treffen. Solche Dinge werden als *bevorzugtes Gleichgültiges* bezeichnet. Wenn wir wählen könnten, würden wir immer die besseren Optionen wählen. Und das Gleiche gilt für die Stoiker, sie streben diese besseren Optionen an, tun dies aber auf distanzierte Weise. Sie hätten zwar lieber, dass diese eintreten, aber wenn sie es nicht tun, ist es auch okay. Und die höchste Priorität bleibt das Leben mit Arete, sodass sie nur nach dem bevorzugten Gleichgültigen streben, solange es sie nicht daran hindert, ihr ideales Selbst zu präsentieren.

Freundschaft ist das wichtigste bevorzugte Gleichgültige für die Stoiker. Unsere menschliche Natur ist nicht nur rational, sondern auch sozial, und deshalb fühlen wir uns von Natur aus zu anderen Menschen hingezogen. Und ein guter Mensch zeigt immer Liebe, Freundlichkeit, Gerechtigkeit und Sorge für und um seine Mitmenschen – seine Brüder, Nachbarn und Fremde gleichermaßen. Weise und gute Freunde zu haben, ist die wertvollste äußere Sache der Welt.

Wie Seneca schrieb, wünscht sich der Weise »Freunde, Nachbarn und Partner, egal, wie sehr er sich selbst genügt«. Wir sind in der Lage, auch ohne Freunde ein glückliches Leben zu führen, aber wir ziehen die Alternative vor.

Anders als in Hollywood-Filmen würden die Stoiker die Liebe jedoch nie höher schätzen als die moralische Integrität. Wann immer es um Tugend geht, muss alles andere nachstehen. »Liebe ist stärker als alles andere« mag romantisch sein und gute Filme abgeben, aber es ist das genaue Gegenteil der stoischen Prioritäten – nicht einmal die Liebe wiegt die Kompromittierung des eigenen Charakters auf. Also ziehen Sie ruhig los und suchen Sie nach Freundschaften, solange Sie dadurch nicht mit der Tugend brechen müssen. Es ist besser, auf ehrenvolle Weise Einsamkeit, Krankheit und Armut zu ertragen, als in beschämender Weise Freundschaft, Gesundheit und Reichtum anzustreben. Der gute Mensch wird immer dem Pfad der Tugend folgen und das Laster um jeden Preis vermeiden.

Seneca hat dies ganz fabelhaft erklärt: »Gute Menschen werden das tun, was sie als ehrenhaft empfinden, auch wenn es harte Arbeit erfordert; sie werden es tun, auch wenn es Beeinträchtigungen für sie bedeutet; sie werden es tun, auch wenn es Gefahr mit sich bringt. Dahingegen werden sie nichts tun, was sie als schlecht empfinden, auch wenn es ihnen Reichtum, Freude oder Macht einbringen würde. Nichts wird sie von ehrenhaftem Handeln abhalten, und nichts wird sie zu niederträchtigem Handeln verleiten.«

Beim Pokern wie im Leben können Sie mit jeder Hand gewinnen

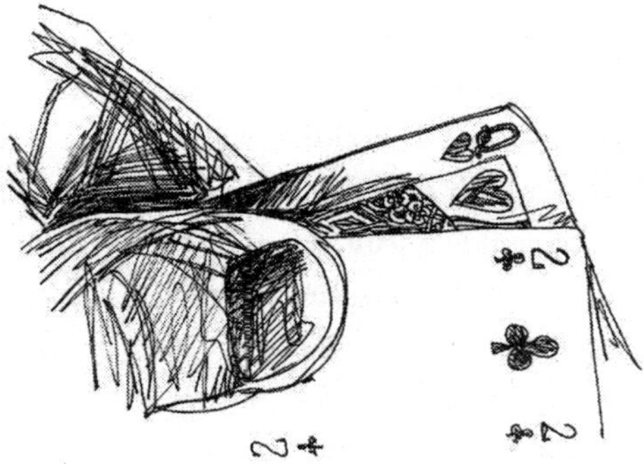

Das Pokern erklärt diese Vorstellung von guten, schlechten und gleichgültigen Dingen auf schöne Weise. Die Karten, die Ihnen gegeben werden, sind die verschiedenen äußeren Umstände und Lebenssituationen: Ihr Flachbildfernseher, Ihr gemeiner Chef, die Krankheit Ihrer Frau, die schlechten Noten Ihres Sohnes und Ihr bester Freund, der Sie immer ermutigt. Dies sind die verschiedenen Karten, die Ihnen gegeben wurden und mit denen Sie jetzt spielen müssen. Die Karten werden zufällig ausgeteilt; Sie können nicht mitbestimmen, was Sie erhalten. Also sind die Karten egal, sie sind neutral, gleichgültig. Wichtig ist, wie gut man sie ausspielt.

Beim Pokern wie im Leben können Sie mit jedem Blatt gewinnen. Sicher, Sie bevorzugen zwei Asse und dass Ihre Frau gesund ist, aber das liegt nicht bei Ihnen. Was dagegen in Ihrer Macht liegt, ist, was Sie aus der gegebenen Situation *machen*. Sobald die Karten ausgeteilt wurden, haben Sie keine andere Wahl, als das, was sich nicht mehr ändern lässt, zu akzeptieren, und Sie erhoffen sich keine besseren Karten, sondern die Stärke, sie so gut wie möglich zu spielen.

Das Markenzeichen eines bewundernswerten Spielers ist also, dass er unabhängig von seinen Karten sein Bestes gibt und dass er ruhig akzeptiert, was auch immer dabei herauskommt. Mehr kann er nicht tun – er kann mit den Karten, die er auf der Hand hält, nur sein Bestes geben. Am Ende gewinnt nicht der Spieler mit den besten Karten, sondern der Spieler, der seine Karten im Laufe des Turniers oder seines ganzen Lebens am besten spielt.

Das beste Blatt – perfekte Gesundheit, großer Reichtum und eine wunderbare Familie – allein kann einem törichten und ungerechten Menschen nicht dabei helfen, das gute Leben zu erreichen. Ebenso kann das schlechteste Blatt – Krankheit, Armut und ein schlechter Ruf – das Wohlbefinden eines tugendhaften Menschen nicht beeinträchtigen. Tugend und ein guter Charakter werden immer schwerer wiegen als Gesundheit, Reichtum und Ansehen. Keine noch so große Fülle von externen Gütern wird jemals mit dem Charakter einer Person mithalten können. Einige externe Güter mögen gegenüber anderen vorzuziehen sein, aber sie sind letztendlich gleichgültig. Alles, was für das gute Leben zählt, ist, wie wir mit ihnen das Spiel gestalten.

Für einen guten Menschen ist der Verlust seines gesamten Besitzes das Gleiche wie der Verlust eines Cents, und krank zu sein, ist nicht schlimmer, als gestolpert zu sein. Das soll der frühe Stoiker Chrysippos angeblich gesagt haben. Seneca drückte eloquent etwas Ähnliches aus: »Das Leben selbst ist weder gut noch schlecht; es ist ein Platz für Gut und Böse.« Man kann mit dem Leben und all den verschiedenen Situationen, die es mit sich bringt, weise oder dumm umgehen. Erst durch unsere Handlungen wird das Leben gut oder schlecht. Das ist wichtig. Obwohl die äußeren Dinge gleichgültig sind, ist unser Umgang mit ihnen nicht gleichgültig. Die Art und

Weise, wie man gleichgültige Dinge nutzt, führt entweder zu einem glücklichen oder zu einem miesen Leben.

3. Verantwortung übernehmen: Holen Sie das Gute aus sich heraus

»Wenn du etwas Gutes willst, musst du es von dir selbst bekommen.«
– EPIKTET

Die letzte Ecke des stoischen Glücksdreiecks ist auf den beiden anderen aufgebaut; erst diese beiden ermöglichen die dritte Ecke. Das erste Prinzip macht das Leben mit Arete, oder das Präsentieren Ihres besten Selbst, zum höchsten Gut, während das zweite uns sagt, dass äußere Umstände für das gute Leben nicht wichtig sind, weil sie nicht in unserer Macht liegen. Das heißt, Arete *allein* reicht für das gute Leben aus, und weil es unserer Kontrolle untersteht, sind wir *verantwortlich* für unser eigenes Gedeihen.

Das ist »der schwierigste und reizvollste Aspekt des Stoizismus«, wie Donald Robertson es ausdrückt, denn diese Verantwortung entzieht uns jegliche Ausreden dafür, das glückliche und reibungslos verlaufende Leben, das wir alle anstreben, nicht zu erreichen. Wir selbst sind die einzigen, die uns daran hindern, tugendhaftes Verhalten an den Tag zu legen, wir sind die einzigen, die uns daran hindern, das gute Leben zu leben.

Das Leben mit Arete liegt in unserer Macht

\+ Dinge außerhalb unserer Macht sind nicht relevant für das glückliche Leben
= das Leben mit Arete liegt in unserer Macht und reicht für das glückliche Leben aus.

Das heißt also, dass wir für unser eigenes glückliches Leben verantwortlich sind.

Das wollen wir uns noch ein wenig genauer ansehen. Das ultimative Ziel ist Eudämonie – ein glückliches und reibungslos verlaufendes Leben. Um dieses Ziel zu erreichen, definierten die Stoiker ein weiteres Ziel: *mit Arete zu leben* oder *im Einklang mit der Natur zu leben.* Es liegt in der menschlichen Natur, unsere Absichten und Handlungen mit Vernunft auszustatten. Das Ziel, mit Arete zu leben, bedeutet also, die Vernunft in unser Handeln zu bringen und jederzeit zu versuchen, die beste Version unserer selbst zu präsentieren.

Zeitgemäß ausgedrückt ist dies ein Prozessziel. Die Stoiker fokussierten nicht auf das *zukünftige* Ergebnis (ein glückliches Leben), sondern auf den Prozess im *gegenwärtigen Moment* (Leben mit Arete), der schließlich zum gewünschten Ergebnis führen sollte. Diese Konzentration auf den Prozess macht uns als aufstrebende Stoiker letztendlich verantwortlich für unser eigenes Gedeihen, weil wir die Kontrolle über diesen Prozess haben. Während das Ergebnis durch äußere Ereignisse verhindert werden kann, finden der Prozess und unsere Absichten vollständig im gegenwärtigen Moment statt und können nicht durch etwas, das außerhalb unserer Macht liegt, verhindert werden.

Seneca drückte es so aus: »Der Weise schaut auf den Zweck aller Handlungen, nicht auf ihre Folgen; die Anfänge liegen in unserer Macht, doch über den Ausgang urteilt das Schicksal, und ihm gestehe ich kein Urteil über mich zu.«

Der Stoizismus lehrt, dass wir sehr stark für unser eigenes Glück und auch Unglück verantwortlich sind. Er lehrt außerdem, dass wir unsere Chancen auf eine Eudämonie verbessern, wenn wir diese Verantwortung übernehmen. Dahingegen wird eine *Opfermentalität* – äußeren Umständen die Schuld für unser Unglück zuzuweisen – das glückliche Leben zu einem unmöglich zu erreichenden Ziel machen.

Wir müssen uns weigern, die Karten, die uns ausgeteilt wurden, über unser Wohlbefinden entscheiden zu lassen. Die Stoiker meinen, dass äußere Ereignisse und andere Menschen zwar die Macht haben können, Einfluss darauf zu nehmen, wie und sogar ob wir leben, aber sie besitzen nicht die Macht, unser Leben zu ruinieren. Nur Sie selbst können Ihr Leben ruinieren, indem Sie sich von Dingen an der Nase herumführen lassen, die nicht in Ihrer Macht stehen, und indem Sie nicht so gut handeln, wie Sie könnten.

Wir müssen dafür sorgen, dass unser Glück so wenig wie möglich von äußeren Umständen abhängt. Es sollte nur eine lose Verbindung geben zwischen dem, was mit uns passiert, und wie glücklich wir sind. Das ist möglich, wenn wir uns auf das konzentrieren, was in unserer Macht liegt, und versuchen, das Beste aus den gegebenen Umständen herauszuholen. Und auch, indem wir nur das anstreben, was in unserer Macht liegt, denn wie bereits erwähnt ist das Begehren dessen, was *nicht* in unserer Macht liegt, die Ursache für emotionales Leiden.

»Man kann das Glück nicht mit einer Sehnsucht nach etwas, das im gegenwärtigen Moment nicht vorhanden ist, in Einklang bringen. Denn wahres Glück bedeutet den Besitz von allem, was begehrt wird. So darf es in Bezug auf die Sättigung mit Nahrung keinen Durst und keinen Hunger geben.« Was Epiktet hier beschreibt, nennen wir heute *bedingtes Glück* – Glück, das an ein zukünftiges Ereignis gebunden ist. Ich werde *nach* meinen Prüfungen glücklich sein. Ich werde glücklich sein, *wenn* ich den neuen Porsche 911 bekomme. Ich werde glücklich sein, *wenn* ich endlich eine sechsstellige Summe verdiene. Es ist wie mit dem Horizont – man kann kilometerweit laufen, kommt aber nicht an ihn heran. Entweder sehnen wir uns weiter nach Dingen, die wir nicht haben, oder wir haben tatsächlich eine Chance auf Glück. Wir können nicht beides haben. Wahres Glück ist, wenn man *alles* hat, was man sich wünscht.

»Äußere Einflüsse liegen nicht in meiner Macht; mein Wille liegt in meiner Macht. Wo soll ich das Gute und das Schlechte suchen? In mir drin, in dem, was mein Eigen ist. Aber was nicht zu dir gehört, nenne weder gut noch schlecht.« Epiktet erinnert uns hier daran, das Gute in uns selbst zu suchen. Er verwendet oft die Grundbotschaft: »Wenn du etwas Gutes willst, nimm es von dir selbst.« Wir müssen das Glück in uns selbst suchen, nicht in äußeren Dingen; sie liegen nicht in unserer Macht, sie sind weder gut noch schlecht, sondern gleichgültig.

Die Natur hat uns mit den notwendigen Werkzeugen ausgestattet, um ein zufriedenes und glückliches Leben zu führen, unabhängig von den Schwierigkeiten, denen wir im Leben gegenüberstehen. Wenn wir also Zufriedenheit erlangen wollen, müssen wir uns selbst und unsere Wünsche entsprechend ändern. Wir können die Dinge, die in der Welt um uns herum geschehen, nicht ändern, wir können nur die Art und Weise ändern, wie wir diese Dinge betrachten und was wir aus ihnen machen *wollen*.

Das Ändern von äußeren Ereignissen ist unmöglich. Es ist möglich, die eigenen Ansichten über diese Ereignisse zu ändern. Warum also nicht versuchen, das Mögliche zu ändern?

Die Entscheidungsfreiheit

»Drei Teile sind es, aus denen du bestehst: Körper, Lebensgeist und Verstand«, ruft Mark Aurel sich in Erinnerung. »Von diesen sind die ersten beiden nur insoweit dein, als du für sie zu sorgen hast; doch nur der dritte gehört ganz und wahrhaftig dir.« Nur der Verstand gehört wirklich uns. Nur der Verstand befindet sich im stoischen Kreis der Kontrolle. Alles andere unterliegt nicht oder nur teilweise unserer Kontrolle.

Wie bereits erwähnt, liegen unsere Handlungen in unserer Macht, aber nicht deren Ergebnisse. Glücklicherweise, so sagt Epiktet, wurde auch das »hervorragendste und beste Vermögen« – unsere Fähigkeit zur Vernunft – in unsere Macht gelegt, damit wir »den Anschein von Dingen richtig einordnen können«. Selbst wenn wir »nur« die Kontrolle über unseren Verstand haben, besitzen wir viel Macht, nämlich die Fähigkeit, zu entscheiden, was äußere Ereignisse für uns bedeuten. Das *Urteilsvermögen* wird also zum Kern unseres Wesens als rationale Geschöpfe und zur Quelle unserer Freiheit.

Wir haben nicht die Kontrolle darüber, was in der Welt um uns herum passiert, aber wir haben die Macht, unsere Meinungen über diese Ereignisse zu kontrollieren. »Wir können unsere äußeren Umstände nicht wählen, aber wir können immer entscheiden, wie wir auf sie reagieren«, so Epiktet. Uns muss klar werden, dass externe Ereignisse neutral sind. Erst die Art und Weise, wie wir auf sie reagieren, macht sie gut oder schlecht.

Entweder sind wir ein Opfer unserer Umstände und werden wie unsere Voodoo-Puppe herumgetreten oder wir entscheiden uns dafür, Verantwortung für unseren Umgang mit den Umständen zu übernehmen und sicherzustellen, dass wir uns nicht herumtreten lassen. Ein hilfloses Opfer zu sein, ist niemals nützlich. Die Verantwortung zu übernehmen, gibt uns hingegen die Möglichkeit, unter den gegebenen Umständen das Beste zu erreichen.

Jedes äußere Ereignis enthält für uns also einen Anteil, über den wir die Kontrolle haben, nämlich darüber, was wir aus diesem Ereignis machen. Dadurch besitzen wir ein wahrhaftiges und durchaus angemessenes Maß an Kontrolle, das sich aus unserer Fähigkeit ergibt, Ereignisse nach unserem Ermessen zu beurteilen. *Nach unserem Ermessen* bedeutet, dass wir eine Wahl haben, und eine Wahl zu haben, bedeutet Freiheit. Nennen wir dies *Wahlfreiheit*, inspiriert von Viktor Frankl, der in seinem Buch ... *trotzdem Ja zum Leben sagen: Ein Psychologe erlebt das Konzentrationslager* schreibt: »alles kann einem Menschen genommen werden, außer einer Sache: Der letzten der menschlichen Freiheiten — die eigene Einstellung zu wählen, egal, was die Umstände für ihn bereithalten.«

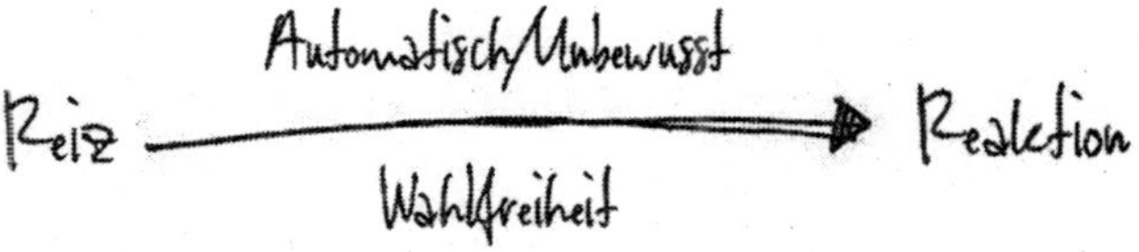

Etwas geschieht (Reiz) und dann reagieren wir darauf (Reaktion). Oftmals erfolgt diese Reaktion automatisch, unbewusst, ohne dass wir darüber nachdenken. Wir können dieses Verhalten leicht bei anderen Menschen beobachten – etwas passiert und sie reagieren impulsiv. Bei Kindern ist das noch ausgeprägter. Nehmen wir an, ein kleiner Junge spielt mit seinem Brontosaurus Bronty und dann nehmen Sie ihn ihm weg. Was passiert dann? Die Wahrscheinlichkeit ist groß, dass der Junge sofort anfängt zu weinen. Der Junge denkt nicht über seine Reaktion nach, sie kommt automatisch. Vielleicht starrt er Sie auch ungläubig an, bevor er anfängt *zu lachen*. Wer weiß? Dieser Junge und andere kleine Kinder verfügen nicht über die Macht, sich für eine Reaktion zu entscheiden. Aber bei Ihnen und bei mir ist es anders. Möglicherweise gibt es eine kleine zeitliche Verzögerung zwischen dem Reiz und der Reaktion. Die Macht liegt in dieser Verzögerung. In dieser zeitlichen Lücke liegt die Wahlfreiheit.

Die Verzögerung bedeutet, dass wir die Möglichkeit haben, zwischen Stimulus und Reaktion einzuschreiten und unsere Reaktion (oder *Nicht*-Reaktion) frei zu wählen. Die Verzögerung ist nur eine *potenzielle* Verzögerung, denn wenn wir nicht achtsam genug sind, wird es keine Verzögerung geben und wir werden uns ohne nachzudenken an die Standard- (oder Auto-)Reaktion halten. Aufmerksamkeit beziehungsweise Achtsamkeit ist notwendig, damit man zwischen Stimulus und Reaktion bewusst intervenieren kann. Abhängig vom Grad Ihrer Achtsamkeit ist diese Verzögerung größer oder kleiner oder gar nicht vorhanden.

Der Punkt ist, wenn Ihnen etwas passiert – Sie zerbrechen etwa ein Glas, treten in Hundekacke oder bekommen von einem Fremden den Mittelfinger gezeigt –, können Sie diese zeitliche Lücke nutzen, bevor Sie automatisch reagieren. Sobald Sie in der Lücke sind, können Sie über Ihre Optionen nachdenken und dann Ihre beste Reaktion *wählen*, Sie können dann bewusste Entscheidungen treffen. Die meisten Menschen würden jedoch mit ihrer Standardreaktion fortfahren und erst später (oder gar nicht) erkennen, dass ihre Reaktion unangemessen war.

Wenn man in einen Haufen Hundekacke tritt, ist es nachvollziehbar, dass automatisch eine Reaktion erfolgt. Etwas in Ihnen findet, dass die Situation so richtig blöd ist. Was folgt, sind Gefühle von Unmut, Ärger und Panik, begleitet von Flüchen und hektischen

Körperbewegungen. Das mag nun vielleicht nicht allzu schlimm erscheinen, aber was passiert, ist, dass man von einem externen Ereignis an der Nase herumgeführt wird, das man nicht mehr ändern kann. Sie lassen einen äußeren Umstand darüber bestimmen, wie Sie sich fühlen. Wenn wir grundsätzlich unsere Standardreaktionen abspulen, sind wir immer abhängig von dem, was um uns herum passiert. Wenn wir in Hundekot treten, fühlen wir uns mies, wenn wir auf einen Geldschein treten, freuen wir uns. Wir sind der Situation ausgeliefert. Wenn unsere Standardreaktion auf die Situation positiv ist, reagieren wir mit *hurra*, wenn nicht, mit *wääh*. Damit werfen wir wieder unsere Voodoo-Puppe auf die Straße. Glücklicherweise muss es nicht so ablaufen.

Die Stoiker meinen, dass Sie zwischen dem, was passiert (Hundekot), und Ihrer Reaktion darauf (Wut und Flüche) einschreiten können. Die Idee ist, Ihre beste tugendhafte Reaktion zu wählen, anstatt sich an die Standardvorgabe zu halten. Um das zu tun, müssen Sie in der Lage sein, Ihren automatischen Eindruck (»das ist schlecht«) überhaupt *zu erkennen*. Wenn Sie die Verzögerung nutzen und bewusst über Ihre Reaktion entscheiden wollen, benötigen Sie dazu die Achtsamkeit, den allerersten Eindruck zu erkennen, der in Form von Gedanken und/oder Emotionen in Ihnen aufkommt. Sobald Sie diesen ersten Eindruck wahrnehmen, können Sie einen Schritt zurücktreten und sich fragen, ob Sie dabei bleiben wollen oder nicht. Sie können diesen Gedankeneindruck als bloße Hypothese betrachten, die zur Debatte steht, und dann rational darüber nachdenken.

Im Grunde genommen *verweigern* Sie die Zustimmung zu diesem Eindruck und vermeiden damit ein überstürztes, impulsives und automatisches Verhalten. Darin liegt eine norme Macht, die es Ihnen ermöglicht, nachzudenken, bevor Sie (re-)agieren. Es gibt Ihnen die Macht, die bestmögliche Reaktion zu wählen. Was in der

Welt um Sie herum passiert, ist damit nicht mehr so wichtig. Es gibt Ihnen den Schlüssel zu Ihrem idealen Verhalten, da Sie sich dafür entscheiden können, weise, ruhig und nachsichtig zu handeln.

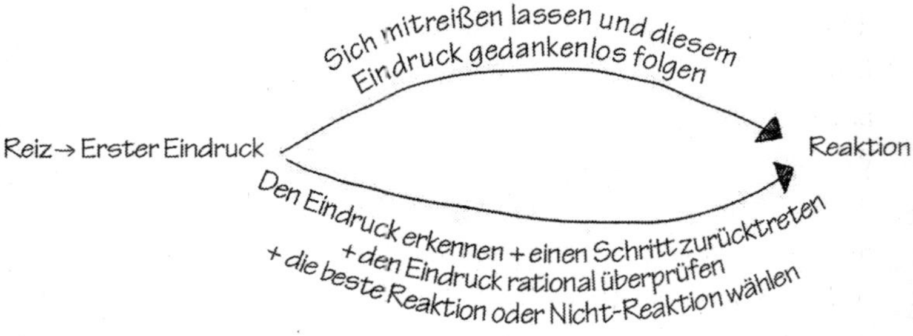

Die Wahlfreiheit, oder die *begründete Entscheidung*, wie die Stoiker sie nennen, besteht darin, unsere Reaktion aktiv zu wählen, anstatt reaktiv mit der Standardreaktion zu antworten. Um das tun zu können, müssen wir in der Situation achtsam sein, damit wir unseren ersten Eindruck erkennen und uns nicht von ihm mitreißen lassen, also nicht nur noch automatisch reagieren können. Die Standardreaktion könnte ein nicht tugendhaftes Verhalten sein und weitere ungesunde Emotionen wie Wut, Angst oder Verlangen hervorrufen. Wenn wir stattdessen in der Lage sind, vom ersten Eindruck etwas Abstand zu nehmen, können wir diesen Eindruck rational bewerten, andere mögliche Reaktionen in Erwägung ziehen und anschließend unsere bestmögliche Reaktion oder Nicht-Reaktion wählen (manchmal ist es am besten, überhaupt nicht zu reagieren). Auf diese Weise reagieren wir nach unserem Ermessen, hoffentlich im Einklang mit der Tugend.

Der Verstand macht Sie reich, auch im Exil

Wie haben die Stoiker auf Widrigkeiten reagiert? Drei unserer vier Protagonisten wurden mindestens einmal ins Exil verbannt. Das nahmen sie in vorbildlich stoischer Weise hin. Seneca sagte: »Es ist der Verstand, der uns reich macht; der geht mit uns ins Exil.« Gaius Musonius Rufus, der an den schlimmsten aller Orte, Gyaros, verbannt wurde, sagte, dass ihm das Exil sein Land, aber nicht seine Fähigkeit, das Exil zu ertragen, entzogen habe. Er sagte sogar, dass das Exil einer Person nichts von Wert entzieht – Tugend kann man nicht wegnehmen. Das Exil hindert einen Menschen nicht daran, tapfer und gerecht zu sein. Erinnern wir uns daran, dass das Glück mehr davon abhängt, was wir aus dem Geschehen machen, als davon, was eigentlich passiert. Egal, was Ihnen passiert, Ihr Verstand ist immer bereit, es in Glück zu verwandeln, indem Sie mit Tugend reagieren.

Der stoische Weise und anscheinend auch unsere stoischen Hauptdarsteller sind sogar im Exil absolut frei. Denn ihre Freiheit besteht darin, ihrer vernünftigen Natur folgen zu können, das heißt, sich auf das zu konzentrieren, was in der eigenen Macht liegt, den Rest so hinzunehmen, wie er nun einmal geschieht, und tugendhaft zu reagieren. Jedes Hindernis wird zu einer Gelegenheit, Weisheit, Tapferkeit, Gerechtigkeit und Selbstdisziplin zu praktizieren. Der ideale Stoiker will nur auf das reagieren, was in Harmonie mit der Vernunft und seinem besten Selbst geschieht, und nichts kann ihn daran hindern. Er begehrt nur das, was in seiner Macht liegt, und deshalb bleibt er sogar im Exil oder im Gefängnis »frei«.

Stoizismus fordert Sie dazu auf, sich selbst zu ändern, wenn Sie die Situation nicht ändern können. Selbst wenn Sie die Situation nicht ändern können, liegt es in Ihrer Macht, Ihre Einstellung dazu zu ändern und tugendhaft zu reagieren. Egal, wo Sie sich befinden (im Gefängnis oder im Palast), und egal, vor welcher Herausforderung Sie stehen (Hundekot oder Geldschein), Sie werden immer über Ihre Wahlfreiheit verfügen. Sie müssen nur Ihren ersten Eindruck erkennen, es vermeiden, vor Angst in die Hose zu machen, stattdessen einen Schritt zurücktreten, die Situation bewerten und Ihre klügste Reaktion wählen. Nicht die externen Ereignisse zählen, sondern das, was man aus ihnen macht.

Wir müssen die Tatsache anerkennen, dass wir für die Entscheidung verantwortlich sind, wie wir auf Situationen reagieren wollen. Viktor Frankl, die Legende, die sich das Konzept der *Wahlfreiheit* ausgedacht hat, hat in seinem Leben die brutalsten Erfahrungen machen müssen, die wir uns vorstellen können. Er verlor seine gesamte Familie und überlebte nur knapp die Schrecken der nationalsozialistischen Konzentrationslager des Zweiten Weltkriegs. Trotz dieser Schrecken war er in der Lage, seine Einstellung zu wählen, und er entschied sich, sich diesen schrecklichen Situationen nicht zu beugen. Sicher, wir alle haben viele schlimme Dinge in unserem Leben erlebt, aber ganz sicher nicht so barbarische, wie unsere ganze Familie zu verlieren und in Konzentrationslagern interniert zu sein. Worauf ich damit hinauswill, ist, dass wenn Frankl inmitten eines unsäglichen Terrors seine Reaktion wählen konnte, dann sollten auch wir in der Lage sein, unsere Reaktionen bewusst zu steuern. (Da wir gerade von Viktor Frankl sprechen: Wenn Sie sein Buch *... trotzdem Ja zum Leben sagen: Ein Psychologe erlebt das Konzentrationslager* noch nicht gelesen haben, sollten Sie das unbedingt nachholen.)

Achtung: Obwohl stoische Philosophen der Auffassung sind, dass wir zwischen Reiz und Reaktion einschreiten können, geben sie zu, dass es automatische Reaktionen gibt, über die wir keine Kontrolle haben. Dies sind reflexartige emotionale Reaktionen auf einige Eindrücke, wie beispielsweise Erröten, Schwitzen, Anspannung,

Tränen oder Zusammenzucken. Wir haben keine andere Wahl, als diese schnellen körperlichen Reaktionen zu akzeptieren. Ein plötzlicher Lärm kann einen erschrecken, ohne dass man etwas dagegen unternehmen kann. Wenn wir jedoch ausreichend achtsam sind, können wir unseren Eindruck erkennen, einen Schritt zurücktreten und uns nicht von ihm mitreißen lassen. Selbst wenn Sie diese unmittelbaren reflexartigen Reaktionen nicht kontrollieren, haben Sie die Macht, das zu kontrollieren, was als Nächstes kommt: Geben Sie dem Eindruck nach oder nehmen Sie etwas Distanz ein, bewerten Sie die Situation und wählen Sie eine Reaktion, die Ihren Werten entspricht.

Unausgeglichen oder unerschütterlich – es liegt an Ihnen

»Nicht die Dinge selbst beunruhigen die Menschen, sondern die Meinungen über die Dinge.« Epiktets Worte sind eine wichtige Schlussfolgerung dessen, was wir soeben gelernt haben: Externe Ereignisse liegen nicht in unserer Macht, aber sie enthalten einen Anteil, den wir kontrollieren; wir haben die Macht, zu entscheiden, was diese Ereignisse für uns bedeuten, und es sind unsere Entscheidungen, die zählen, nicht die Ereignisse. Externe Ereignisse haben im Grunde genommen überhaupt keine Bedeutung, erst die Art und Weise, wie wir sie wahrnehmen, erst unsere Urteile verleihen ihnen Bedeutung und lassen sie gut oder schlecht erscheinen.

(Das ist übrigens alles andere als einfach zu begreifen, solange die Menschen impulsiv und damit gedankenlos auf Ereignisse reagieren. Ihnen erscheint es als ganz offensichtlich, dass das Ereignis ihr Unglück verursacht. Sobald es ihnen besser gelingt, sich von ihren ersten Eindrücken zu distanzieren, werden sie erkennen, dass das, was sie verärgert, ihr eigenes Urteil über die Situation ist.)

Die erste Lektion besteht also darin, niemals anderen Menschen oder externen Ereignissen die Schuld für die negativen Emotionen zu geben, die wir empfinden. Übernehmen Sie die Verantwortung. Für die Stoiker ist klar, dass nicht Ereignisse, sondern unsere Meinungen über diese Ereignisse die Ursache für einen verstörten Geist sind. Er könnte sich beispielsweise dadurch zeigen, dass wir leiden und unglücklich sind, und er entsteht, wenn wir den Geschichten, die wir uns selbst erzählen, glauben. Ein Eindruck formt einen Gedanken in unserem Kopf, den wir dann als Wahrheit akzeptieren. »Ich bin im Exil, das ist schrecklich.« Die Situation selbst (Exil) macht uns *nicht* unglücklich, sie kann in bestimmten Situationen körperliche Schmerzen verursachen, aber es ist die Geschichte über diese Situation (sie ist schrecklich), die die psychischen oder emotionalen Probleme verursacht. Ihre Urteile in Form von Gedanken, Meinungen und Interpretationen machen Sie unglücklich. Ob etwas gut ist oder schlecht, ergibt sich nur aus Ihren Urteilen und Handlungen, nicht aus den äußeren Ereignissen.

Unsere Beunruhigung oder Verstörtheit rührt daher, dass wir ein Ereignis als unerwünscht oder schlecht beurteilen, oft indem wir uns darüber beklagen. Wir weisen einem Ereignis einen Wert zu, indem wir es zum Beispiel als *schrecklich* bezeichnen, und vergessen, dass das Ereignis selbst weder gut noch schlecht ist; es ist leer und trägt überhaupt keine Bedeutung. Wir geben ihm diese Bedeutung, indem wir es beurteilen, uns darüber ärgern und uns wünschen, es wäre anders. Das verursacht das emotionale Leiden. Wenn Sie es so lassen könnten, wie es ist, wenn Sie es *nicht* als gut oder schlecht beurteilen könnten, sondern es so annehmen, *wie es ist* (neutral, gleichgültig), dann wären Sie auch nicht aufgewühlt. Ihr seid frei von Leiden, sagt Epiktet, wenn ihr euch nicht um die Dinge kümmert, die nicht in eurer Macht liegen.

Ich bin so ungeschickt. **Oder:** Das Glas ist zerbrochen.

Das ist der schlimmste Tag meines Lebens! **Oder:** Ich habe Hundekot an meiner Schuhsohle. Es stinkt.

So ein Idiot! Ich hasse diesen Kerl. **Oder:** Er hat mir den Mittelfinger gezeigt.

Die Ereignisse selbst tragen keine Bedeutung. Es sind unsere Urteile, die sie entweder gut oder schlecht machen. Mir gefällt, was Ellie Goulding in ihrem Song *First Time* singt: »Der Mittelfinger war unser Friedenszeichen.« Wenn man es so betrachtet, kann »So ein Idiot!« leicht zu einem Lächeln werden, verbunden mit »Oh, so ein Schatz.«. Das gleiche Ereignis kann auf viele verschiedene Arten interpretiert werden und weckt völlig gegensätzliche Gefühle.

Mir ist bewusst, dass Sie nicht dumm sind und sehr gut wissen, was die andere Person Ihnen mitteilen will. Worauf es jedoch ankommt, ist, dass es egal ist, was sie versucht, Ihnen mitzuteilen, stattdessen zählt, was Sie daraus machen. Selbst wenn es also so aussieht (oder offensichtlich ist), dass jemand versucht, Sie zu beleidigen, ist es letztlich *Ihre Beurteilung*, die Sie provoziert. Wenn Sie es nicht zulassen, kann es Sie nicht verletzen, weil die andere Person keinen Zugang zu Ihrem Geist hat. »Andernfalls«, sagte Mark Aurel, »wäre die Bosheit meines Nächsten mein eigener Schaden, und es lag nicht in Gottes Absicht, die Entscheidung über mein Unglück einem anderen zu überlassen.« Nur Sie selbst haben Zugang zu Ihrem Geist, und nur Sie können Ihr Leben ruinieren. Sie sind verantwortlich.

Jemand anderes ist nicht in der Lage, Sie zu frustrieren, Hundekot kann Sie nicht deprimieren – das sind externe Ereignisse, die keinen Zugang zu Ihrem Geist haben. Diese Emotionen, die Sie fühlen, so real sie auch sind, kommen nicht von außen, sondern von innen. *Sie* erzeugen diese Emotionen, *Sie* erzeugen Ihren Schmerz. Ein zerbrochenes Glas ist ein zerbrochenes Glas. Erst Ihr eigenes Urteil (»Ich bin so ungeschickt.«) führt dazu, dass Sie sich wie ein Verlierer fühlen. Geben Sie nicht dem Ereignis die Schuld für Ihre Gefühle, sondern Ihrem reaktiven Selbst. Die Ursache liegt in Ihrem Urteil. »Wo kein Urteil ist«, so Mark Aurel, »da ist kein Schmerz.« Beurteilen Sie nicht das Ereignis, dann werden Sie auch nicht verletzt. Ihre *Reaktion* zeigt also, ob Sie verletzt wurden oder nicht. Wenn Sie ein Glas zerbrechen, haben Sie zwei Möglichkeiten: Sie lassen sich dadurch verletzen oder nicht.

»***Ich bin so ungeschickt***« + weinen und sich miserabel fühlen
= starke Reaktion, verletzt werden

»***Hoppla***« + aufräumen und mit Ihrem Leben weitermachen
= keine Reaktion, keine Verletzung

Dies verleiht Ihnen immense Macht, denn es bedeutet, dass Dinge außerhalb Ihrer Kontrolle Sie nicht aufregen können. Nur Ihr eigenes Urteil kann Ihnen Schaden zufügen. Egal, vor welchen unkontrollierbaren Herausforderungen Sie im Leben stehen, Sie haben die Macht, zu entscheiden, was diese Ereignisse für Sie bedeuten, nur Sie haben die Freiheit, sich für die bestmögliche Reaktion zu entscheiden. Ihre Reaktion wird Ihnen entweder Freude bereiten oder Sie schädigen.

Deshalb rät Epiktet, immer zwei Regeln im Hinterkopf zu behalten: (1) es gibt nichts Gutes oder Schlechtes, es sei denn, wir beschließen, etwas dazu zu machen, und (2) wir sollten nicht versuchen, Ereignisse zu steuern, sondern ihnen stattdessen folgen. Widerstand ist zwecklos, nehmen Sie die Dinge so, wie sie kommen, und machen Sie das Beste aus dem, was in Ihrer Macht liegt.

Kapitel 4

Der Schurke: Negative Emotionen kommen uns in die Quere

»Sobald [Wut] uns erfasst, ist es schwierig, wieder zurück in einen gesunden Zustand zu kommen, denn alle Vernunft ist verschwunden, sobald der Leidenschaft Zugang zum Geist gewährt wurde … Der Feind muss bekämpft und an der äußersten Grenze zurückgedrängt werden, denn wenn er einmal die Stadt betreten und ihre Tore passiert hat, wird er nicht zulassen, dass seine Gefangenen seinem Sieg Einhalt gebieten.«

– SENECA

Glücklich zu sein erscheint doch ziemlich machbar, oder? Für die Stoiker besteht es nur darin, wie wir auf Ereignisse reagieren und was wir aus ihnen machen. Die Ausrichtung unserer Handlungen auf die Tugend ist ausreichend (aber auch notwendig) für das glückliche und reibungslos verlaufende Leben. Warum ist es dann doch so schwierig? Warum erreichen wir es nicht alle mit einem bloßen Fingerschnippen?

Das Leben kommt uns in die Quere. Die Realität erhebt sich vor uns; sie überrumpelt uns, erscheint überwältigend, verursacht Angst, Unsicherheit, Wut und Trauer und bewirkt, dass wir davonlaufen und uns verstecken wollen. Die Dinge sind schwieriger, als wir dachten, und sie geschehen anders, als wir erwartet und uns gewünscht haben, und wir haben Schwierigkeiten damit, sie effektiv zu bewältigen oder sie überhaupt erst einmal zu akzeptieren. Aber halt! Der Stoizismus lehrt, dass äußere Ereignisse *keine* Rolle spielen und dass wir das Gute aus uns selbst holen müssen. Es *scheint* nur so, als würde das Leben im Weg stehen; in Wirklichkeit sind es unsere negativen Emotionen. Diese intensiven Gefühle erobern unseren Geist, eigentlich unser gesamtes Wesen, machen es uns unmöglich, klar zu denken, und drängen uns dazu, das Gegenteil dessen zu tun, was wir für richtig halten.

Sobald unser Geist von negativen Emotionen oder *Leidenschaften*, wie die Stoiker sie nennen, erfasst wurde, beispielsweise von irrationaler Angst, Trauer, Wut oder Gier, gewinnen diese Leidenschaften Oberhand und wir reagieren impulsiv, ohne darüber nachdenken zu können. Wie Seneca in den einleitenden Zeilen zu diesem Kapitel sagt, ist die Vernunft verschwunden, sobald der Feind in den Geist eingetreten ist. Es ist ein Entweder-oder, Vernunft oder Leidenschaft. Wenn die Leidenschaft das Steuer übernommen hat, ist die Vernunft gefesselt und liegt geknebelt im Kofferraum.

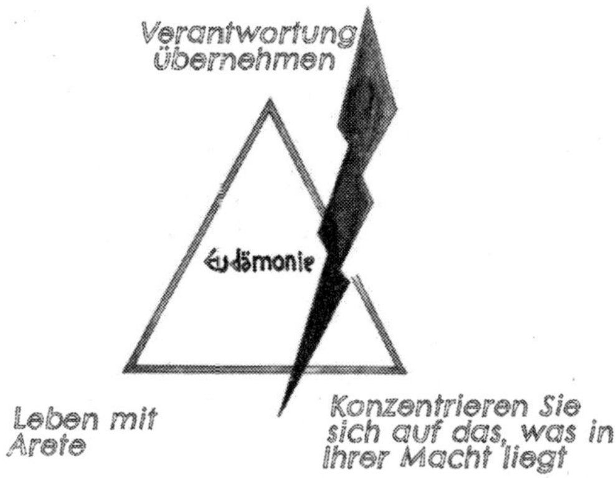

Negative Emotionen fühlen sich natürlich *schlecht* an; denken Sie an Trauer, Angst, Eifersucht oder starkes Verlangen. Wenn eine solche Emotion das Steuer übernommen hat und wir uns innerlich schlecht fühlen, wird unsere oberste Priorität (unbewusst) darin bestehen, dass es uns wieder *besser* geht, und wir suchen automatisch nach Linderung des Schmerzes, den wir fühlen. Die negative Emotion befiehlt uns, das zu tun, was dazu führt, dass wir uns besser fühlen und der gegenwärtige Schmerz gelindert wird, unabhängig von unseren Werten und langfristigen Zielen. Am Ende schieben wir unsere größten Werte beiseite und nehmen wie ein Feigling Reißaus, bestellen Pizza und Tiramisu, sehen uns Marvel-Filme an, knallen Türen und werfen mit Gläsern, schreien unsere Freunde und Kinder an und kaufen die schwarzen High Heels, die wir nicht brauchen.

Negative Emotionen können unzählige Formen annehmen. Sie können uns voll und ganz verschlingen, wie intensiver Zorn, der einen plötzlichen Tunnelblick erzeugt, der uns blindwütig handeln lässt – und schon ist es passiert. Sie können auch viel ruhiger sein, wie bei übermäßiger Trauer, die uns voller Selbstmitleid, depressiver Gedanken und in absoluter Untätigkeit zurücklassen kann. Oder sie können sehr subtil sein, wie »ich fühle mich einfach nicht danach«, was aus verschiedenen Emotionen resultieren kann und uns dazu bringt, einfach *nicht* das zu tun, von dem wir wissen, dass wir es tun *sollten* (haben Sie schon einmal etwas von Prokrastination gehört?).

Hierzu ein Beispiel: Als ich ein Teenager war, wurde einer meiner Freunde von einem anderen Kerl aus der Schule verprügelt. Andere Kinder und ich beobachteten das Ganze, und mir war klar, dass es das Richtige wäre, zu helfen, aber etwas in mir hielt mich zurück; ich fühlte mich nicht danach, zu helfen, ich hatte Angst. Die Emotion gewann. Oder nehmen wir all die Gelegenheiten, bei denen ich ein schönes Mädchen in einer Bar gesehen habe und Hallo sagen wollte, mich aber gleichzeitig nicht danach fühlte. Ich hatte Angst. Meistens gewann die Emotion. Natürlich hatte ich tolle Ausreden: So hübsch war sie nun auch wieder nicht, ich war einfach nicht in der richtigen Stimmung, ich war in dieser Bar, um mit meinen Kumpels Zeit zu verbringen und so weiter.

Es spielt keine Rolle, welche Emotionen in die Quere kommen – bei mir handelt es sich dabei offensichtlich häufig um Angst (ich arbeite daran), bei Ihnen könnten es Wut, Gier, Missgunst oder Stolz sein. Das Problem mit diesen Emotionen ist nicht, dass sie existieren, sondern dass sie uns überwältigen, sodass wir am Ende das Gegenteil dessen tun, was wir tun sollten. Und wie wir bereits gelernt haben, sind unsere rationalen Handlungen die Wurzel unseres Glücks, deshalb können wir kein glückliches Leben führen, wenn wir starke verstörende Emotionen unser Handeln bestimmen lassen. Die Stoiker glaubten, dass solche Leidenschaften Gift für das gute Leben sind und vielen Menschen Elend verursachen. Die Mehrheit von uns ist ein Sklave dieser Emotionen; wir handeln allzu oft nach unseren Emotionen und nicht nach unseren Werten.

Die Stoiker wollen also, dass wir diese irrationalen Ängste und Wünsche überwinden, damit wir in der Lage sind, der Tugend gemäß zu handeln und wahres Glück zu erlangen. Hinzu kommt, dass diese Emotionen oft wider unsere rationale Natur sind, da sie ignorieren, was wirklich gut für uns wäre. Wenn ich Angst davor habe, einem Mädchen Hallo zu sagen, gehen diese Angst und meine Untätigkeit völlig wider die Tugend – es ist unklug und irrational, das zu fürchten, was nicht gefährlich ist. Es fehlt an Selbstdisziplin, um den inneren Widerstand zu überwinden, und es ist einfach feige. Es ist wichtig, diese negativen Emotionen zu überwinden, wenn wir Stoizismus praktizieren wollen. Deshalb ist es ein wichtiger Teil der stoischen Philosophie, den Ausbruch negativer Emotionen zu verhindern und bereit zu sein, effektiv mit ihnen umzugehen, statt sich von ihnen überwältigen zu lassen, wenn sie dennoch aufkommen (und das werden sie!).

Worin besteht also das Geheimnis? Tatsächlich gibt es keines (Entschuldigung!). Es gibt jedoch spezielle Übungen, die Ihnen dabei helfen können, sich auf schwierige Situationen vorzubereiten. (Diese Übungen werden im zweiten Teil dieses Buches behandelt.) Nach einer kurzen Anmerkung werden wir uns mit den beiden Hauptgründen dafür befassen, dass negative Emotionen uns überhaupt überwältigen. Wenn wir diese beiden Gründe minimieren können, erfahren wir folglich weniger negative Emotionen und wir werden besser darin, mit ihnen umzugehen.

Achtung: Unser menschliches Gehirn ist fürs Überleben gebaut und nicht fürs Gedeihen oder das Streben nach Erfolg. Die Hauptziele unserer Vorfahren bestanden darin, zu überleben und sich zu reproduzieren. Nahrung und Wasser waren knapp. Und es gab viele Gefahren, sodass sie ständig nach gefährlichen Tieren und rivalisierenden Clans Ausschau halten mussten. Deshalb entwickelte unser Gehirn eine *negative Grundeinstellung* – wer von einem Wolf überrascht wurde, war tot. Wenn die Menschen damals hingegen eine Gelegenheit zum Essen verpassten, blieb ihnen noch immer eine weitere Chance. Daher war es wichtiger, sich auf das Negative und nicht auf das Positive zu konzentrieren.

Auch heute noch funktionieren unsere Gehirne so, dass sie ständig überprüfen, ob das, was um uns herum passiert, gefährlich ist. Aufgrund unserer Evolution erkennen wir Hindernisse viel besser als Chancen. Es liegt in unserer Natur, uns um Gesundheit, Reichtum und sozialen Status zu kümmern. Es erscheint so, als würden wir diese zum Überleben brauchen. Deshalb vergleichen wir uns automatisch mit anderen, konzentrieren uns auf mögliche Gefahren und jagen immer mehr Sachen hinterher.

Also keine Sorge, wenn Sie meinen, Sie würden ständig negativ denken. Das ist normal. Das ist nur die eingebaute negative Grundeinstellung unseres Gehirns. Allerdings ist diese in der modernen Welt höchst kontraproduktiv, denn schließlich leben wir sehr sicher und haben genügend Nahrung – deshalb kann die Sorge um das Überleben weitgehend abgehakt werden. Nichts wird Sie nachts angreifen und kein rivalisierender Clan wird Ihre Hütte niederbrennen. Doch diese negativen Emotionen stehen uns im Weg und wir müssen versuchen, sie und ihre Auswirkungen auf unser Leben zu minimieren. Betrachten wir nun die beiden Hauptgründe, weshalb wir von negativen Emotionen überwältigt werden.

Wir wollen das, was außerhalb unserer Kontrolle liegt

»Leidenschaft entsteht durch nichts anders, als durch die Enttäuschung der eigenen Wünsche.« Epiktet macht deutlich, dass negative Emotionen entstehen, wenn wir nicht bekommen, was wir wollen. Diese Enttäuschung »ist die Quelle der Trauer, der Klage und des Neides; sie lässt uns neidisch und begierig werden und beraubt uns der Fähigkeit, die Vernunft zu vernehmen.«

Im Grunde genommen entstehen negative Emotionen dadurch, dass wir etwas, das nicht unter unserer Kontrolle ist, wollen oder fürchten. Wie wir bereits erfahren haben, liegt die Ursache für unser Leiden darin, dass wir uns Gedanken über Dinge machen, die außerhalb unserer Kontrolle liegen. Das Resultat sind fehlerhafte Werturteile; wir bewerten eine *gleichgültige* äußere Sache als gut oder schlecht. Zum Beispiel ist die falsche Beurteilung materieller Dinge als *gut* oder wünschenswert die Ursache für das Verlangen nach Reichtum und Vergnügen. Solch starkes Verlangen ist eine negative Emotion, die das Steuer übernimmt und uns alles tun lässt, was das Verlangen im Moment befriedigt, unabhängig von unseren Werten – weil die Vernunft nicht mehr zu uns durchdringt. Erinnern Sie sich? Die Vernunft ist gefesselt und liegt geknebelt im Kofferraum.

Fehlerhafte Werturteile funktionieren auch umgekehrt. Wir beurteilen irrtümlich ein gleichgültiges äußeres Ereignis wie Regen, nervige Menschen oder Armut als *schlecht* oder sogar schrecklich, und dieses falsche Urteil über das Ereignis verursacht Wut oder Angst. Es ist also das falsche Urteil über ein Ereignis, das die negativen Emotionen verursacht, und diese Emotionen stehen wiederum einem glücklichen Leben im Weg, weil sie uns impulsiv und nicht rational handeln lassen.

Donald Robertson beschreibt das in seinem Buch *Stoicism and the Art of Happiness* sehr gut: »Der Mehrheit der gewöhnlichen Menschen mangelt es an Erfüllung und Seelenfrieden, weil ihre Werte ins Chaos gestürzt wurden und miteinander kollidieren. Wir verschwenden unser Leben damit, einer Illusion des Glücks nachzulaufen, die auf einer Mischung aus Vergnügungssucht, Materialismus und Egoismus beruht – verrückte, kontraproduktive Werte, die wir von der törichten Welt um uns herum aufgenommen haben.«

Wir wünschen und fürchten äußere Dinge, die sich unserer direkten Kontrolle entziehen; wir beurteilen naiv gleichgültige Dinge wie Gesundheit, Reichtum und Ruf als gut und sogar notwendig für das glückliche Leben, und wir beurteilen auch Krankheit, Armut und Spott als schlecht und hinderlich für das glückliche Leben. Diese Wünsche und Ängste in Bezug auf äußere Dinge sind ein leuchtendes, blinkendes Warnschild, das besagt: »Du hast die Grundlagen vergessen! Geh zurück und verankere erst einmal die fundamentalen Überzeugungen.« Mit anderen Worten: Die stoischen Grundprinzipien sind uns noch nicht in Fleisch und Blut übergegangen, nämlich dass Tugend das einzig wahre Gute ist, dass das, was nicht in unserer Macht liegt, letztendlich gleichgültig ist, und dass nur wir allein für unser Gedeihen verantwortlich sind. Solange wir das Gefühl haben, dass Dinge zu unseren Gunsten oder Ungunsten geschehen, wird uns Hundekot einen miserablen und ein Bonus einen glücklichen

Tag bescheren. Solange wir Angst haben, nicht das zu bekommen, was wir wollen, und uns schlecht fühlen, wenn wir es tatsächlich nicht bekommen, sind wir nur eine Marionette unserer Emotionen, verursacht durch fehlerhafte Urteile darüber, was wirklich gut beziehungsweise schlecht ist.

»Ihr seid dumm«, sagte Epiktet, »[wenn] ihr wollt, dass die Dinge, die nicht in eurer Macht liegen, in eurer Macht liegen, und dass die Dinge, die anderen gehören, eure sind.« Wenn wir sorgfältig zwischen den Dingen trennen könnten, die unserer Kontrolle unterliegen, und denen, die dies nicht tun, würden wir weitaus weniger von den negativen Emotionen, die durch fehlerhafte Urteile verursacht werden, an der Nase herumgeführt. Wir könnten uns nur auf die konzentrieren, die unserer Kontrolle unterliegen, und den Rest einfach so geschehen lassen, wie es sowieso passiert.

Aber selbst wenn wir uns genau das vornehmen, kommt uns häufig noch etwas anderes in die Quere: die Achtlosigkeit. Oft sind wir in Situationen nicht achtsam genug und vergessen, uns auf das zu konzentrieren, was in unserer Macht liegt. Stattdessen lassen wir uns von unseren ersten Eindrücken mitreißen und stellen erst im Nachhinein fest, dass wir das Ereignis falsch eingeschätzt haben. Mangelnde Achtsamkeit ist der zweite Grund dafür, dass negative Emotionen entstehen und uns überwältigen.

Uns fehlt es an Achtsamkeit und wir lassen uns von Eindrücken mitreißen

Erinnern Sie sich daran, dass die Stoiker wollen, dass wir jeder unserer Handlungen große Aufmerksamkeit schenken? Genau so, wie wenn wir darauf achten, nicht auf Glasscherben zu treten? Raten Sie mal, was passiert, wenn wir in schwierigen Situationen keine solche Aufmerksamkeit walten lassen. Wir lassen uns dann von unseren ersten Eindrücken mitreißen, ohne sie überprüfen zu können. Diese ersten Eindrücke sind wie *Tendenzen*, auf eine bestimmte Weise zu handeln, aber wenn wir achtsam genug sind, können wir einschreiten und unsere beste Reaktion wählen, die sich sicherlich vom ersten Eindruck unterscheidet.

Hier ist ein Beispiel, das mir passierte, als ich eine Toilettenpause einlegte. Ich stand von meinem Schreibtischstuhl auf und ging zur Toilette, wo mir das neue Toilettenpapierpaket auf dem Spülkasten ins Auge fiel. Ich hatte es am Vortag gekauft, als ich die Lebensmitteleinkäufe getätigt hatte, wir hatten den Nachschub gebraucht. Sobald ich es nun wieder sah, ratterten meine Gedanken sofort los: »Ja, das hast du sehr gut gemacht. Du hast daran gedacht und es gekauft. Doch Nils (mein Bruder, mit dem ich lebe) hat es nicht einmal bemerkt. Von ihm kam kein bisschen Dankbarkeit.« Und so weiter. In meinem Inneren breiteten sich leichte Wut und Unbehagen aus, doch dann schaltete sich die Vernunft ein: »Nun, er hat ›*Danke*, dass du die Lebensmittel gekauft hast.‹ gesagt. Und er erledigt viele andere Dinge im Haushalt und so weiter.« Glücklicherweise war ich achtsam genug, dieses Denkmuster zu erkennen, schritt ein und wischte es als klassisches *Mein-Ego-möchte-Anerkennung*-Gedankenkarussell beiseite. Die negativen Gefühle waren im Handumdrehen verschwunden.

Was genau ist da passiert? Die Situation *neues Toilettenpapier* verursachte einen automatischen ersten Eindruck (das und das ist *schlecht*) mit der tendenziellen Reaktion, wütend zu werden. Glücklicherweise war ich mir dessen bewusst genug, erkannte es und konnte es sofort im Keim ersticken. Wäre es um eine anspruchsvollere Situation gegangen, wäre ich in der Lage gewesen, die Vernunft oder einfach eiskalte, knallharte Logik einzuschalten und die Situation objektiv zu betrachten. Ich hätte mir selbst gesagt, dass es genügt, das Richtige zu tun. Das ist in sich Belohnung genug und braucht keine Anerkennung von jemand anderem. Wenn ich diesen irrationalen Eindruck nicht bemerkt hätte, wäre ich wütend und frustriert geworden, hätte das Zimmer meines Bruders betreten und ihm ins Gesicht geschlagen. Oder, was wahrscheinlicher ist, der negative Eindruck hätte mich mitgerissen und ich hätte eine Zeit lang vor mich hin gegrübelt, während ich irrational wütend auf meinen Bruder gewesen wäre.

Deshalb ist Unachtsamkeit so gefährlich: Während wir uns dessen nicht einmal bewusst sind, können wir unsere ersten Eindrücke nicht beobachten und als solche erkennen und folgen ihnen gedankenlos. Wie Epiktet sagt: »Wenn du deinen Verstand freigelassen hast, liegt es nicht mehr in deiner Macht, ihn zurückzurufen, weder für den Anstand noch für die Bescheidenheit noch für die Mäßigung; stattdessen tust du alles, was dir in den Sinn kommt, aus Gehorsam gegenüber deinen Neigungen.« Genau das haben wir vorhin gelernt: Wenn die Leidenschaft einmal die Oberhand gewonnen hat, gehorchen wir wie ein Hund, der Wurst riecht. Die Vernunft kann sich die Lunge aus dem Leib schreien, aber wir können sie nicht hören, weil wir voll und ganz von der Leidenschaft (beziehungsweise der Wurst) in Anspruch genommen werden.

Man könnte anführen, dass auch in diesem Fall der Grund dafür, dass die negativen Emotionen die Kontrolle übernehmen, das fehlerhafte Urteil ist, nicht die Unachtsamkeit. Die Emotionen entstehen durch das irrationale Urteil, mein Bruder wäre undankbar. Man könnte aber auch argumentieren, dass viele Fehleinschätzungen entstehen, weil wir erst gar nicht achtsam genug sind. Wir achten nicht auf jeden einzelnen Schritt und landen im Hundekot. Oder meine Mutter ist nicht achtsam genug, um zu wissen, wie viel von ihrer Tasse Kaffee sie bereits getrunken hat, also wundert sie sich letztendlich: »Wer hat meinen Kaffee getrunken?« Sicher, es mag sein, dass sie Kaffee einfach zu gern mag (ist das überhaupt möglich?), aber der Grund für dieses fehlerhafte Urteil ist ihre Unachtsamkeit, während sie ihn selbst trinkt – in den meisten Fällen jedenfalls (entschuldige, Mama, manchmal habe ich ein oder zwei Schlucke genommen).

Wichtig daran ist, dass wir durch höhere Achtsamkeit seltener von negativen Emotionen überwältigt werden. Das ist deshalb wichtig, weil die Überwältigung durch negative Emotionen genau das ist, was uns daran hindert, richtig zu handeln und das gute Leben zu erlangen. Denken Sie daran, für die Stoiker liegt das einzig Gute darin, dass wir bewusst und willentlich handeln, und das können wir nur dann tun, wenn wir in jedem Moment achtsam sind. Wenn uns diese Achtsamkeit fehlt, erlauben wir uns, uns mitreißen zu lassen und lassen zu, dass unsere Taten *schändlich* und *geringschätzend* werden, um Epiktets Worte zu verwenden. Nur wenn wir im gegenwärtigen Moment achtsam sind, können wir uns der Herausforderung stellen, äußere Ereignisse gelassen anzunehmen und gleichzeitig Weisheit, Gerechtigkeit und Selbstdisziplin in unsere Reaktionen einfließen zu lassen. Mithilfe dieser Achtsamkeit können wir versuchen, dem Rat von Epiktet zu folgen:

- Wir sollten das, was wir irrational fürchten und nicht mögen, mit Tapferkeit und Ausdauer *ertragen*.
- Wir sollten mithilfe von Besonnenheit und Selbstdisziplin auf das *verzichten*, wonach wir uns irrational sehnen.

Wir brauchen definitiv Achtsamkeit, um irrationale Ängste und Begierden zu erkennen, bevor wir sie entweder mit Mut und Ausdauer *ertragen* oder uns mit Besonnenheit und Selbstdisziplin von ihnen *abkehren* können. Achtsamkeit allein reicht jedoch nicht aus. Nicht jeder kann im Angesicht der Angst handeln. Ich kann es häufig nicht. Selbst wenn ich achtsam genug bin, um meine Angst zu erkennen, und mir zudem darüber im Klaren bin, dass diese Angst irrational ist und es klug wäre, trotz der Angst zu handeln, sticht die Emotion oft meine Tapferkeit aus. Ein weiteres Beispiel ist der Kampf zwischen irrationalem Verlangen und Selbstdisziplin. Nach einem langen Arbeitstag, während dem ich mich beharrlich meinen Aufgaben gewidmet habe, habe ich oft das Verlangen, mir die neuesten Nachrichten anzusehen. Ich bin mir des Kampfes zwischen dem angenehmen Verlangen und meiner schwindenden Willenskraft wohl bewusst und meistens gewinnt die Willenskraft, aber manchmal gebe ich dem Verlangen nach.

Achtsamkeit allein mag nicht ausreichen, um immer unseren Werten entsprechend zu handeln, aber sie verschafft Ihnen sicherlich Zeit, sodass Sie die Situation klar einschätzen und zumindest versuchen können, eine rationale Entscheidung zu treffen. Dadurch wird es deutlich einfacher, sich selbst zu beherrschen, rational zu handeln und Fortschritte in Richtung eines glücklichen und reibungslos verlaufenden Lebens zu machen. Und es wird Sie viele Male daran hindern, sich von irrationalen Emotionen mitreißen zu lassen und töricht zu handeln (oder in Hundekot zu treten).

Schritt für Schritt kommen Sie voran.

TEIL 2:

55 stoische Übungen

»Nutze die Philosophie, um deine eigenen Fehler zu beseitigen, und nicht, um gegen die Fehler anderer zu wettern.«
– SENECA

Kapitel 5

Wie praktiziert man Stoizismus?

»In der Studierstube sind wir gewandt und zungenfertig und in der Lage, jedwede erbärmliche Frage nach einer Verhaltensweise logisch anzugehen, aber stellt man uns praktisch auf die Probe, erleiden wir kläglich Schiffbruch.«
– EPIKTET

Herzlichen Glückwunsch! Sie haben es durch den Theorieteil geschafft. Es ist Zeit, ins Wasser zu gehen.

Aber Vorsicht, nur weil wir jetzt in der Theorie sattelfest sind, bedeutet das nicht, dass wir für die Welt da draußen bereit sind. Die Theorie zu kennen und das Gelernte in der Praxis anzuwenden, sind zwei völlig unterschiedliche Dinge. Sie werden nass werden.

Oder wie Epiktet es ausdrückte, wir könnten kläglich Schiffbruch erleiden. Deshalb müssen wir üben. Er sagte, ein Zimmermann wird zum Zimmermann, indem er bestimmte Dinge lernt. Und ein Steuermann wird zum Steuermann, indem er bestimmte Dinge lernt. Es ist also klar, dass wir, wenn wir gute Menschen werden wollen, bestimmte Dinge lernen müssen.

»Tritt hervor«, sagte er, »und nutze das, was du gelernt hast. Es ist kein weiteres logisches Zerpflücken erforderlich – unsere stoischen

Texte sind voll davon. Was wir jetzt brauchen, sind Menschen, die das Gelernte anwenden und davon in ihrem Handeln Zeugnis ablegen. Bitte, sei derjenige, der diese Rolle annimmt, ich bin es müde, in meiner Lehre Beispiele aus der Vergangenheit anzuführen, ich will ein Beispiel aus meiner Zeit hochhalten können.«

Seien Sie dieses Beispiel da draußen. Geben Sie sich nicht mit bloßem Lernen zufrieden, sondern üben, üben, üben Sie! Denn wenn Zeit vergeht, sagt Epiktet, vergessen wir, was wir gelernt haben, und tun am Ende das Gegenteil dessen, was wir tun sollten, und vertreten die gegenteilige Meinung dessen, was richtig wäre.

Tut mir leid, dass ich es Ihnen sagen muss, aber Sie sind nicht Superman oder Superwoman. Es funktioniert nicht, stoische Prinzipien nur einmal zu hören und sich dann auf sie verlassen zu können, sobald das Leben es erfordert. Sie müssen wie ein professioneller Athlet jeden Tag trainieren. Kommen Sie früher und gehen Sie später als alle anderen. Von nichts kommt nichts.

Denken Sie daran, in der Philosophie geht es darum, wie man sein Leben leben sollte. Wie bereits erwähnt, vergleicht Epiktet Philosophie mit der Handwerkskunst – so, wie der Tischler Holz und der Bildhauer Bronze verwendet, nutzen wir unser eigenes Leben als Rohstoff in der Kunst des Lebens.

Jedes Ereignis in unserem Leben stellt einen Marmorblock dar, an dem wir trainieren können. So lernen wir, Hammer und Meißel zu benutzen, bis wir unser Handwerk beherrschen. Bei der Philosophie geht es darum, ihre Prinzipien auf die reale Welt anzuwenden. Erinnern Sie sich? Wir wollen Kriegerphilosophen sein und das Gelernte in die Praxis umsetzen.

Genau darum geht es in diesem Teil. Es erwarten Sie 55 stoische Übungen gemischt mit praktischen Ratschlägen. Jede kann für sich angewendet werden. Lassen Sie uns aus Gründen der Einfachheit zwischen drei Arten von Übungen unterscheiden: Die ersten sind *vorbereitende Übungen*, die man ganz für sich allein machen kann. Sie brauchen zum Trainieren keine Lebenssituation und können die Übungen einfach zu Hause machen. Die zweiten sind Übungen für *schwierige Lebenssituationen*: Wie sollten Sie sich in stressigen Situationen verhalten? Und die dritten sind Übungen für *Situationen mit anderen Menschen*: Wie gehen Sie am besten mit schwierigen Menschen um?

Denken Sie daran, dass manche Ansätze für einige Menschen besser und für andere schlechter funktionieren. Sehen Sie die Übungen als Vorschläge an und nicht als starre Regeln. Probieren Sie die Übungen aus, machen Sie mit denen weiter, die funktionieren, und lassen Sie die anderen sein. Machen Sie sich nicht zu viele Gedanken darüber.

Bevor wir nun zu den Übungen kommen, lassen Sie uns kurz auf eine Legende und drei wichtige Details eingehen, die Ihnen dabei helfen werden, das Beste aus den Übungen herauszuholen.

Wappnen Sie sich

»Was, glaubst du, wäre aus Herkules geworden, wenn es keinen Löwen, keine Hydra, keine Hirschkuh und keinen Eber gegeben hätte – und keine grausamen Verbrecher, von denen man die Welt befreien müsste? Was hätte er ohne solche Herausforderungen getan?«

– EPIKTET

Was wäre aus dem legendären Herkules ohne schwierige Herausforderungen geworden?

»Offenkundig«, sagte Epiktet, »hätte er sich einfach im Bett umgedreht und wäre wieder eingeschlafen. Indem er sein gesamtes Leben in Luxus und Komfort verschlafen hätte, hätte er sich niemals zum mächtigen Herkules entwickelt.«

Was wäre aus der Person geworden, die Sie so sehr bewundern, hätte sie sich keinen Anstrengungen unterworfen? Ihre Mutter? Der Kollege, den Sie so sehr schätzen? Roger Federer oder ein anderer Superstar?

Eines ist sicher: Ohne die Herausforderungen, denen sie in ihrem Leben sicherlich ausgesetzt waren, wären sie nicht dort, wo sie jetzt sind. Schwierigkeiten sind wichtig. Gott, sagte Seneca, »verzärtelt einen guten Menschen nicht; er legt ihm Prüfungen auf, macht ihn härter und formt ihn, auf dass er ihm gut dienen möge.«

Alle Widrigkeiten, denen Sie in Ihrem Leben ausgesetzt sind, sind Tests. Es ist nur Training. Das Leben soll nicht einfach sein, das Leben soll herausfordernd sein, um sicherzustellen, dass Sie tatsächlich wachsen. »Und das, wovor wir alle zittern und bibbern, ist zum Wohle der Menschen, denen es widerfährt«, sagt Seneca.

Wann immer Sie sich am Boden wähnen, erinnern Sie sich an Herkules, der nur *durch* die Herausforderungen, denen er ausgesetzt war, stark wurde.

Das Leben soll manchmal hart sein. Kopf hoch, Brust raus, Sie werden das schon schaffen.

Lassen Sie uns nun auf drei hilfreiche Details eingehen, die Ihnen dabei helfen werden, das meiste aus den Übungen herauszuholen.

Seien Sie achtsam

Der Stoizismus ist kein leichter Weg. Es gibt viele Prinzipien, die es zu beachten und nach denen es zu leben gilt.

Und die wichtigste Grundvoraussetzung ist, sich darüber bewusst zu sein, was vor sich geht. Weil es in der stoischen Philosophie zu einem großen Teil darum geht, wie wir auf das reagieren, was in der Welt um uns herum passiert. Was passiert, spielt keine Rolle, denn es liegt außerhalb unserer Kontrolle. Entscheidend ist, wie wir damit umgehen.

Um mit dem, was geschieht, effektiv umzugehen und damit unsere Reaktionen gut durchdacht sind, müssen wir uns darüber im Klaren sein, was vor sich geht. Wir müssen in der Lage sein, zwischen Reiz und Reaktion einzugreifen. Wir müssen in der Lage sein, unseren Impulsen *nicht* nachzugeben, sondern einen Schritt zurückzutreten und die Situation objektiv zu betrachten.

Der Stoizismus verlangt von uns die Fähigkeit, nicht impulsiv auf das zu reagieren, was mit uns passiert. Er verlangt, dass wir unsere ersten Eindrücke als solche erkennen, damit uns bewusst wird, dass wir uns für eine Reaktion entscheiden können. Sobald wir in der Lage sind, unsere automatischen Eindrücke zu erkennen, können wir sie überprüfen und uns aktiv für oder gegen sie entscheiden.

Die Achtsamkeit ist der erste Schritt zu jeder ernsthaften Veränderung. Wenn Sie nicht wissen, was in Ihrem Leben schiefläuft, wie wollen Sie es dann beheben? Wenn Ihnen nicht klar ist, in welchen Situationen Sie wütend werden, wie wollen Sie es dann in Zukunft verhindern? »Ein Bewusstsein für das eigene Fehlverhalten ist der erste Schritt zur Besserung«, sagte Seneca. »Zunächst musst du dich dabei ertappen, bevor du es korrigieren kannst.«

Der Stoizismus verlangt von uns, dass wir uns in jedem Moment darüber bewusst sind, was wir tun. Die ganze Idee der Tugend, jederzeit unser bestes Selbst zu präsentieren, basiert auf unserer Fähigkeit, im Moment präsent zu sein und zu wissen, was vor sich geht. Wie sonst wollen wir unsere beste Handlung auswählen?

Unser willentliches Denken und Handeln ist per Definition das Einzige, was in unserer Macht liegt. Und es existiert nur im Hier und Jetzt. Wir können uns nicht für eine Handlung entscheiden, wenn wir in Gedanken versunken sind, über die Vergangenheit nachdenken oder von der Zukunft träumen.

Deshalb sollten wir unsere Aufmerksamkeit auf den gegenwärtigen Moment richten, unbeeinflusst von der Vergangenheit oder der Zukunft. Dann können wir uns der Herausforderung, vor der wir gerade stehen, angemessen stellen, indem wir versuchen, sie so zu akzeptieren, wie sie ist, und eine Antwort zu wählen, die unseren Werten entspricht.

Grundsätzlich sollten wir uns jedes einzelnen Schrittes bewusst sein. Wie bereits erwähnt, sollten wir uns selbst mit Adleraugen beobachten und dem Augenblick die gleiche Aufmerksamkeit schenken, wie wenn wir barfuß über Glasscherben laufen. Diese konzentrierte und kontinuierliche Selbstbeobachtung ist notwendig, um den Stoizismus effektiv zu praktizieren.

Keine Sorge, wenn Sie glauben, keine sehr achtsame Person zu sein. Sie werden dennoch in der Lage sein, die meisten der folgenden Übungen zu praktizieren. Außerdem werden viele davon tatsächlich Ihre Achtsamkeit verbessern. Diese Kultivierung des Bewusstseins ist ein Teil des Stoizismus. Sie werden immer besser darin werden, von Ihren Impulsen Abstand zu nehmen, damit Sie sie analysieren und ihre Richtigkeit infrage stellen können. Anschließend können Sie sich für Ihre klügste Reaktion entscheiden.

Erhöhen Sie Ihre Selbstdisziplin

Stoizismus zu praktizieren, ist nicht wie fernsehen. Es kostet Mühe. Sie müssen wirklich etwas tun.

Die meisten Übungen erfordern Selbstdisziplin, wenn man sie durchführen will. Einige sind herausfordernd, machen nicht besonders viel Spaß und zehren an der Willenskraft. Aber das ist Teil des Spiels. Und es ist ähnlich wie bei anderen Dingen im Leben. Wenn Sie sich im Dartspiel verbessern möchten, müssen sie es üben. Wenn Sie besser im Heben von Gewichten werden wollen, müssen Sie hart trainieren.

So ist es auch mit dem Stoizismus. Es ist anstrengend und erfordert Disziplin, aber gleichzeitig werden Sie dadurch Ausdauer und Selbstdisziplin aufbauen. Es wird Sie stärker machen. So, wie das Heben von Gewichten Ihre Muskeln stärkt, so stärkt das Üben von stoischen Prinzipien Ihren Willen.

Ja, es ist anspruchsvoll. Aber wenn Sie sich verbessern möchten, werden Sie immer einen Preis dafür zu zahlen haben. Die Übungen werden dafür sorgen, dass Sie widerstandsfähiger, ruhiger, mutiger, disziplinierter und so weiter werden.

Zudem müssen Sie im Hinterkopf behalten, dass Sie auch einen Preis zahlen müssen, wenn Sie *keine* Lebensphilosophie haben und somit auch keine praktizieren. Der Autor William Irvine erklärt ganz unverblümt, worin dieser Preis besteht: »Die Gefahr, dass Sie Ihre Tage damit verbringen, wertlosen Dingen nachzugehen und damit Ihr Leben zu verschwenden.«

Es liegt an uns. Entweder sind wir bereit, zu investieren und den Lohn einzuheimsen, oder wir sind nicht dazu bereit und riskieren, unser Leben zu verschwenden.

Die möglichen Belohnungen sind viel größer als der Aufwand, den Sie dafür betreiben müssen. Diese Investition sollte sich von selbst verstehen, wenn Sie mich fragen. Es gibt viel zu gewinnen und nichts zu verlieren, außer dass wir ein wenig Mühe aufwenden müssen. Irvine beschreibt das, was Sie als Gegenleistung für diese Investition bekommen, so: »Stoiker können sich in Personen verwandeln, die sich durch ihre Tapferkeit und ihre Selbstbeherrschung auszeichnen. Sie werden in der Lage sein, Dinge zu tun, vor denen andere sich graulen, und sie werden in der Lage sein, Dinge zu unterlassen, denen andere nicht widerstehen können.«

Sie können eine solch bemerkenswerte Person werden, wenn Sie bereit sind, sich zu bemühen. Machen Sie diese Übungen, auch wenn Sie keine Lust dazu haben. Ohne geht es nicht. Es bringt nichts, sie nur zu lesen, mit dem Kopf zu nicken und weiterzumachen, ohne sie in die Praxis umzusetzen. Dadurch werden Sie nicht besser.

Denken Sie daran, dass Selbstdisziplin wie ein Muskel ist. Je mehr Sie sie anwenden, desto stärker wird sie. Jedes Mal, wenn Sie sich entscheiden, die erste Hürde zu nehmen und eine Übung zu machen, trainieren Sie sich also in Selbstdisziplin und Willenskraft.

Wenn Sie heute üben, ist die Wahrscheinlichkeit größer, dass Sie es auch morgen tun werden. Wenn Sie es heute nicht tun, sinkt die Wahrscheinlichkeit, dass Sie sich morgen dazu aufraffen werden.

Bezeichnen Sie sich nicht selbst als Philosophen

Laut Epiktet wird man Sie verspotten, wenn Sie Stoizismus praktizieren: »Wenn du mithilfe der Philosophie nach Weisheit strebst, so bereite dich von Anfang an darauf vor, verspottet zu werden, erwarte, dass viele sich über dich lustig machen werden.«

Ich weiß nicht, ob das auch heute noch gilt. Ich spreche nicht viel darüber, Stoizismus zu praktizieren, also habe ich noch nie erlebt, dass mich Leute deswegen verspotten. Wie auch immer, ich finde, wenn Freunde Sie verspotten, weil Sie versuchen, sich zu verbessern, sollten Sie vielleicht diese Freundschaften überdenken.

»Denk daran«, fuhr Epiktet fort, »dass dich dieselben Männer, die dich zuerst verspottet haben, schließlich bewundern werden, wenn du an deinen Prinzipien festhältst.«

Selbst wenn Sie verspottet werden und andere Ihnen Ihr Bemühen um Selbstverbesserung schwer machen, wissen Sie also, dass diese Menschen Sie letztlich bewundern werden, wenn Sie stark bleiben.

Der einfachste Trick, um sicherzustellen, dass niemand Sie verspottet, stammt ebenfalls von Epiktet: »Bezeichne dich keinesfalls als Philosophen und verzichte größtenteils darauf, mit Uneingeweihten über deine philosophischen Grundsätze zu sprechen, sondern handele einfach so, wie es deine Grundsätze vorgeben.«

Erwähnen Sie nicht, dass Sie auf Stoizismus stehen, leben Sie einfach danach. Denjenigen, die wissen wollen, was mit Ihnen los ist, wenn sie Ihre positiven Veränderungen erkannt haben, können Sie immer noch davon erzählen. Das ist der erste Tipp, den William Irvine in seinem Buch *A Guide to the Good Life* erteilt: »Der erste Tipp, den ich denjenigen geben würde, die es mit dem Stoizismus versuchen wollen, lautet, das zu praktizieren, was ich als *Stealth-Stoizismus* bezeichnet habe: Sie tun meiner Ansicht nach gut daran, geheim zu halten, dass Sie ein praktizierender Stoiker sind. Indem Sie den Stoizismus heimlich praktizieren, können Sie seine Vorteile nutzen und gleichzeitig einen erheblichen Preis dafür vermeiden: die neckende und unverblümte Verhöhnung seitens Ihrer Freunde, Verwandten, Nachbarn und Mitarbeiter.«

Demonstrieren Sie das Gelernte, anstatt andere darin zu belehren.

Und nun, tauchen Sie ein.

Kapitel 6

Vorbereitende Übungen

Stoizismus ist anspruchsvoll. Er möchte, dass Sie sich jederzeit Ihr ideales Selbst als Maßstab setzen. Er möchte, dass Sie sich auf das konzentrieren, was in Ihrer Macht liegt, und den Rest mit Gelassenheit hinnehmen. Er möchte, dass Sie Ihre Fähigkeit erkennen, die Ereignisse auf konstruktive Weise wahrzunehmen. Und er will, dass Sie die Verantwortung für Ihre eigene Weiterentwicklung übernehmen. Die folgenden 21 vorbereitenden Übungen und Strategien helfen Ihnen dabei, ein Mensch zu werden, der dazu bereit ist, sich den Herausforderungen des Lebens zu stellen. Keine dieser Übungen erfordert eine bestimmte Lebenssituation. Sie können sie jederzeit und fast überall durchführen – es gibt keine Ausreden, sie nicht zu machen. Alles, was Sie dazu benötigen, sind ein paar Minuten Ihrer Zeit und etwas Selbstdisziplin. Die folgenden, verschiedenen Arten von Übungen werden Sie vorfinden:

- Denkweisen, die Sie übernehmen können,
- Übungen zur Visualisierung,
- Schreibübungen,
- Aufzeichnungsübungen,
- Übungen für draußen,
- Änderungen der Lebensweise.

Auf die Plätze, fertig, los!

Übung 1

Die stoische Kunst des Duldens: Akzeptieren und lieben Sie alles, was passiert

»Oh Welt, ich bin im Einklang
mit jeder Note deiner großen Harmonie.
Es gibt kein zu früh für mich, kein zu spät,
solange es zeitgerecht für dich ist. Oh Natur, alles,
was deine Jahreszeiten bereithalten,
ist Frucht für mich.«
– MARK AUREL

Akzeptieren Sie all die kleinen Dinge, die geschehen, anstatt gegen sie anzukämpfen. Wir haben über die stoische Akzeptanz bereits in Kapitel 3 gelesen. Solange wir gegen die Realität aufbegehren, solange wir davon überzeugt sind, dass die Dinge gegen uns arbeiten, solange wir gegen das ankämpfen, was ist, solange werden wir leiden. Deshalb sollten wir uns nicht wünschen, die Realität sei anders, sondern sie so akzeptieren, wie sie ist.

»Wenn das der Wille der Natur ist, dann sei es so.« Das ist eine Maxime, nach der die Stoiker lebten. Heute haben wir die ähnliche Redensart: »Dein Wille geschehe.« Und dabei spielt es keine Rolle, ob wir damit Gott, Natur, Glück oder Schicksal meinen, aber wir müssen anerkennen, dass es etwas Größeres gibt als uns und dass wir nicht über alles die Kontrolle haben, was um uns herum passiert.

In der Kunst des Duldens geht es um die bewusste Akzeptanz äußerer Ereignisse. Akzeptieren Sie auch das, was die meisten Menschen als »schlecht« einschätzen würden. Epiktet sagte, dass wir uns als Philosophen an das Geschehen anpassen sollten, sodass nichts gegen unseren Willen geschieht und nichts, was wir uns wünschen, nicht geschieht. Bringen Sie Ihren Willen in Einklang mit dem, was passiert. »Das Schicksal führt die Bereitwilligen und schleift die Widerwilligen mit«, wie Seneca es ausdrückte.

Erinnern Sie sich an die Metapher des an den Karren angeleinten Hundes? Der Hund kann entweder die Reise genießen und entspannt neben dem Wagen herlaufen oder er kann sich hartnäckig der Richtung des Wagens widersetzen, während er trotzdem hinterhergeschleift wird. Wenn wir uns dem widersetzen, was passiert, dann werden wir wie dieser Hund mitgeschleift. Das nennt man Leiden.

Es ist viel klüger, die Realität zu akzeptieren und sich darauf zu konzentrieren, wo unsere Stärken liegen. Wie wir bereits gesehen haben, ist das Markenzeichen eines vortrefflichen Pokerspielers, dass er immer so gut wie möglich spielt, unabhängig davon, was für ein Blatt er auf der Hand hat. Am Ende gewinnt nicht derjenige mit den objektiv besten Karten, sondern derjenige, der seine Karten am besten spielt.

Sie können nicht wählen, welches Blatt Sie erhalten, sondern nur, wie Sie die Karten ausspielen wollen. Beim Pokern wie im Leben ist Ihr Blatt egal – lernen Sie, gute wie schlechte Blätter *gleichermaßen* zu akzeptieren, ohne über sie zu urteilen. Wenn Sie das können, wenn Sie akzeptieren können, was passiert, anstatt sich ihm zu widersetzen, dann werden Sie nicht mehr davon abhängig sein, ob die Dinge in einer bestimmten Weise ablaufen oder nicht.

Ein eindrucksvolles Beispiel dafür ist folgendes: Im Alter von 67 Jahren, nach einem seiner vielen Tage im Labor, kehrte Thomas Edison von der Arbeit nach Hause zurück. Nach dem Abendessen klingelte ein Mann an seiner Tür. Er hatte dringende Nachrichten: Ein Feuer war auf dem ein paar Kilometer entfernten Forschungscampus ausgebrochen.

Die Spritzenwagen konnten den Brand nicht aufhalten. Von Chemikalien angefacht, schossen grüne und gelbe Flammen in den Himmel hoch und drohten, das gesamte Imperium zu zerstören, auf dessen Aufbau Edison sein ganzes Leben verwendet hatte.

Als Edison am Ort des Geschehens ankam, wies er umgehend seinen Sohn an: »Hol deine Mutter und all ihre Freunde, sie werden ein solches Feuer nie wieder zu Gesicht bekommen.«

Was für eine Reaktion, oder? Er verlor einen Großteil dessen, woran er sein ganzes Leben lang gearbeitet hatte, und anstatt traurig oder wütend zu werden, akzeptierte er es und versuchte, das Beste daraus zu machen. Er begann gleich am nächsten Tag mit dem Wiederaufbau dessen, was das Feuer zerstört hatte. Das ist damit gemeint, die eigenen Karten gut auszuspielen. Das ist Anpassungsfähigkeit.

Darüber hinaus zeigt dieses Beispiel, dass die stoische Akzeptanz nichts mit passiver Resignation zu tun hat. Edison begann bereits am darauffolgenden Tag mit dem Wiederaufbau seines Werkes. Er nahm sein Schicksal würdevoll an und versuchte, das Beste daraus zu machen. Und das ist es, wozu uns die Stoiker raten: Kämpfen Sie nicht gegen die Realität an, sondern bringen Sie Ihren Willen in Einklang mit ihr und konzentrieren Sie sich auf Ihre Stärken.

Mark Aurel hatte einen Trick, um seinen Willen mit der Realität in Einklang zu bringen. Er verglich das, was mit uns passiert, damit, was ein Arzt uns verschreibt. So, wie Sie ein Medikament einnehmen, wenn ein Arzt es Ihnen sagt, so sollten Sie auch Einflüsse von außen so nehmen, wie sie sind, weil sie wie ein Medikament sind, das uns helfen soll.

Was uns geschieht, ist gewissermaßen ein Heilverfahren der Natur, das darauf abzielt, uns zu besseren Menschen zu machen. Diese Dinge geschehen *für* uns, nicht *gegen* uns, auch wenn es nicht so scheinen mag.

Mir persönlich hilft dabei dies: Die Natur ist ungemein komplex und von Ereignissen lässt sich unmöglich sagen, ob sie gut oder schlecht sind. Denn man weiß nie, welche Folgen aus einem Unglück resultieren. Und man kann nie sagen, was sich daraus entwickeln mag, wenn man einmal Glück hatte. Deshalb versuche ich, alles so hinzunehmen, als hätte ich mein Schicksal selbst gewählt. Auf diese Weise werde ich von einem weinerlichen Opfer zu einem verantwortungsbewussten Schöpfer.

(Ich empfehle Ihnen an dieser Stelle wärmstens, sich das zweiminütige YouTube-Video »Die Geschichte des chinesischen Bauern« anzusehen.)

Übung 2

Handeln Sie immer unter Vorbehalt

»Ich werde über den Ozean segeln,
sofern mich nichts daran hindert.«
– SENECA

Der Vorbehalt ist ein klassischer stoischer Trick, um Gelassenheit und Ruhe zu bewahren. Er wird Ihnen dabei helfen, die Resultate Ihrer Handlungen zu akzeptieren. Immer, wenn Sie vorhaben, etwas zu tun, so fügen Sie den Vorbehalt »wenn mich nichts daran hindert« hinzu.

Seneca definiert den Vorbehalt mit der Formel: »Ich werde dieses und jenes tun, solange nichts geschieht, was meine Entscheidung behindern könnte.« Ich werde es tun, sofern das Schicksal es will. Ich werde mein Bestes geben, aber das Ergebnis liegt letztlich nicht in meiner Hand. Ich kann nicht absolut sicher sein, ob das Ergebnis dem entspricht, was ich geplant habe, aber ich werde mein Bestes geben.

- Ich werde über den Ozean segeln, sofern mich nichts daran hindert.
- Ich werde diese Woche am Montag und am Donnerstag trainieren, wenn das Schicksal es zulässt.
- Ich werde das Ziel treffen, so Gott es will.

Sie haben sich etwas vorgenommen, mit der festen Überzeugung, dass das Ergebnis nicht Ihrer Kontrolle unterliegt, und Sie sind bereit, gelassen zu akzeptieren, dass die Dinge möglicherweise nicht wie geplant verlaufen. Andere Menschen gehen davon aus, dass die Dinge *natürlich* gut laufen werden. Und falls nicht, dann werden sie die Realität leugnen und auf unbestimmte Zeit leiden.

Als Stoiker backen wir den Vorbehalt in alles ein, was wir unternehmen, und rechnen damit, dass etwas in die Abläufe eingreifen und unser gewünschtes Ergebnis verhindern kann. Wir versprechen uns nicht schon im Voraus Erfolg. So ist es einfacher, ein Fehlschlagen zu akzeptieren, und wir werden anschließend schneller wieder aufstehen können. Außerdem werden wir Selbstvertrauen gewinnen, da wir nicht über die Maßen an das Ergebnis gebunden sind.

Mit dieser Loslösung vom Ergebnis sind wir in der Lage, Ruhe zu bewahren, anstatt uns entmutigen zu lassen – sogar dann, wenn wir nicht das erhoffte Ergebnis erzielen.

Der Vorbehalt beinhaltet zwei Punkte:

- Tun Sie Ihr Bestes, um erfolgreich zu sein …
- … und bedenken und akzeptieren Sie gleichzeitig, dass das Ergebnis außerhalb Ihrer direkten Kontrolle liegt.

Dies ist eine todsichere Methode, wie Sie Ihre Zuversicht aufrechterhalten: (1) Sie versuchen Ihr Bestes, um erfolgreich zu sein, (2) Sie wissen, dass die Ergebnisse außerhalb Ihrer Kontrolle liegen, (3) Sie sind bereit, Erfolg und Misserfolg gleichermaßen zu akzeptieren, und (4) Sie leben weiterhin mit Arete, von einem Moment zum nächsten.

Hier ist er wieder, der stoische Bogenschütze. Konzentrieren Sie sich auf das, was Sie kontrollieren, und nehmen Sie das Ergebnis hin, wenn es eintritt. Konzentrieren Sie sich auf den Prozess – den

Aufwand, das Training, die Vorbereitung – und seien Sie dazu bereit, das Ergebnis gelassen zu akzeptieren. Genau hierbei hilft Ihnen der Vorbehalt. Wenn wir diese Vorsichtsmaßnahme berücksichtigen, während wir unseren Pfeil aus dem Köcher verschießen, sind wir uns dessen bewusst, dass das Ergebnis nicht durch uns bestimmt wird, und wir sind bereit, Erfolg und Misserfolg gleichermaßen zu akzeptieren. Wir sind nur dafür verantwortlich, so gut wie möglich zu schießen, aber nicht dafür, das Ziel zu treffen, das ist dem Schicksal überlassen.

Letzten Endes geht es um Folgendes: Haben Sie immer im Hinterkopf, dass die Dinge manchmal nicht so laufen, wie Sie möchten, auch wenn Sie Ihr Bestes geben und unabhängig davon, ob Sie es verdient haben oder nicht. Verwechseln Sie Ihre Bestrebungen nicht damit, wie sich das Universum entwickeln soll.

Übung 3

Was im Weg steht, wird zum Weg

»Das Hindernis für das Handeln fördert das Handeln. Was im Weg steht, wird zum Weg.«
– Mark Aurel

»Zweifellos eines der effektivsten Rezepte der Geschichte, um jede negative Situation zu überwinden« – das sagt Ryan Holiday über die Formel von Mark Aurel, die Sie gerade oben gelesen haben. Er fährt fort: »Eine Formel, um nicht nur trotz allem, was passiert, sondern gerade *deswegen* erfolgreich zu sein.«

Ryan Holiday schrieb ein ganzes Buch auf Basis dieser Formel: *Dein Hindernis ist Dein Weg*. Die Grundidee lautet, dass Schwierigkeiten und Herausforderungen im Leben nur dann Hindernisse darstellen, wenn wir sie dazu machen. Alles hängt davon ab, wie wir diese Herausforderungen sehen – wir können sie entweder als Hindernisse sehen und uns durch sie blockieren lassen, oder wir können sie als Chancen sehen und so Fortschritte machen.

In jeder Herausforderung liegt eine Chance für unsere Weiterentwicklung. Wenn wir uns dessen bewusst sind, können wir sicherstellen, dass das, was uns im Fortkommen behindert – Rückschläge und große Anstrengungen –, uns tatsächlich *stärkt*. Wir rechnen schon im Vorfeld mit Problemen (erinnern Sie sich an den Vorbehalt aus Übung 2?) und wissen, dass sie einen unbehauenen Marmorblock darstellen, an dem wir unsere Fähigkeiten verfeinern können.

Im Stoizismus bietet dies immer eine Gelegenheit, sich in Tugend zu üben: Tapferkeit, Bescheidenheit, Vernunft, Gerechtigkeit, Geduld, Selbstdisziplin und Vergebung. Nichts kann uns davon abhalten. Tugend liegt immer in unserer Hand, auf jede erdenkliche Situation kann man tugendhaft reagieren. Was im Weg steht, wird zum Weg. Es ist nur eine weitere Gelegenheit, zu üben, die bestmögliche Version seiner selbst zu sein.

Egal, was das Leben uns an Hindernissen in den Weg stellt, wir haben eine Wahl: Lassen wir uns von Problemen blockieren oder werden wir uns hindurchkämpfen, bis wir sie gemeistert haben? Entweder lassen sie uns schrumpfen oder wir wachsen an ihnen. Solche Widrigkeiten stellen eine Treppe dar, mit deren Hilfe man ein höheres Niveau als Mensch erreichen kann. Ohne diese Möglichkeit können wir uns nicht weiterentwickeln und verbleiben dort, wo wir sind.

Stellen Sie sich ein Feuer vor. Jedes Hindernis wird aufgezehrt und als Brennstoff verwendet. Wenn nichts im Weg steht, erlischt das Feuer. Sie sind dieses Feuer. Nichts ist wirklich ein Hindernis, denn es nährt Sie nur und macht Sie stärker. Mark Aurel nennt diese Fähigkeit, Hindernisse als Brennstoff zu nutzen, »das Hindernis auf den Kopf stellen«.

Wann immer sich uns etwas in den Weg stellt, benutzen Sie dieses Hindernis, um Ihr wichtigstes Ziel zu verwirklichen – mit Arete zu leben, die bestmögliche Variante Ihres Selbst zu verwirklichen. Nichts kann Sie davon abhalten. Sie werden weiterhin Fortschritte erzielen, und es werden sich immer weitere, neue Hindernisse, *ähm*, Möglichkeiten ergeben. Es liegt in Ihrer Macht, sie als Brennstoff zu verwenden und Ihre Fähigkeiten zu verfeinern.

Dies alles hängt von Ihrer Wahrnehmung ab. Ein und dieselbe Situation kann entweder als eine an Ihren Fuß gekettete Bleikugel wahrgenommen werden oder als Flügel, die aus Ihren Schulterblättern herauswachsen. Wie Sie die Herausforderung interpretieren, ist entscheidend für den Erfolg ihrer Überwindung. Letztendlich sind es nie die Herausforderungen, die zählen, sondern allein, wie man sie wahrnimmt.

»Wenn ein äußerer Einfluss dich plagt, ist es nicht der Einfluss selbst, der dich stört, sondern wie du ihn beurteilst. Und es liegt in deiner Macht, dieses Urteil nun beiseite zu wischen.« Mark Aurel drückte damit aus, dass Ihr Urteil ein Ereignis entweder zu einem Hindernis oder zu einer Chance macht. Es liegt in Ihrer Hand.

Sie können in allem eine Möglichkeit finden, daran zu wachsen. Sie können jederzeit versuchen, die Hindernisse auf den Kopf zu stellen, und einen Weg finden, tugendhaft zu reagieren.

Und aufgepasst: Hier geht es nicht darum, eine rosa getönte Brille zu tragen. Schreckliche Dinge geschehen, so viel ist sicher. Dies zeigt nur, dass man immer eine Wahl hat. Entweder man steckt seinen Kopf in den Sand, sobald sich die Dinge gegen einen zu wenden scheinen, oder man behält den Kopf oben und sucht nach einer Möglichkeit, daran zu wachsen.

Sie werden mit der Zeit immer besser und wenn Sie einen Punkt immenser, innerer Ruhe erreichen, an dem Sie nichts mehr erschüttern kann, dann werden Sie dazu fähig sein, erfolgreich auf alles zu reagieren, was das Leben Ihnen auferlegt.

Übung 4

Seien Sie sich der Vergänglichkeit aller Dinge bewusst

»Wenn du deinem Kind oder deiner Frau einen Kuss gibst, erinnere dich daran: ›Ich küsse einen Sterblichen.‹«
– EPIKTET

Veränderung ist ein universelles Naturgesetz. Die Dinge ändern sich ständig. Das Leben ist vergänglich – Menschen, die uns wichtig sind, können uns im Handumdrehen und ohne Vorwarnung entrissen werden. Deshalb erinnert sich Mark Aurel oft an die Metapher, die die Zeit als einen Strom beschreibt, in dem alles vorbeifließt: „Denke oft über die Geschwindigkeit nach, mit der die Dinge, die existieren und die entstehen, an uns vorübersausen und außer Sichtweite geraten. Denn alle Substanz ist wie ein Strom in ununterbrochenem Fluss, dessen Aktivitäten sich ständig ändern und dessen Ursachen unzähligen Schwankungen unterliegen, und kaum etwas ist von Bestand.«

Die Dinge befinden sich in ständiger Veränderung, sie fließen vorbei – neue Dinge kommen und fließen vorbei. Deshalb sollten wir uns daran erinnern, wie wertvoll unsere Freunde und Angehörigen sind – denn auch sie könnten bald vergehen. Lassen Sie uns das wertschätzen, was wir jetzt haben, denn es könnte morgen vergangen sein. Das Leben ist vergänglich.

Denken Sie daran, dass Sie sich glücklich schätzen können, die Dinge, die Sie haben, genießen zu können, und dass Ihre Freude darüber abrupt enden könnte und Sie vielleicht nie wieder in der Lage sein werden, diese Dinge zu genießen. Lernen Sie, sich an Dingen und Menschen zu erfreuen, ohne zu meinen, einen Anspruch auf sie zu haben, ohne sich daran festzuklammern.

Mit der Flussmetapher im Hinterkopf reduziert man die Bindung an das, was man liebt, und verringert die Angst vor Dingen, denen man abgeneigt ist. Weil Sie sich bewusst sind, dass sich alles in ständigem Wandel befindet – selbst die Dinge, die Sie nicht mögen. Sie reduzieren so grundsätzlich die wahrgenommene Wichtigkeit äußerer Einflüsse.

Zu wissen, dass nichts von Dauer ist, macht Sie weniger abhängig und es wird einfacher, Veränderungen oder Verluste zu akzeptieren. Epiktet erinnert uns daran, dass wir, wenn wir an einem Gegenstand wie einer kostbaren Kristallvase hängen, im Hinterkopf behalten sollten, worum es sich tatsächlich handelt, damit wir nicht bestürzt sind, wenn sie zerbricht. Er fährt fort: »So sollte es auch mit

Menschen sein; wenn du dein Kind küsst, deinen Bruder oder deinen Freund … so erinnere dich immer daran, dass du einen Sterblichen liebst und dass nichts, was du liebst, dein Eigentum ist; es wird dir für den Moment gegeben und nicht für die Ewigkeit, es ist auch nicht untrennbar mit dir verbunden. Es ist wie eine Feige oder wie Trauben zur passenden Jahreszeit und wenn du dich im Winter danach sehnst, so bist du ein Narr. Und wenn du dich nach deinem Sohn oder deinem Freund sehnst, wenn es dir nicht gegeben ist, ihn bei dir zu haben, so wisse, dass du dich nach einer Feige im Winter sehnst.«

Wenn Sie sich das nächste Mal von einem geliebten Menschen verabschieden, so erinnern Sie sich im Stillen daran, dass dies Ihr letzter Abschied sein könnte. Sie werden weniger an ihn gebunden sein und wenn Sie ihn dann wiedersehen, werden Sie es umso mehr zu schätzen wissen.

Viele Dinge, die uns zustoßen, können wir nicht ändern. Aber wir können eine großmütige Geisteshaltung annehmen, um standhaft all die Veränderungen zu erdulden, die die Natur uns beschert, und wir können unseren Willen in Einklang mit der Realität bringen.

Wenn es keine Feigen gibt, gibt es nun einmal keine Feigen.

Die Dinge ändern sich ständig. Werden Sie sich der Geringfügigkeit dieses gegenwärtigen Moments bewusst, in dem Sie dies lesen. Hoppla, und weg ist er. Vergleichen Sie diesen Moment mit einem ganzen Tag, einer ganzen Woche, Ihrem ganzen Leben. Die Dinge ändern sich, *Sie* ändern sich. Stellen Sie sich all die Menschen vor, die vor Ihnen gelebt haben. Und all die Leute, die folgen werden, wenn Sie einmal nicht mehr sind. Erweitern Sie Ihre Perspektive um die gesamte Geschichte der Menschheit …

Sehen Sie? Dinge kommen und gehen. Nichts ist von Dauer.

Übung 5

Bedenken Sie, dass auch Sie sterben werden

»Ich bin nicht ewiglich, sondern ein menschliches Wesen; ein Teil des Ganzen, wie eine Stunde ein Teil des Tages ist. Wie eine Stunde muss ich kommen und, wie eine Stunde, vergehen.«
– EPIKTET

Dinge sind vergänglich. Genießen Sie, was Sie lieben, solange es andauert. Wenn sonst nichts, dann wird Ihr eigener Tod es beenden. Es gibt nichts, was wir mehr fürchten, als unseren eigenen Tod. Diese Angst ist irrational, sagen die Stoiker, nichts als Gerüchte von den Lebenden.

Aus dieser Angst heraus denken wir nicht über unseren eigenen Tod nach. Ja, andere mögen sterben, aber wir nicht – wir fühlen uns unsterblich. Aber wir sind es nicht. Nehmen Sie sich in Acht, denn was anderen passiert, kann auch Ihnen passieren.

Wir wissen nicht, wie lange unser Herz noch schlagen wird. Und es ist nicht an uns, dies zu entscheiden. Es ist lediglich an uns, darüber zu entscheiden, *wie* wir *jetzt* leben wollen. Um das Beste aus dem Leben herauszuholen, so raten uns die Stoiker, müssen wir so leben, als wäre der heutige Tag unser letzter.

»Betrachte dich selbst als tot«, sagte Mark Aurel, »du hast dein Leben gelebt. Jetzt nimm, was davon übrig ist, und lebe richtig.«

Leben, als ob es unser letzter Tag wäre, bedeutet *nicht*, einen frivolen Lebensstil mit Drogen, Blackjack und Prostituierten zu führen. Es geht vielmehr darum, regelmäßig über die Tatsache nachzudenken, dass Sie nicht ewig leben werden, dass Sie sterblich sind und dass Sie vielleicht am nächsten Morgen nicht aufwachen werden. Wie eine Stunde werden auch Sie vergehen.

Das Ziel hierbei ist nicht zwingend, Ihre Aktivitäten zu ändern, sondern Ihren Gemütszustand, während Sie diese Aktivitäten ausüben. Ihren eigenen Tod in Betracht zu ziehen, wird Sie nicht deprimieren, nein, es wird Ihre Lebensfreude erhöhen. Es wird sich zu Ihrem Vorteil auswirken. Sie werden die Dinge nicht mehr als selbstverständlich betrachten und jede auch noch so winzige Kleinigkeit viel mehr schätzen. Sie werden jeden einzelnen Moment genießen. Weil Ihnen sehr wohl bewusst ist, dass Ihnen all diese Dinge nicht auf unbestimmte Zeit gewährt werden.

Das Nachdenken über Ihren eigenen Tod hilft Ihnen, keine ziellosen Entscheidungen mehr zu treffen und keine Zeit mehr mit Kleinigkeiten zu verschwenden. Sie sind sich darüber bewusst, womit Sie Ihre Zeit verbringen wollen. Es fokussiert Ihren Geist auf das wirklich Wichtige – was für ein Mensch Sie in dieser Welt sein wollen. Es hilft Ihnen, mit Arete zu leben, egal, was Sie bis heute verpasst haben. Das Leben findet jetzt statt und Sie wollen das Beste daraus machen, indem Sie jederzeit Ihr bestes Selbst präsentieren.

Die alten Römer hatten dafür einen Namen: *Memento mori* (sei dir der Sterblichkeit bewusst). Halten Sie sich dies stets vor Augen, dann werden Sie nicht nur Ihr Leben und Ihre Lieben mehr schätzen, sondern auch viel mehr aus Ihren Tagen herausholen. Mark Aurel rät uns, uns jeden Morgen daran zu erinnern: »Wenn du morgens aufstehst, so denke daran, welch kostbares Privileg es ist, zu leben – zu atmen, zu denken, zu genießen, zu lieben.«

Übung 6

Betrachten Sie alles als von der Natur geliehen

»Wir haben keinen Grund zur Selbstbewunderung, als wären wir von eigenen Besitztümern umringt; sie wurden uns nur geliehen. Wir können sie benutzen und genießen, aber derjenige, der uns sein Geschenk hat zuteilwerden lassen, entscheidet, wie lange wir darüber verfügen dürfen; unsere Pflicht ist es, die Geschenke, die uns auf unbestimmte Zeit gegeben wurden, bereitzuhalten und sie auf Anforderung zurückzugeben, ohne uns zu beschweren: Nur ein schäbiger Schuldner treibt Schindluder mit seinem Gläubiger.«

– SENECA

Besitzen Sie wirklich etwas? Ihr Auto, Ihren Laptop, Ihre Katze? Ihren Körper, Ihren Status, Ihre Beziehungen? Nein, denn all diese Dinge können Ihnen innerhalb einer Sekunde genommen werden. Sie können Überstunden machen und den Preis dafür bezahlen, diese Dinge zu besitzen, und doch können sie jederzeit wieder weg sein. Schicksal, Unglück oder Tod können sie Ihnen ohne Vorankündigung entreißen.

Auto? Gestohlen! – Geld? Verloren! – Katze? Weggelaufen! – Frau? Gestorben! – Hoher Status? Weg!

Wir sind nicht darauf vorbereitet, mit solchen Verlusten umzugehen. Wir glauben, all diese Dinge zu besitzen, und erkennen erst, dass wir *das nicht tun*, wenn sie weg sind. Und dann ist es unglaublich schwer, damit umzugehen. Wir sind am Boden zerstört, fühlen uns verloren und schwimmen in Tränen.

Seneca sagt, dass wir mit solchen Verlusten nicht umgehen können, weil wir uns gar nicht der Möglichkeit bewusst sind, diese Dinge verlieren zu können. Wir denken nie im Voraus an schlechte Ereignisse und werden überrascht. Aber wie können wir uns dessen so wenig bewusst sein?

Durch Ignoranz.

In seinem Trostbrief an seine Bekannte Marcia fragt Seneca, wie es sein kann, dass wir so viele Trauerumzüge an unseren Häusern vorbeiziehen sehen, ohne an den Tod zu denken. Viele Beerdigungen sind traurig, dennoch sind wir noch immer überzeugt davon, dass unsere Kinder uns überleben werden. Viele reiche Menschen verlieren ihren ganzen Besitz, aber wir glauben nicht, dass es uns passieren könnte.

So viele Flyer mit den Bildern vermisster Katzen hängen in den Straßen, aber wir glauben nicht, dass auch unsere Katze verlorengehen könnte. Wie können wir so viel Unglück um uns herum sehen und nicht daran denken, dass es in unserem eigenen Leben geschehen könnte?

Wir verschließen die Augen. Wir ignorieren es. Wir glauben, wir seien unbesiegbar. Wir nehmen die Dinge als selbstverständlich hin. Diese Ignoranz wird uns teuer zu stehen kommen. Trifft uns ein Unglück, dann werden wir am Boden zerstört sein und nicht damit zurechtkommen.

Deshalb rät Seneca, alles als von der Natur geliehen zu betrachten. Sie besitzen gar nichts. Alles, von dem Sie annehmen, es zu besitzen, wurde Ihnen vorübergehend geliehen. Nicht als Geschenk, sondern als etwas, das Sie zurückgeben müssen, wann immer der Verleiher es zurückhaben möchte. Und wie Seneca sagt: »Nur ein schäbiger Schuldner treibt Schindluder mit seinem Gläubiger.«

Sehen Sie alles, was Sie haben, als geborgt an: den besten Freund, Ehepartner, Kinder, Katze, Gesundheit, Status, Auto und Laptop. All das wurde Ihnen geliehen. Seien Sie sich dessen bewusst und erwarten Sie, dass der Verleiher es zu einem unbekannten Zeitpunkt zurückhaben will.

Dann wird das Unglück Sie mit weniger Kraft treffen und Sie werden besser damit umgehen können.

Letztendlich ist es so: Wir kommen mit nichts, und wir gehen mit nichts.

Übung 7

Negative Visualisierung: Das Vorhersehen schlechter Ereignisse

»Gerade in sorgenfreien Zeiten sollte sich die Seele im Voraus für Zeiten mit größerer Belastung stählen, und während das Schicksal freundlich gesonnen ist, sollte sie sich gegen dessen Grausamkeiten wappnen. Ein Soldat führt in Friedenszeiten Manöver durch, hebt Gräben aus, ohne dass ein Feind in Sichtweite wäre, und quält sich bis zur Erschöpfung durch unnötige Anstrengungen, damit er seinem Gegner gewachsen ist, wenn es darauf ankommt. Wenn du nicht willst, dass ein Mann im Angesicht der Gefahr zurückschrickt, trainiere ihn, bevor sie da ist.«

– SENECA

Treffen Sie Vorkehrungen, um zu verhindern, dass etwas Schlechtes passiert? Ganz sicher tun Sie das. Ich auch. Aber egal, wie sehr wir uns auch bemühen, es werden trotzdem einige schlimme Dinge passieren. Und genau dafür ist diese machtvolle stoische Methode bestens geeignet. *Negative Visualisierung* ist eine Imaginationsübung, in der Sie schlechte Ereignisse voraussehen. Sie bereitet Sie darauf vor, ruhig zu bleiben und effektiv mit allem klarzukommen, was das Leben Ihnen aufbürdet.

Ein wichtiges Ziel der Stoiker ist es, auch bei Widrigkeiten ruhig und reflektiert bleiben zu können, damit Sie gemäß Ihren Werten leben und die beste Version Ihrer selbst präsentieren können – statt in Panik und Wahnsinn zu verfallen.

Dies erfordert Übung. Die Stoiker nutzten die negative Visualisierung, um sich darauf zu trainieren, auch in schwierigen Situationen Gelassenheit zu bewahren und gut zurechtzukommen. Sie bereiteten sich darauf vor, den Schock der Realität abzuschwächen und mehr Ruhe zu erlangen, aber auch die Grundprinzipien der Philosophie einzustudieren, um ihre Werte zu festigen.

Betrachten Sie diese Gedankenübung als *Weitblick* oder *Vorausschau.* Bevor Sie etwas tun, fragen Sie sich selbst:

- Was könnte schief gehen?
- Welches Hindernis könnte auftauchen?
- Wo könnte ich auf Schwierigkeiten stoßen?

Dieses Training stärkt Ihre emotionale Belastbarkeit. Schon während alles in Ihrem Leben gut läuft, bereiten Sie sich darauf vor, schwierigen Situationen ausgesetzt zu sein, sodass Sie bereit sind, wenn diese eintreten sollten. Dadurch vermeiden Sie, von ihnen aus der Bahn geworfen zu werden. Ryan Holiday drückte es so aus: »Am Boden zerstört zu sein – das Gefühl, wenn wir von einem Ereignis völlig niedergeschmettert und schockiert sind –, ist eine Messgröße dafür, für wie unwahrscheinlich wir dieses Ereignis im Vorfeld gehalten haben.«

Indem Sie schwierige Situationen in Erwägung ziehen, bereiten Sie sich so vor, dass Sie nicht von ihnen niedergeschmettert und schockiert werden, *falls* sie eintreten. Und Sie werden in der Lage sein, Ihr Bestes zu geben.

Im Grunde genommen malen Sie sich mögliche schlechte Zukunftsszenarien im Kopf aus. Fragen Sie sich im Voraus, was schiefgehen könnte, bevor Sie eine Reise antreten, ein Produkt auf den Markt bringen oder zu einem Date gehen. Sie stellen sich diese negativen Dinge so vor, als würden sie *gerade jetzt* passieren. Währenddessen versuchen Sie, angesichts dieser (hypothetischen) schlimmen Dinge ruhig zu bleiben und auf die bestmögliche Weise zu reagieren.

Achtung: Der Begriff »negative Visualisierung« kann irreführend sein. Wie wir bei der zweiten Ecke des stoischen Glücksdreiecks gelernt haben, sind äußere Dinge weder gut noch schlecht, sondern gleichgültig. Dieses Prinzip bildet tatsächlich auch die Grundlage für diese stoische Übung – kein äußeres Unglück kann wirklich schlimm sein, weil es außerhalb unserer Kontrolle liegt. Nur unsere Reaktion darauf kann gut oder schlecht sein, und wir trainieren dafür, gut und der Tugend gemäß reagieren zu können.

Eins noch: Sie fragen sich vielleicht, ob die negative Visualisierung den vorherigen Übungen ähnelt. Und damit haben Sie völlig Recht. Sich der Vergänglichkeit der Dinge bewusst zu sein, die eigene Sterblichkeit in Betracht zu ziehen und sich in Erinnerung zu rufen, dass alles, was man hat, nur geliehen ist, sind allesamt Formen der negativen Visualisierung.

Lassen Sie sich von Seneca daran erinnern, dass »das Schicksal schwer auf denen lastet, die es nicht erwarten. Wer jedoch immer auf der Hut ist, erträgt es mit Leichtigkeit.«

Übung 8

Freiwilliges Unbehagen

»Aber weder ein Stier noch ein edelmütiger Mensch wird plötzlich zu dem, was er ist; er muss ein hartes Wintertraining absolvieren, er muss sich vorbereiten und sich nicht vorschnell in etwas hineinstürzen, das ihm nicht angemessen ist.«
– EPIKTET

Lassen Sie uns ein hartes Wintertraining absolvieren. Die Stoiker gingen bei der negativen Visualisierung noch einen Schritt weiter: Anstatt schlechte Ereignisse nur zu visualisieren, übten sie sie tatsächlich im wahren Leben!

Sie rieten dazu, gelegentlich zu üben, sich unwohl zu fühlen, um in Zukunft besser gewappnet zu sein. Das Ziel besteht nicht darin, sich selbst mit einer Peitsche oder Ähnlichem zu bestrafen, stattdessen ist das Ziel, Ausdauer und Selbstbeherrschung zu trainieren. Dieses Training wird Ihren Appetit auf materiellen Besitz zügeln, die Wertschätzung für das, was Sie haben, erhöhen und Sie darauf vorbereiten, effektiv zu handeln, wenn tatsächlich unangenehme Situationen auftreten sollten.

Im Grunde genommen üben Sie, sich in einer Situation wohl zu fühlen, die Sie jetzt als unangenehm bezeichnen würden.

Betrachten wir drei Formen von freiwilligem Unbehagen:

1. Vorübergehende Armut: Seneca empfiehlt, einige Tage im Monat so zu leben, als wäre man verarmt: »Sei zufrieden mit dem spärlichsten und billigsten Essen, mit grober und rauer Kleidung und sage dir derweil selbst: Ist das der Zustand, vor dem ich mich gefürchtet habe?«

Lassen Sie Ihrer Kreativität bei dieser Idee freien Lauf: Nehmen Sie einen Tag lang nichts als Wasser zu sich. Essen Sie eine Woche lang für weniger als 3 Euro pro Tag. Versuchen Sie, ein oder zwei Tage lang zu fasten. Tragen Sie alte und schmutzige Kleidung. Versuchen Sie, einen Monat lang mit wenig Geld auszukommen. Wenn Sie ganz hart drauf sind, verbringen Sie eine Nacht unter einer Brücke.

2. Begeben Sie sich in unangenehme Situationen: Nehmen Sie sich Cato den Jüngeren als Beispiel. Er war Senator in der späten Römischen Republik und ein begeisterter Student der stoischen Philosophie. Er trainierte freiwilliges Unbehagen wie kein anderer. Er schlenderte in einer Kleidung durch Rom, die seinem Rang unangemessen war, sodass die Leute über ihn lachten. Bei Hitze und bei Regen lief er barfuß und baren Hauptes durch die Straßen. Und er setzte sich selbst auf Diät, indem er seine Nahrung rationierte.

Auch Sie können so etwas tun. Ziehen Sie sich zum Beispiel bei Kälte zu dünn an, obwohl Sie wissen, dass Ihnen unangenehm kalt werden wird. Tun Sie so, als wäre Ihr Bett voller Spinnen und schlafen Sie eine Nacht auf dem Fußboden. Stellen Sie sich vor, es gäbe kein heißes Wasser und duschen Sie kalt. Tun Sie so, als würde Ihr Auto nicht laufen und benutzen Sie öffentliche Verkehrsmittel.

In der Armee kennt man diese Art des Trainings und sagt: »Wenn es nicht regnet, ist es kein Training.« Gehen Sie joggen, gerade *weil* es regnet, und trainieren Sie so Ihre Zähigkeit.

3. Absichtlich auf Vergnügen verzichten: Verzichten Sie einfach auf Vergnügen, anstatt sich in unangenehme Situationen zu bringen. Dort liegt ein Keks, den Sie essen könnten? Lassen Sie es. Nicht, weil er ungesund ist, sondern weil Sie Ihre Selbstkontrolle verbessern und Unbehagen erleben wollen. Entscheiden Sie sich dazu, sich nicht das Spiel Ihrer Lieblingssportmannschaft anzusehen. Oder beschließen Sie, nicht mit Ihren Freunden zu feiern.

Das mag vergnügungsfeindlich klingen, aber tatsächlich können Sie durch dieses Training zu einer Person werden, die tun kann, wovor andere sich graulen, und die Dingen entsagen kann, denen andere nicht widerstehen können.

Denken Sie daran, was Epiktet sagte, nämlich dass Sie ein hartes Wintertraining absolvieren müssen, um zu der Person zu werden, die Sie sein möchten. Trainieren Sie jetzt, wenn es noch einfach ist, und Sie werden vorbereitet sein, wenn es schwierig wird.

Ich möchte noch einmal wiederholen, dass es hierbei nicht darum geht, sich selbst zu bestrafen, sondern darum, seine Komfortzone zu erweitern, sich in unangenehmen Situationen wohler zu fühlen und seine Selbstdisziplin, Belastbarkeit und sein Selbstvertrauen zu verbessern. Sie trainieren sich an, Dinge zu tun, die schwierig sind. Und Sie trainieren sich an, Nein zu Dingen zu sagen, zu denen man nur schwer Nein sagen kann.

Und zu guter Letzt geht es auch nicht darum, jeglichen Komfort aus Ihrem Leben zu verbannen. Behalten Sie allen Komfort, den Sie sich wünschen – ein gemütliches Bett, leckeres Essen, heiße Duschen, warme Kleidung – verzichten Sie nur hin und wieder auf diese Dinge.

Übung 9

Bereiten Sie sich auf den Tag vor: Die stoische Morgenroutine

»Wenn du morgens aufstehst, sage zu dir: Ich werde auf Wichtigtuer, Undankbare, Egomanen, Lügner, Eifersüchtige und Sonderlinge treffen. Sie alle sind von diesen Leiden betroffen, weil sie den Unterschied zwischen Gut und Böse nicht kennen.«

– Mark Aurel

Eine der am meisten verfochtenen Routinen der Stoiker besteht darin, sich Zeit zu nehmen, in sein Inneres zu schauen und zu reflektieren. Die besten Zeiten dafür? Am Morgen nach dem Aufstehen und am Abend vor dem Schlafengehen.

Epiktet rät, morgens den Tag zu proben und dann am Abend die Fortschritte zu überprüfen. Bei Tagesanbruch sollten wir uns ein paar Fragen stellen:

- Was fehlt mir noch, um von negativen Emotionen frei zu sein?
- Was brauche ich, um Ruhe zu erlangen?
- Was bin ich? Ein rationales Wesen.

Die Idee hinter dieser Routine ist, jeden Tag besser zu werden. Dass wir unseren Zielen einen Schritt näherkommen. Außerdem sollen wir uns an unsere *rationale* Natur erinnern, damit wir uns nicht mit unserem Körper, Eigentum oder Ruf (über-)identifizieren. Besser ist es, nach mehr Vernunft und Tugend zu streben und unser Handeln zu überdenken.

Mark Aurel schlägt vor, sich morgens daran zu erinnern, »welch kostbares Privileg es ist, zu leben – zu atmen, zu denken, zu genießen, zu lieben«. Und wie im Eröffnungszitat zu lesen ist, möchte er, dass wir uns darauf vorbereiten, im Laufe des Tages auf schwierige Menschen zu treffen. (Siehe auch negative Visualisierung, Übung 7).

Sie können sich fast sicher sein, an diesem wie an allen anderen Tagen jemanden zu treffen, der ein Idiot zu sein scheint. Die Frage ist: Werden Sie darauf vorbereitet sein? Wenn Sie sich morgens darauf vorbereiten, verbessern sich die Chancen, dass Sie sich herausfordernden Begegnungen mit Geduld, Vergebung, Verständnis und Freundlichkeit stellen können.

Damit hier keine Missverständnisse aufkommen: Sie bereiten sich nicht darauf vor, gegen die ganze Welt zu sein, Sie bereiten sich darauf vor, in einer chaotischen Welt, in der nicht jeder so gut vorbereitet ist wie Sie, vernünftig zu handeln. Des Weiteren erinnert Mark Aurel sich daran, dass auch die Menschen, die sich gegen ihn stellen, seinesgleichen sind, »nicht vom gleichen Blut oder der gleichen Herkunft wie ich, aber vom gleichen Geist«. Und weder können diese Verwandten ihm schaden noch kann er wütend auf sie sein, weil wir Menschen fürs Miteinander geschaffen sind.

Seneca erinnert sich jeden Morgen an die Vergänglichkeit der Dinge: »Der Weise wird jeden Tag mit dem Gedanken beginnen: ›Das Schicksal überlässt uns nichts als wahres Eigentum.‹ Nichts, ob öffentlich oder privat, ist von Dauer.«

Was über Jahre hinweg errichtet wurde, kann innerhalb weniger Sekunden zerstört werden. Wie viele Städte in Syrien und Mazedonien wurden von einem einzigen Erdstoß verschlungen? Wie oft hat diese Art von Verwüstung Zypern in Trümmer gelegt?

»Wir leben inmitten von Dingen, die allesamt zum Sterben bestimmt sind. Sterblich wurdest du geboren, Sterbliche hast du geboren. Rechne mit allem, erwarte alles.« *Memento mori* (sei dir der Sterblichkeit bewusst). Diese mentale Vorbereitung am Morgen wird Ihnen helfen, sich auf die wichtigen Dinge zu konzentrieren, und Sie sind bereit, Schwierigkeiten mit Ruhe, Widerstandskraft und Geduld zu begegnen.

Erwarten Sie alles, und seien Sie auf alles vorbereitet – nur so können Sie jederzeit Ihr Bestes geben.

Die morgendliche Vorbereitung ist entscheidend, wenn Sie auch inmitten eines Sturms Ruhe bewahren und Ihr bestes Selbst präsentieren wollen.

Passen Sie die Morgenroutinen der Stoiker nach Ihren Wünschen an; vielleicht möchten Sie einen Plan für den Tag erstellen oder sich selbst ein paar aufmunternde Worte für den Tag mitgeben, vielleicht möchten Sie Sport treiben, meditieren oder Tagebuch führen und vielleicht möchten Sie unter der Dusche singen. Alles ist möglich, achten Sie nur darauf, eine regelmäßige Morgenroutine einzuhalten.

Denken Sie immer daran: »Sterblich wurdest du geboren, Sterbliche hast du geboren. Rechne mit allem, erwarte alles.«

Übung 10

Überdenken Sie Ihren Tag: Die stoische Abendroutine

»Ich nutze täglich die Gelegenheit, meinen Fall vor meinem eigenen Gericht darzulegen. Wenn das Licht fort ist und meine Gattin schweigt, da sie meine Gewohnheit kennt, überprüfe ich meinen gesamten Tag und gehe meine Taten und Worte erneut durch. Ich verberge nichts vor mir, ich lasse nichts aus. Ich habe von meinen Fehlern nichts zu befürchten, wenn ich sagen kann: ›Sieh zu, dass du das künftig unterlässt. Für den Moment entschuldige ich dich.‹«

– SENECA

Gehen Sie Ihren Tag morgens durch und überprüfen Sie abends Ihren Fortschritt. Am Ende eines jeden Tages setzen Sie sich mit Ihrem Tagebuch hin und halten Folgendes fest: Was haben Sie getan? Was haben Sie gut gemacht? Was nicht so gut? Wie können Sie sich verbessern?

Behalten Sie sich selbst ständig im Auge, und stellen Sie sich täglich einer persönlichen Überprüfung. Genau wie Mark Aurel mit seinen *Selbstbetrachtungen*. Er reflektierte über den Tag, um persönliche Klarheit zu gewinnen, und er schrieb nur für sich selbst, nicht an die Öffentlichkeit. Und doch lesen wir es zweitausend Jahre später …

Wenn wir wollen, dass unser Geist gedeiht, so Seneca, dann müssen wir uns verbessern, indem wir uns Fragen wie diese stellen:

- Welche schlechte Angewohnheit haben Sie heute wiedergutgemacht?
- Welchem Fehler haben Sie die Stirn geboten?
- In welcher Hinsicht haben Sie sich verbessert?

Seneca vergleicht diese Selbstprüfung damit, dass er jeden Abend vor seinem eigenen Gericht seinen Fall verhandelt. Er beurteilt seine Handlungen und versucht, sicherzustellen, dass er nicht noch einmal die gleichen Fehler macht. Ein guter Mann, so sagte er, sei froh, Ratschläge zu erhalten, während ein schlechter Mann jegliche Empfehlungen ablehnt.

Epiktet rät, sich ähnliche Fragen zu stellen, bevor Sie zu Bett gehen, um Ihre Handlungen kritisch zu hinterfragen. Er fügt noch eine Frage hinzu, nämlich die, welche Aufgaben noch nicht erledigt wurden, um sicherzustellen, dass man sich ihnen am nächsten Tag widmet.

Die nächtliche Selbstanalyse wird Ihnen helfen, die Kontrolle über Ihre negativen Emotionen zu erlangen, weil Sie unterbewusst wissen, dass Sie am Abend beurteilt werden. So können Sie Ihre Wut und andere emotionale Reaktionen eindämmen. Seneca sagte, dass Sie außerdem besser schlafen werden.

Am wichtigsten ist, dass die Reflexionsroutine den ganzen Tag über zu Ihrer Achtsamkeit beiträgt. *Aufmerksamkeit*, wie die Stoiker es nennen, ist eine Voraussetzung für das Praktizieren des Stoizismus. Wenn Sie jederzeit Ihr bestes Selbst präsentieren möchten, müssen Sie sich Ihrer Handlungen bewusst sein. Andernfalls könnten Sie ins Straucheln geraten und in reine Reaktivität verfallen. Damit würden Sie im Wesentlichen aufgeben, ein Philosoph zu sein, weil Sie nicht wissen, was Sie tun. Sie würden ohne Verstand handeln.

Deshalb sind tägliche Reflexionsroutinen in der stoischen Philosophie entscheidend – wenn man nicht weiß, was man falsch gemacht hat, wie soll man dann zu einem besseren Menschen werden? Wenn man nicht weiß, wie man sich in der Welt verhalten möchte, wie kann man dann sein bestes Selbst hervorbringen?

Nehmen wir ein Beispiel. Eines Abends denken Sie darüber nach, dass Sie sich beim Autofahren wie ein Idiot verhalten haben, weil Sie sich geärgert und vor Wut getobt haben, nachdem dieser andere Fahrer Sie geschnitten hat. Sie beschließen, es beim nächsten Mal in einer solchen Situation besser zu machen und ruhig, geduldig und versöhnlich zu bleiben. Wenn Sie achtsam genug sind, wird es Ihnen gelingen.

Das sollte eine Selbstverständlichkeit sein. Nehmen Sie sich jeden Abend fünf Minuten Zeit, um sich bewusst an die Ereignisse des Tages zu erinnern und Ihre Handlungen kritisch zu beurteilen. Was haben Sie gut gemacht? Was nicht? Hat Sie etwas verärgert? Waren Sie wütend, neidisch, ängstlich? Wie könnten Sie es beim nächsten Mal besser machen?

In Kombination mit einer Morgenroutine ist dies das perfekte Hilfsmittel zur Selbstverbesserung: Ihre mentale Vorbereitung in Kombination mit einer Selbstanalyse führt zu kontinuierlichem Lernen und dazu, dass Sie als Mensch wachsen. Außerdem werden Sie sich dadurch Ihrer Handlungen bewusster.

Ich persönlich mache die *Gut-besser-am-besten*-Übung. Ich stelle mir drei einfache Fragen:

- **Gut:** Was habe ich heute gut gemacht?
- **Besser:** Wie kann ich mich verbessern? Was könnte ich besser machen?
- **Am besten:** Was muss ich tun, wenn ich die beste Version meiner selbst sein will?

Achtung: Bleiben Sie immer nett und nachsichtig zu sich selbst. Zeigen Sie etwas Mitgefühl für sich selbst. Sie geben Ihr Bestes, mehr können Sie nicht tun. Und selbst wenn es Ihnen nicht gut geht, ist das normal, jeder Mensch hat hier und da zu kämpfen und erlebt Rückschläge. Nehmen Sie sich das zu Herzen: Seien Sie immer nett zu sich selbst.

Übung 11

Suchen Sie sich ein Vorbild: Handeln mit dem stoischen Weisen im Hinterkopf

»›Wir müssen unsere geneigte Aufmerksamkeit einem guten Mann schenken und ihn uns ständig vor Augen halten, damit wir so leben, als beobachte er uns, und damit wir immer so handeln, als ob er sehe, was wir tun.‹ Das … ist Epikurs Ratschlag, mit dem er uns einen Lebensberater und einen moralischen Lehrer an die Seite gestellt hat – und das nicht ohne Grund: Missetaten lassen stark nach, wenn jederzeit ein Zeuge in der Nähe von potenziellen Tätern steht.«

– SENECA

Aufstrebende Stoiker sind ehrgeizig und wollen zu jeder Zeit ihr bestes Selbst zum Ausdruck bringen. Eine Strategie, die wir dazu nutzen können, besteht darin, uns ein Vorbild vorzustellen und uns daran zu messen. Die Stoiker der Antike nutzten entweder Zeus, Sokrates oder den idealen Weisen als Vorbild. Sie fragten sich: »Was würde der Weise tun?«

Der stoische Weise ist das ideale, aber hypothetische Vorbild in der stoischen Philosophie. Er ist absolut tugendhaft, weise und gut –

ein perfekter Mensch. Sein Charakter ist ehrenhaft und lobenswert, und er lebt ein glatt und heiter verlaufendes Leben in perfekter Harmonie mit sich selbst und der ganzen Natur.

Dieses fiktive Ideal verleiht unserem Handeln Orientierung, Struktur und Konsistenz. Da wir Fortschritte als gute Menschen machen wollen, können wir uns mit diesem Ideal vergleichen, indem wir fragen: »Was würde der Weise tun?« Dies kann uns dabei helfen, in schwierigen Situationen die besten Entscheidungen zu treffen.

Diese einfache Frage ist hilfreich, weil sie eine zeitliche Verzögerung zwischen Reiz und Reaktion bringt. Sie bringt Achtsamkeit in die Situation, was der erste Schritt zu einer positiven Veränderung ist. Mit der Frage, was der Weise tun würde, gewinnen wir Zeit. Diese Frage verhindert, dass wir gedankenlos reagieren. Sie ermöglicht, dass wir unser Handeln bewusst steuern und unsere bestmögliche Reaktion wählen können.

In den Worten von Seneca: »Wähle jemanden, dessen Lebensweise und Worte … deine Anerkennung gewonnen haben. Rufe ihn dir immer wieder ins Gedächtnis, entweder als deinen Berater oder als dein Vorbild. Meiner Meinung nach braucht es jemanden als Maßstab, an dem wir unseren Charakter messen können. Ohne Lineal können wir aus einer krummen Linie keine Gerade machen.«

Hören Sie auf Seneca und behalten Sie immer ein Vorbild im Hinterkopf – es muss nicht der Weise sein. Sie können jemanden *wählen*, von dem Sie lernen möchten. Es kann ein Idol wie Roger Federer, ein Superheld wie Batman oder einfach nur eine Person sein, die Sie bewundern, zum Beispiel Ihre Mutter oder Ihr Vater. Stellen Sie sich vor, diese Person beobachtet Sie und Ihre Handlungen ständig. Dies wird mehr Achtsamkeit in Ihren Alltag bringen und es Ihnen ermöglichen, Ihre Handlungen bewusster zu wählen.

Erfahren Sie mehr über Ihr Vorbild, entweder durch persönlichen Kontakt oder durch das Lesen von Büchern, das Hören von Podcasts oder das Ansehen von Filmen. Halten Sie es einfach immer griffbereit, um Ihr Bestes zu geben. Sie können Schmuck tragen, der Sie an Ihr Vorbild erinnert, ein Foto von ihm auf Ihrem Nachttisch aufstellen oder ein Zitat dieses Menschen in Ihrer Brieftasche aufbewahren.

Von Vorbildern zu lernen, ist eine wirkungsvolle Methode, an der eigenen Tugend zu arbeiten. Sie können diese Übung auch abändern, indem Sie sich allgemeiner fragen, was die perfekte Mutter/der perfekte Vater/der perfekte Mitarbeiter tun würde. Was würde Jesus tun? Was würde Buddha tun?

Zudem sagte Mark Aurel: »Sieh dir das beherrschende Prinzip der Menschen genau an, besonders das der Weisen, wovor sie weglaufen und wonach sie streben.«

Achten Sie auf den Weisen und behalten Sie die Worte von Seneca im Hinterkopf: »Ohne Lineal können wir aus einer krummen Linie keine Gerade machen.«

Übung 12

Stoische Aphorismen: Halten Sie Ihre »Waffen« griffbereit

»Ärzte halten ihre Skalpelle und
andere Instrumente für Notfälle bereit.
Halte du deine Philosophie bereit.«
– Mark Aurel

Die Stoiker haben ihre Grundprinzipien oft in prägnanten Aussagen zusammengefasst. Wir sind in diesem Buch einigen von ihnen begegnet: Leben mit Arete; Leben in Übereinstimmung mit der Natur; manche Dinge liegen in unserer Macht, andere nicht; bevorzugtes Gleichgültiges.

Sie ähneln modernen Maximen wie »So ist das Leben«, »Lügen haben kurze Beine« oder »Taten sagen mehr als Worte«.

Doch warum haben die Stoiker solche Aphorismen verwendet?

Sie wussten, dass unsere Gedanken unseren Charakter formen. Da sie das Beste sein wollten, das sie sein konnten, versuchten sie, irrationalen Gedanken und Urteilen mit gegensätzlichen, rationalen Überzeugungen zu begegnen. Sie achteten darauf, ob irrationale Gedanken in ihrem Kopf auftauchten, und wollten bereit sein, diese irrationalen Gedanken durch positivere und hilfreichere ersetzen zu können.

Dann kamen ihre Aphorismen ins Spiel. Um positive Überzeugungen im Kopf zu haben, mussten sie ihre Grundprinzipien extrem einfach und klar formulieren – präzise, sodass sie unvergesslich waren und dem Geist jederzeit zugänglich blieben. Nur so konnten sie ihre Prinzipien auf die chaotische und sich schnell verändernde Realität anwenden.

Diese kurzen und treffenden Aussagen wurden als Erinnerungen und Hilfen im Alltag verwendet, um im Zweifelsfall das Verhalten zu steuern. Sie können als »Waffen« des Geistes betrachtet werden, um verstörende Gedanken und Urteile abzuwehren. Mark Aurel verwendete einen eindeutigen Vergleich: »Das Modell für die Anwendung deiner Prinzipien ist der Boxer und nicht der Gladiator. Der Gladiator muss das Schwert, das er benutzt, aufnehmen oder ablegen, aber der Boxer hat seine Hände jederzeit und braucht sie nur zu Fäusten zu ballen.«

Versuchen Sie, genau wie ein Boxer seine Fäuste Ihre Prinzipien jederzeit bereit zu haben.

Das ist ähnlich wie bei Epiktets *Encheiridion*: Es ist eine winzige Zusammenfassung der wichtigsten Prinzipien aus *Lehrgespräche* und bedeutet übersetzt buchstäblich »griffbereit« – immer verfügbar, um Ihnen bei der Bewältigung der Herausforderungen des Lebens zu helfen.

Die Stoiker waren offensichtlich an der praktischen Umsetzung ihrer Prinzipien interessiert, deshalb versuchten sie, sie zu einprägsamen Aussagen zu komprimieren, die in der realen Welt genutzt werden konnten, wenn sie am meisten gebraucht wurden. Sie wollten Fortschritte machen und das im Unterricht Gelernte in die Tat umsetzen.

Wenn Sie diesen Stoikern nacheifern möchten, dann erstellen und merken Sie sich solche leicht zugänglichen Aussagen, die Sie daran erinnern, wie Sie sich in der Welt verhalten wollen und wer Sie sein möchten. Fragen Sie sich: Welche Werte sind mir am wichtigsten? Wofür will ich stehen?

Bedenken Sie: Die Aussagen, die Sie formulieren, werden unverzichtbare Waffen sein im Kampf zwischen Ihnen, der Sie versuchen, der Beste zu sein, und dem Höllenfeuer der Realität, das sich Ihnen dabei in den Weg stellt. Letztendlich entscheiden diese Waffen über Leben oder Tod – ein glückliches und reibungslos verlaufendes Leben oder ein erbärmliches und unerfülltes.

Übung 13

Spielen Sie die Ihnen vorgegebenen Rollen gut

»Denk daran, dass du ein Schauspieler in einem
vom Autor festgelegten Stück bist:
Wenn es kurz ist, ist es eben kurz;
wenn es lang ist, ist es eben lang.
Wenn er will, dass du als Bettler fungierst,
dann spiel auch das mit Bravour,
ebenso wie einen Krüppel, einen Herrscher
oder einen Bürger. Denn das allein ist deine
Aufgabe: die Rolle, die dir gegeben wird,
gut zu spielen. Die Auswahl der Rolle liegt
bei jemand anderem.«
– EPIKTET

Jeder von uns hat unterschiedliche Rollen zu spielen: Mensch, Weltbürger, Vater oder Mutter, Sohn oder Tochter, Bruder oder Schwester, Mann oder Frau, Freund oder Feind, Lehrer oder Schüler, Nachbar oder Fremder, Junger oder Alter. Einige Rollen fallen uns ganz natürlich zu, beispielsweise die als Mensch, Tochter und Schwester. Und einige werden erst erlangt, beispielsweise die als Ehefrau und Lehrer.

Diese Rollen sind nicht für jeden gleich. Selbst wenn wir beide Söhne sind, könnte mein Vater fördernd und freundlich sein und Ihr Vater entmutigend und aggressiv. Unsere Rollen sind also unterschiedlich.

Jede unserer Rollen bringt spezifische Aufgaben mit sich. Wie eine Schauspielerin in einem Theaterstück müssen Sie Ihre vorgegebene Rolle gut spielen, auch wenn sie Ihnen nicht gefällt. Handeln Sie in einer Weise, die mit Ihrer Rolle übereinstimmt. Sie besitzen die Fähigkeit, Ihre Vernunft zu nutzen, und Sie können Ihre Handlungen frei wählen, also können Sie Ihre Rolle gut spielen.

Diese Rollen stehen oft in Beziehung zueinander. Wenn Sie eine Tochter sind, ist es in Bezug auf Ihre Eltern Ihre Rolle, eine gute Tochter zu sein. Die Rolle Ihrer Mutter in Bezug auf Sie besteht darin, eine gute Mutter zu sein. Ihre Rolle in Bezug auf Ihren Vater ist es, eine gute Ehefrau zu sein.

Epiktet sagte, dass Sie, wenn Sie Ihre Pflichten anderen gegenüber erfüllen, in Übereinstimmung mit der Natur leben, was der direkte Weg zu einem glücklichen und reibungslosen Leben ist.

Konzentrieren Sie sich auf Ihre Seite der Beziehungen zu anderen. Es kann sein, dass Sie eine großartige Tochter sind, dass Ihr Vater jedoch kein guter Vater ist, dass er seine Rolle nicht gut spielt. Das hat nichts mit Ihnen zu tun. Sie haben diese Rolle als Tochter bekommen und müssen sie gut spielen. Sie können nur Ihre Seite der Beziehung so gut wie möglich gestalten. Das genügt.

Erfüllen Sie Ihre Pflichten als Tochter, auch wenn Ihr Vater seine Pflichten als Vater Ihnen gegenüber nicht erfüllt. Das ist letztendlich sein Verlust, nicht Ihrer. Er fügt sich selbst Schaden zu, indem er nicht in Harmonie mit der Natur lebt. Wenn er Ihnen wehtut, bezahlt er auf die eine oder andere Weise den Preis dafür. Sie können es vielleicht im Moment nicht sehen, aber er verliert etwas, indem er seine Pflichten nicht erfüllt. »Kein Mensch ist schlecht, ohne einen Verlust zu erleiden«, sagte Epiktet.

Aber wenn Sie versuchen, im Gegenzug Ihren Vater zu verletzen, dann erfüllen Sie Ihre Pflichten als Tochter nicht und verletzen sich dadurch selbst. Sie verlieren einen Teil Ihres Charakters – den sanftmütigen, geduldigen und würdevollen.

Wird Ihnen das auffallen? Nein. Der Verlust von Charakterzügen ist nicht mit Krankheit oder dem Verlust von Eigentum verbunden. Sie werden nicht erkennen, was Sie verloren haben – Ihren sanftmütigen, geduldigen und würdevollen Charakter.

Dies ist ein klassisches stoisches Konzept: Spielen Sie Ihre Rolle gut, indem Sie die bestmögliche Version Ihrer selbst sind, sich auf das konzentrieren, was in Ihrer Macht liegt, und letztendlich ein guter Mensch sind.

»Denk über die anderen sozialen Rollen nach, die du spielst«, riet Epiktet. »Wenn du ein Ratsmitglied bist, überleg dir, was ein Ratsmitglied tun sollte. Wenn du jung bist, frag dich, was jung zu sein bedeutet, wenn du alt bist, was Alter beinhaltet, wenn du ein Vater bist, was Vaterschaft zur Folge hat. Jeder unserer Titel legt die ihm angemessenen Handlungen nahe, wenn man nur über ihn reflektiert.«

Spielen Sie Ihre Rollen gut, auch wenn andere es nicht tun.

Übung 14

Beseitigen Sie das Unnötige

*»Das meiste von dem, was wir sagen
und tun, ist nicht notwendig.
Wenn du es beiseitelassen kannst,
hast du mehr Zeit und mehr Ruhe.
Frag dich in jedem Moment: ›Ist das notwendig?‹
Aber wir müssen auch unnötige Mutmaßungen
beiseitelassen. Um die unnötigen Aktionen
zu vermeiden, die ihnen folgen.«*
– Mark Aurel

Eine Sache, der wir uns sicher sein können, ist, dass der nächste Tag oder der nächste Moment ungewiss ist. Und doch verbringen viele Menschen ihre Tage mit Dingen von geringem Wert. Sie wandern ziellos herum, ohne klare Richtung, und tun sinnloses Zeug, Hauptsache, es bereitet keine Mühe, zum Beispiel stundenlanges Schauen von Serien auf Netflix, Small Talk mit Kollegen oder das Verfolgen des neuesten Trump-Skandals.

Wir nehmen gar nicht wahr, wie die Sandkörner durch unsere Lebensuhr rieseln. Wir treffen zufällige Entscheidungen, ganz ohne Ziel, bis wir uns fragen, wo nur die Zeit geblieben sei.

Das dürfen wir nicht zulassen. Deshalb sollten wir nicht länger aufs Geratewohl handeln. »Selbst Kleinigkeiten sollten mit Hinblick auf ein Ziel durchgeführt werden«, sagte Mark Aurel. Als angehende Stoiker müssen wir unsere Handlungen klug wählen und unsere Sandkörner für Dinge einsetzen, die wichtig sind – und aufhören, unser Leben mit trivialen Dingen zu verschwenden.

Lassen Sie uns das Unnötige ein für alle Mal aus unserem Leben verbannen. Konzentrieren wir uns stattdessen auf das Wesentliche. Diese Fähigkeit, das Irrelevante zu durchbrechen und sich auf die wirklich wichtigen Dinge zu konzentrieren, ist immens mächtig. Finden Sie heraus, wie viel mehr Sie erreichen können, wenn Sie sich einen Weg durch den Dschungel der Unwichtigkeit bahnen und sich auf das konzentrieren, was zählt.

»Wenn du Ruhe suchst, tue weniger … tue das Wesentliche.« Damit gehe eine doppelte Zufriedenheit einher, so Mark Aurel, »weniger zu tun und besser«.

Fragen Sie sich: »Was ist mir im Leben besonders wichtig?«

Sobald Sie wissen, was das ist, müssen Sie diese Dinge priorisieren. Und beseitigen Sie alles, was nicht auf der Liste steht. Dies wird Ihnen Zeit und Ruhe verschaffen. Wie alle anderen Menschen auch haben Sie vierundzwanzig Stunden pro Tag zur Verfügung. Und Sie entscheiden, wie Sie diese Stunden verbringen wollen.

Der stoische Weise findet Klarheit im Wesentlichen und wird sich immer auf das Wesentliche konzentrieren. Sie ist sich bewusst, dass mit jeder Sekunde Sandkörner verrinnen, die nicht zurückgebracht werden können.

Übung 15

Vergessen Sie den Ruhm

»Menschen, die von posthumem Ruhm begeistert sind, vergessen, dass die Menschen, die sich an sie erinnern, ebenfalls bald sterben werden. Und die nach ihnen ebenfalls. Bis die Erinnerung an sie – von einem zum anderen weitergegeben wie die Flamme einer Kerze – flackert und erlischt.«

– Mark Aurel

Wir sind besser dran, wenn uns Ruhm und sozialer Status gleichgültig sind. Schließlich liegen sie nicht in unserer Hand.

Was halten andere von uns? Das liegt nicht in unserer Macht. Wir dürfen äußeren Erfolg nicht mit dem wirklich Wertvollen verwechseln – Geduld, Vertrauen, Selbstbeherrschung, Vergebung, Ausdauer, Tapferkeit und Vernunft.

Indem wir einen hohen sozialen Status anstreben, geben wir anderen Menschen Macht über uns. Wir müssen dann kalkuliert handeln, damit sie uns bewundern, und wir müssen davon absehen, Dinge zu ihren Ungunsten zu tun. Wir versklaven uns selbst, indem wir Ruhm suchen.

Konzentrieren wir uns lieber auf das, was wir kontrollieren – unser selbst gewähltes Verhalten. Die bestmögliche Version unserer selbst zu sein, ist das, was zählt. Jederzeit die beste Version unserer selbst zu präsentieren. Wir sollten nicht Dank oder Anerkennung dafür suchen, das Richtige getan zu haben. Das Richtige zu tun, ist sich selbst Lohn genug.

»Wenn du etwas gut gemacht hast und ein anderer hat davon profitiert, warum strebst du dann wie ein Narr noch nach etwas Drittem?«, fragte Mark Aurel. Anstatt unser Wohlbefinden daran zu knüpfen, was andere denken, sollten wir es an unser eigenes Handeln knüpfen. Nur das können wir kontrollieren.

Ihr Charakter und Ihr Verhalten sind entscheidend. Wenn Sie sich das vor Augen halten, tun Sie, was richtig ist, statt etwas, das anderen gefällt. Oft sind das sehr unterschiedliche Dinge. Erreichen Sie Zufriedenheit, indem Sie Ihr Bestes geben. Vergessen Sie die Jagd nach Ruhm und Applaus, konzentrieren Sie sich stattdessen auf Ihr tugendhaftes Verhalten: vernünftig, tapfer, gerecht und selbstdiszipliniert zu handeln.

Vielleicht erlangen Sie Ruhm als Bonus dafür, dass Sie ein guter Mensch sind. Aber seien Sie das nicht des Ruhmes wegen – er ist unsicher, kurzlebig und überflüssig, wie Mark Aurel feststellt: »Denk an die Leben, die andere vor langer Zeit geführt haben, an die Leben, die andere nach dir führen werden, an die Leben, die jetzt geführt werden, in fremden Ländern. Wie viele Menschen kennen nicht einmal deinen Namen? Wie viele werden ihn bald vergessen haben? Wie viele loben dich jetzt – und bringen dir morgen vielleicht Verachtung entgegen? Deshalb ist es wertlos, erinnert zu werden. Wie Ruhm. Wie auch alles andere.«

Die Dinge ändern sich fast schon, noch während man sie betrachtet, und dann sind sie auch schon vergessen.

Es sollte uns gleichgültig sein, was andere über uns denken. Seien wir an ihrer Anerkennung ebenso uninteressiert wie an ihrer Ablehnung. Und konzentrieren wir uns auf das, was in unserer Macht liegt – unsere gut gemeinten Handlungen. Das Richtige zu tun, ist für sich selbst genommen bereits eine Belohnung. Lassen Sie uns damit zufrieden sein.

Übung 16

Minimalismus: Führen Sie ein einfaches Leben

»Ist es nicht wahnsinnig und völlig verrückt, so viel zu begehren, wo man doch nur so wenig halten kann?«
– SENECA

Wofür gibt es Kleidung? Gaius Musonius Rufus rät, dass wir uns anziehen, um unseren Körper zu schützen, nicht, um andere Menschen zu beeindrucken. Wählen Sie das Notwendige, nicht das Extravagante. Gleiches gilt für unsere Wohnungen und Einrichtungen. Sie sollten funktional sein und wenig mehr tun, als Hitze und Kälte fernzuhalten und uns vor Sonne und Wind zu schützen.

Seneca sagte ebenfalls, dass es keinen Unterschied macht, ob das Haus aus Torf oder importiertem Marmor gebaut ist: »Was du verstehen musst, ist, dass ein Strohdach eine Person genauso gut macht wie ein Dach aus Gold.«

Die Stoiker bevorzugen einen einfachen Lebensstil – einen Lebensstil, der unseren Bedürfnissen entspricht. Und wir sollten immer daran denken, dass materielle Dinge gleichgültig sind. Entscheidend ist, wie wir mit ihnen umgehen. Zum einen sollten wir uns nicht an etwas binden, das weggenommen werden kann. Wie Mark Aurel uns in Erinnerung ruft: »Was du bekommst, nimm ohne Stolz an, was du verlierst, lass ohne Trauer los.«

Wir sollten keine Sachen horten. Das meiste ist nutzlos und überflüssig. Wir betrachten die Dinge, als wären sie kostenlos, weil sie billig sind oder uns geschenkt werden, aber sie kommen uns teuer zu stehen. Seneca weist darauf hin, dass es bei allem versteckte Kosten gibt, die sich aufaddieren.

Mehr ist nicht immer besser. Kostenlos ist nicht immer kostenlos.

Und wenn wir einmal Luxus erlebt haben, werden wir uns nach noch mehr sehnen. Dinge zu bekommen, wird uns nicht glücklich machen, und wir werden immer mehr wollen, um unseren Hunger zu stillen. Doch wie Epiktet feststellte: »Man erreicht keine Freiheit, indem man das Begehren befriedigt, sondern indem man es beseitigt.«

Wahrer Reichtum liegt darin, weniger zu wollen. »Kein Mensch hat die Macht, alles zu bekommen, was er will«, sagte Seneca, »aber es liegt in seiner Macht, nicht zu wollen, was er nicht hat, und das, was er hat, mit Freude gut zu nutzen.« Unser Ziel sollte sein, »nach Reichtum zu streben, nicht durch das Schicksal, sondern durch uns selbst«.

Denken wir daran, dass das Leben nach Werten wie gegenseitigem Respekt, Vertrauenswürdigkeit und Selbstkontrolle wertvoller ist als Reichtum oder externer Erfolg. Wir sollten niemals unseren Charakter kompromittieren, um reich zu werden. Ein guter Mensch zu sein, ist das höchste Gut, das es gibt. Und es reicht aus, um ein glückliches und erfülltes Leben zu führen.

Aber was ist, wenn Sie reich sind? Wie Seneca und Mark Aurel es waren. Zunächst einmal muss der Reichtum ehrenhaft erworben worden sein und ehrenhaft ausgegeben werden, sagte Seneca und fügte hinzu: »Der weise Mann hält sich nicht für unwürdig für die Gaben aus den Händen des Schicksals: Er liebt den Reichtum nicht, aber er möchte ihn lieber haben, als darauf zu verzichten; er lässt ihn nicht in sein Herz, sondern nur in sein Haus, und den Reichtum, den er besitzt, lehnt er nicht ab, sondern behält ihn und erhofft sich von ihm mehr Spielraum für die Ausübung seiner Tugend.«

Reichtum kommt oft als Bonus, wenn wir gut handeln und unser bestes Selbst präsentieren. Und wenn wir ihn erlangen, dann sollten wir ihn ohne Stolz akzeptieren, aber auch ohne uns daran zu klammern. Es ist gut, ihn zu haben und man kann ihn genießen, aber man muss bereit sein, ihn loszulassen. Ob man wohlhabend ist oder nicht, sollte keinen Unterschied machen. Seneca sagte dazu: »Der Einfluss des Reichtums auf einen weisen Menschen … ist wie ein günstiger Wind, der den Seemann auf seinem Kurs voranbringt.«

Die Idee ist, etwas zugleich genießen zu können und ihm gegenüber gleichgültig zu sein. Akzeptieren Sie also diesen günstigen Wind, wenn Sie ihn bekommen, aber nehmen Sie es gleichmütig oder sogar glücklich hin, wenn er ausbleibt. Letztendlich ist die Realität gut, wie sie ist – ob mit günstigen Winden oder mit Stürmen.

»Die stoische Philosophie verlangt ein einfaches Leben, aber keine Selbstkasteiung«, wie der Autor William Irvine es ausdrückt. Sie verlangt nicht, auf Reichtum zu verzichten. Sie bittet jedoch darum, ihn gedankenvoll zu verwenden und zu bedenken, dass er nur vom Schicksal geliehen wurde und jeden Moment wieder weggenommen werden kann.

(Nebenbei bemerkt: Die stoischen Philosophen hatten zu diesem Thema keine einheitliche Meinung: Gaius Musonius Rufus und Epiktet waren der Ansicht, ein luxuriöses Leben müsse völlig vermieden werden, weil es uns korrumpiere, während Seneca und Mark Aurel meinten, es sei möglich, in einem Palast zu leben, ohne korrumpiert zu werden.

Übung 17

Holen Sie sich Zeit zurück: Vermeiden Sie Nachrichten und andere Zeitfresser

»Es ist wichtig, dass du dich daran erinnerst, dass die Aufmerksamkeit, die du jeder Handlung widmest, in einem angemessenen Verhältnis zu ihrem Wert stehen sollte, denn dann wirst du nicht müde und gibst nicht auf, weil du keine Zeit auf Dinge verschwendest, die weniger wert sind, als erlaubt sein sollte.«
– MARK AUREL

Zeit kann man nicht zurückholen. Sobald das Sandkorn durch unsere Lebensuhr gerieselt ist, ist es für immer verloren.

Trotz ihres Wertes schenken die Menschen ihre Zeit freimütig fremden Menschen, Bildschirmen jeglicher Art und anderen unwichtigen Aktivitäten. »Wir sind knauserig mit Eigentum und Geld«, sagte Seneca, »aber denken zu wenig über Zeitverschwendung nach – eine Sache, bei der wir alle die strengsten Geizhälse sein sollten.«

Lassen Sie uns unsere Zeit nicht auf Dinge verwenden, die keine Rolle spielen. Denn je mehr Zeit wir für etwas aufwenden, desto mehr Bedeutung messen wir ihm bei. Gleichzeitig geraten die Dinge, die wirklich wichtig sind – Familie, Freunde, Verpflichtungen, die Präsentation des idealen Selbst – ins Hintertreffen, weil wir weniger Zeit auf sie verwenden.

Indem man Zeit auf etwas verwendet, misst man ihm Bedeutung bei.

Wir müssen uns darüber bewusst sein, wo unsere Zeit bleibt. Der einfachste Weg, das herauszufinden? Messen Sie Ihre Zeit!

Wir müssen Prioritäten setzen und den Löwenanteil unserer Zeit auf das Wesentliche verwenden. Wir müssen zu unwesentlichen Dingen *Nein* sagen. Wir müssen Dinge aufgeben, die wir schon seit Langem tun, ohne uns bisher bewusst gewesen zu sein, dass sie nicht viel bedeuten. Nur weil wir etwas bereits unser ganzes Leben lang getan haben, bedeutet das nicht, dass es wirklich nötig ist. Hören Sie auf Seneca: »Wir erkennen nicht, wie unnötig viele Dinge sind, ehe wir auf sie verzichten. Wir haben sie nicht genutzt, weil wir sie gebraucht hätten, sondern nur, weil wir sie hatten … Eine der Ursachen für die Probleme, die uns plagen, ist, dass wir unser Leben nach den Beispielen anderer ausrichten; anstatt uns durch die Vernunft zur Ordnung rufen zu lassen, lassen wir uns von den Gepflogenheiten verleiten.«

Benutzen Sie Ihre Vernunft statt Konventionen, um zu entscheiden, womit Sie Ihre Zeit verbringen möchten. Das Erste, was vermieden werden sollte, sind Nachrichten. »Es gibt nur einen Weg zum Glück«, sagte Epiktet, »und das ist, sich nicht mehr um Dinge zu sorgen, die außerhalb der Macht unseres Willens liegen.« In den Nachrichten geht es einzig und allein darum, sich um Dinge zu sorgen, die außerhalb unserer Kontrolle liegen. Wenn Sie als Person Fortschritte machen wollen, dann ist das Vermeiden von Nachrichten ein perfekter Anfang. Wir haben nur eine begrenzte Menge an Zeit und Energie, und Nachrichten sind nichts, wofür ein aufstrebender Stoiker sie verschwendet.

»Wenn du dich verbessern willst, sei damit zufrieden, bei unwesentlichen Dingen ahnungslos oder dumm zu wirken – sehne dich nicht danach, sachkundig zu wirken.« Epiktet erinnert uns daran, dass es in Ordnung ist, bei unwesentlichen Themen wie den neuesten Trump-Nachrichten oder dem Gewinner des Super Bowl ahnungslos zu erscheinen.

Die Medien stellen immer alles als super-wichtig dar. Aber was heute ein Skandal ist, ist schon morgen keine Zeile mehr wert. Seien wir uns einfach dessen bewusst, dass nicht jede Schlagzeile wichtig ist. Wir werden nichts verpassen, wenn wir sie nicht lesen. Im Gegenteil – täten wir es, so würden wir riskieren, unsere Zeit zu verschwenden, wie Seneca richtig feststellte: »Es ist beileibe nicht so, dass wir nur kurze Zeit zum Leben hätten – wir verschwenden bloß einen Großteil davon. Das Leben ist ausreichend lang, und es wurde uns eine angemessene und großzügige Menge Zeit zur Verfügung gestellt, die zur Erreichung der höchsten Ziele genügen würde, würden wir sie nur gut investieren. Aber wenn wir sie mit achtlosem Luxus verschwenden und sie nicht dazu verwenden, gut zu handeln, so werden wir spätestens durch die Unabdingbarkeit des Todes dazu gezwungen, zu erkennen, dass das Leben an uns vorübergezogen ist, ohne dass wir es bemerkten.«

Das darf nicht passieren. Wählen Sie aktiv, womit Sie Ihre Zeit verbringen und wofür Sie Ihre Energie aufwenden möchten. Nicht nur die Nachrichten rauben Ihnen Zeit, auch andere Zeitfresser sind gefährlich.

Videospiele, Fernsehserien, lustige Fail-Videos und andere oberflächliche Aktivitäten sind die häufigsten. Das betrifft uns alle. Die Stoiker verlangen nicht, komplett auf solche Aktivitäten zu verzichten, sondern nur, sich der Zeitspanne bewusst zu werden, die man mit ihnen verbringt, und diese achtsam zu verwenden.

Stellen Sie sicher, dass Sie nicht zu einer alten Person der Art werden, die außer ihrem Alter und dem weißen Haar nichts als Beweis vorbringen kann, dass sie ein langes Leben geführt hat. Holen Sie sich Ihre Zeit zurück und geben Sie auf sie acht, wie eine Mutter auf ihr Kind achtgibt. Konzentrieren Sie sich auf die Dinge, die wichtig sind, und hören Sie damit auf, Zeit für Dinge zu verschwenden, die es nicht sind.

Seneca hat das letzte Wort hierzu: »Selbst, wenn du noch einen großen Teil deines Lebens vor dir hättest, so müsstest du sehr sparsam planen, um genug Zeit für all die Dinge zu haben, die wichtig sind. So, wie die Dinge beschaffen sind, ist es der Gipfel der Torheit, unwesentliche Dinge zu lernen, wenn die Zeit so knapp bemessen ist!«

Übung 18

Gewinnen Sie in dem, was zählt

»Man gewinnt große Anerkennung in einer Position, in der Anfeindungen sich nur schwer vermeiden lassen; aber glaub mir, es ist besser, die Bilanz des eigenen Lebens zu verstehen als die des Getreidehandels.«
– SENECA

Sein Schwiegervater hatte seine Position als Verantwortlicher für Roms Getreidespeicher verloren, als Seneca ihn hiermit daran erinnerte, dass das nicht allzu schlimm sei. Wen kümmere das schon?, wollte Seneca damit sagen, jetzt könne er seine Zeit mit dem wirklich Wichtigen verbringen, »der Liebe und der Ausübung der Tugenden, dem Vergessen der Leidenschaften, dem Wissen darüber, wie man lebt und stirbt, und einem Leben in tiefer Ruhe«.

Es ist wichtiger, die Bilanz des eigenen Lebens zu verstehen als die des Getreidemarktes, der Börse oder unseres Unternehmens.

Aber was machen wir stattdessen? Wir investieren unsere Arbeitszeit, um uns in Themenfeldern zu verbessern, die für unsere (zukünftige) Arbeit notwendig sind, und verbringen unsere Freizeit mit geistlosen Aktivitäten, um uns selbst innerlich zu betäuben.

Wir werden zu Experten für Fantasy-Serien, Videospiele, Sport, Prominenten-News und anspruchslose Jobs – blind gegenüber der Tatsache, dass nichts davon uns beibringt, wie wir am besten unseren Freunden zuhören, wie wir selbstdiszipliniert werden können und was wir gegen Wut oder Trauer unternehmen können. In etwas besser zu werden, ist nicht gleichbedeutend mit dem Lernen, wie man leben sollte und wie man ein guter Mensch wird, doch wir verwechseln beides ständig miteinander.

»Welches Fachwissen«, fragt Ryan Holiday Sie, »wird am Ende Ihrer Zeit auf diesem Planeten wertvoller sein – Ihr Verständnis von den Fragen des Lebens und Sterbens oder Ihr Wissen über die '87 Bears? [Anm. d. Übers.: »1987 Chicago Bears« ist der Name eines American Football Teams.] Was wird Ihren Kindern mehr helfen – Ihre Einsicht in Glück und Sinnhaftigkeit, oder dass Sie dreißig Jahre lang jeden Tag die Politiknachrichten verfolgt haben?«

Wow, oder? Es ist klar, was wertvoller ist. Lassen Sie uns dieses Verständnis also tatsächlich nutzen und die richtigen Prioritäten setzen und sicherstellen, dass wir in etwas investieren, das wirklich zählt.

Es gibt nichts Schwierigeres, als zu lernen, wie man lebt, sagte Seneca. Es ist an der Zeit, damit anzufangen. Vergessen Sie die Jagd nach Bestnoten in irgendwelchen Tests, das Emporklettern auf der Karriereleiter und das Erlernen alles Wissenswerten über Kryptowährung – was bringt es, diese Dinge zu erreichen, dafür aber vielleicht keine gute Mutter, Schwester und Freundin zu sein?

Es gibt definitiv auch Zeit und Raum für diese Dinge, aber nicht auf Kosten dessen, ein besserer Mensch zu werden. Denn Letzteres ist – da sind wir uns bestimmt einig – wertvoller.

Beneiden Sie nicht die Kollegen, die Überflieger in ihrem Job sind, denn deren Erfolg geht zu Lasten des Lebens. Der Vater, der achtzig Stunden pro Woche malocht, mag bei der Arbeit ein Held sein, aber er vernachlässigt wahrscheinlich seine Frau, seinen Sohn und seine Gesundheit.

Erfolg ist ein weit gefasster Begriff. Dieser Vater, von dem wir eben gesprochen haben, mag im gesamten letzten Quartal Angestellter des Monats gewesen sein, aber in dieser Zeit hat er kein einziges richtiges Gespräch mit seiner Frau geführt, kein Fußballspiel seines Sohnes gesehen, und er war launisch aufgrund seines Schlafmangels.

Noch einmal, was nützt es, eine tolle Karriere zu erreichen, aber dabei zu versagen, ein guter Ehemann und Vater zu sein?

Lassen Sie uns in den Dingen besser werden, die wirklich zählen. Lassen Sie uns lernen, wie man mit depressiven Gedanken umgehen kann, wie man ein guter Zuhörer wird, wie man angesichts von Widrigkeiten ruhig bleibt und wie man ein gutes Elternteil sowie ein guter Ehepartner und Freund ist.

Das ist unsere innere Transformation, von der niemand etwas weiß. Und sie ist viel wichtiger als die oberflächliche äußerliche Transformation. Wer Sie tief im Innern wirklich sind, ist viel wichtiger, als was die Menschen glauben, wer Sie sind.

Ihr wertvollstes Kapital ist Ihr Charakter. Er wird Ihnen dabei helfen, das zu erreichen, was zählt.

Übung 19

Lernen Sie lebenslang

»Muße ohne Studium ist der Tod –
ein Grab für den Lebenden.«
– SENECA

Als aufstrebender stoischer Philosoph sind Sie per Definition ein Liebhaber der Weisheit. Sie lieben es, zu lernen, wie man lebt – Sie streben nach Weisheit.

Denken Sie daran, dass die Stoiker sich selbst als wahre *Krieger des Geistes* sahen – es ging darum, zu lernen, wie man lebt, und vor allem, es in die Tat umzusetzen. Epiktet lehrte seine Schüler, ihr Leben so zu betrachten, als befänden sie sich auf einem Fest – dem Fest des Lebens.

Diese Metapher vermittelt ein Gefühl der Dankbarkeit für das Leben, denn sie erinnert daran, dass das Leben bald zu Ende gehen wird. Das Leben als Fest zu betrachten, hilft uns außerdem dabei, die Turbulenzen des Lebens etwas distanzierter zu betrachten – genau wie ein belebtes und chaotisches Fest.

Als Philosophen sollten wir versuchen, dieses Fest zu erforschen, bevor wir es verlassen, und so viel Wissen wie möglich in uns aufnehmen. Es ist unsere Pflicht, uns im Verlauf des Festes weiterzuentwickeln. Tag für Tag. Wie Seneca sagte: »Muße ohne Studium ist der Tod.«

»Vergewissere dich, dass du deine Erholungszeit wie ein Dichter genießt – nicht untätig, sondern aktiv, die Welt um dich herum beobachtend, alles in dich aufnehmend, deinen Platz im Universum besser verstehend«, wie Ryan Holiday es ausdrückt. »Nimm ab und zu einen Tag von der Arbeit frei, aber nicht einen einzigen Tag vom Lernen.«

Wir sollten nicht allein unsere verbleibende Zeit dem Lernen widmen, sondern müssen uns aktiv Zeit dafür nehmen. Aus diesem Grunde sind wir hier. Um Weisheit zu suchen, um uns selbst zu verbessern und zu lernen, wie man ein gutes Elternteil, ein guter Ehepartner und Freund wird.

»Der Wert der Bildung (Wissen) wird so wie der des Goldes an jedem Ort der Welt geschätzt«, sagte Epiktet.

Es gibt keine Ausrede für Sie. Heutzutage ist es einfacher denn je, jeden Tag etwas Neues zu lernen. Weisheit ist über das ganze Internet verstreut im Überfluss vorhanden. Bücher sind preiswert zu haben und werden Ihnen bis an Ihren Lesesessel geliefert. Wir können von den klügsten Menschen lernen, die je gelebt haben – für ein paar Euro.

Als eifriger Schüler sollten Sie zwei Dinge im Hinterkopf behalten:

1. **Seien Sie demütig:** Epiktet lehrt uns: »Es ist unmöglich, etwas zu lernen, von dem man glaubt, es bereits zu wissen.« Und Mark Aurel fügt hinzu: »Wenn jemand mir beweisen und zeigen kann, dass ich falsch denke oder handle, so werde ich es mit Freuden ändern, denn ich suche die Wahrheit.«
2. **Setzen Sie es in die Praxis um:** »Gib dich nicht mit dem bloßen Lernen zufrieden«, warnt uns Epiktet, »denn während die Zeit vergeht, vergessen wir und tun am Ende das Gegenteil.“ Als Krieger des Geistes müssen wir hinausgehen und das, was wir gelernt haben, auch in die Tat umsetzen.

Übung 20

Was können Sie für Ihre Lebenszeit vorweisen?

»Niemand kann den Wert der Zeit berechnen: Menschen nutzen sie verschwenderisch und so, als koste sie nichts. Aber wenn der Tod eben diesen Menschen droht, so wirst du sie ihre Ärzte anflehen sehen … du wirst sehen, wie sie bereit sind, alles zu geben, nur um am Leben zu bleiben … Wir müssen umsichtiger darin werden, das zu bewahren, was an einem uns nicht bekannten Zeitpunkt aufhören wird, zu existieren.«

– SENECA

Wir vergessen, dass wir sterblich sind, und leben so, als wären wir unsterblich. Bis wir bemerken, dass dem nicht so ist. Und dann wünschten wir, wir hätten früher begonnen, tatsächlich zu leben.

Die Menschen sind dazu bereit, alles zu geben, nur um am Leben zu bleiben. Aber wenn sie am Leben sind, verschwenden sie ihre Zeit. Ohne sich bewusst zu sein, dass es jeden Moment enden könnte.

»Ihr lebt, als wäret ihr dazu bestimmt, ewig zu leben, eure eigene Gebrechlichkeit kommt euch nie in den Sinn; ihr bemerkt nicht, wie viel Zeit bereits vergangen ist, sondern verschwendet sie, als hättet ihr einen übervollen und unerschöpflichen Vorrat davon – obwohl während dieser ganzen Zeit der Tag, den ihr jemandem oder einer Sache widmet, euer letzter sein könnte. Ihr verhaltet euch wie Sterbliche in allem, was ihr fürchtet, und wie Unsterbliche in allem, was ihr begehrt.«

Dieser letzte Satz, der uns aufzeigt, dass wir uns wie Sterbliche in allem verhalten, was wir fürchten, und wie Unsterbliche in allem, was wir uns wünschen – er trifft auf mich zu. Und ich gelte als jemand, der schon viele Risiken eingegangen ist: ein Unternehmen aufbauen, einen sicheren Job aufgeben, alles verkaufen, ins Ausland ziehen und versuchen, ein Buch zu schreiben.

Und doch habe ich das Gefühl, dass mich meine Angst zurückhält. Und trotzdem habe ich das Gefühl, dass es noch genug Zeit für die Dinge geben wird, die ich wirklich tun möchte. Ich schätze, das ist eine sehr menschliche Verhaltensweise.

Aber wenn wir uns dessen bewusst sind, wenn wir von unserer Tendenz wissen, uns so zu verhalten, als lebten wir unendlich lang, dann können wir uns an unsere Sterblichkeit erinnern, wir können gegensteuern; dann können wir sogar das tun, was wir fürchten, und sicherstellen, dass wir unsere Lebensjahre zielgerichtet mit großartigen Erfahrungen füllen.

Es geht nicht darum, *keine* Videospiele zu spielen, *kein* Fernsehen zu schauen, *nicht* Vollzeit zu arbeiten – es geht um die Aufmerksamkeit und die Entschlossenheit, die wir diesen Dingen entgegenbringen. Wir können uns immer noch entscheiden, das zu tun, von dem wir denken, dass es sich lohnt, unsere Zeit damit zu verbringen.

Aber fragen wir uns selbst: Verbringen wir unsere Zeit mit dem, was wir für richtig halten? Oder werden wir zu einem Menschen, der seinen Arzt anfleht und bereit ist, alles zu geben, nur um noch ein paar Monate mehr zu haben?

Werden wir zu einem Menschen, der nicht zu sterben bereit ist, wenn die Zeit gekommen ist? Jemand, der denkt, dass es noch so viele andere Dinge gibt, die er in seiner Lebensspanne tun wollte? Jemand, der voller Bedauern darüber ist, was er verpasst hat?

Wenn Sie jetzt auf Ihr Leben zurückblicken, haben Sie dann ausreichend gelebt? Was haben Sie vorzuweisen, bemessen an Ihren Lebensjahren? Was wollen Sie noch erleben? Wer wollen Sie sein in dieser Welt?

Ich möchte sicherstellen, dass ich zurückblicken und sagen kann: »Ja, ich habe das Beste daraus gemacht. Ich habe gut gelebt. Ich habe jeden Tag meines Lebens genossen.« Es geht nicht um Trophäen und Status, sondern darum, als Mensch Fortschritte zu machen, zu einem reifen Menschen heranzuwachsen, meine inneren Werte wie Ruhe, Geduld, Gerechtigkeit, Freundlichkeit, Ausdauer, Humor, Tapferkeit und Selbstdisziplin zu ihrer vollen Entfaltung zu bringen.

Das ideale Selbst, das ich mir vorstelle – ich möchte meine Tage damit verbringen, diesem Ideal gerecht zu werden, und versuchen, so gut wie möglich zu sein, damit ich ihm so nahe wie möglich komme.

Ich möchte das Beste aus meiner wachen Zeit machen. In dem Bewusstsein, dass das Leben von einem Moment zum anderen enden kann.

Die Stoiker sagen, dass es nicht um die Anzahl der Jahre geht, die man lebt, sondern darum, wie man diese Jahre lebt. Wie Cato der Jüngere es so schön ausdrückte: »Der Wert einer guten Gesundheit wird nach ihrer Dauer beurteilt, der Wert der Tugend nach ihrer Reife.«

»Es ist möglich«, fügt Seneca hinzu, »dass ein Mensch, der ein langes Leben führte, zu wenig gelebt hat.«

Lassen Sie uns sicherstellen, dass wir unsere Zeit so weise verbringen, dass wir mit einem zufriedenen Lächeln zurückblicken, nicht mit einem bedauernden Seufzen.

Übung 21

Tun Sie, was getan werden muss

»An den Morgen, an denen du Mühe hast,
aufzustehen, rufe dir dies in Erinnerung –
ich erwache, um das Werk eines Menschen zu tun.
Warum ärgere ich mich dann darüber, dass ich
das tun werde, wofür ich geschaffen bin,
genau die Dinge, für die ich in diese Welt
gesetzt wurde? Oder war ich dafür gemacht,
mich unter die Decke zu kuscheln und es warm
zu haben? Es ist so angenehm. Wurdest du etwa
zum Vergnügen erschaffen? Kurz gesagt,
um verhätschelt zu werden oder dich
zu bemühen?«
– MARK AUREL

Sogar Mark Aurel, der uns so viel beibringt, hatte oft Mühe, morgens aufzustehen. Sogar er hat prokrastiniert. Nicht einmal er fühlte sich die ganze Zeit über gut. Aber er arbeitete daran. Und er hat sich dazu gebracht, das Notwendige zu tun.

Wir sind nicht zum Vergnügen geboren, sagte er. Betrachten Sie einfach die Pflanzen, Vögel, Ameisen, Spinnen und Bienen – sie gehen ihren individuellen Aufgaben nach. Hören Sie sie stöhnen und sich beschweren? Nein, sie erledigen ihre Aufgaben, so gut sie können. Tag für Tag.

Aber wir Menschen sind nicht bereit, unsere Arbeit zu tun? Wir fühlen uns schlapp, unmotiviert, träge. Natürlich muss auch Zeit zum Schlafen und Ausruhen sein, aber das hat seine Grenzen. »Und du bist über das Limit hinaus«, erinnert Mark Aurel sich. Denn er hat noch nicht all seine Aufgaben erledigt. Er hat sein Pensum noch nicht erreicht.

Das gilt auch für uns. Es ist Zeit, aufzustehen und zu tun, was wir tun müssen. Wir werden nicht ewig leben, wie Seneca uns in Erinnerung ruft: »Wie spät es ist, wenn wir erst dann anfangen, wirklich zu leben, wenn das Leben enden muss! Wie dumm, unsere Sterblichkeit zu vergessen und wichtige Pläne auf unser fünfzigstes und sechzigstes Lebensjahr zu verschieben, uns vorzunehmen, das Leben von einem Punkt aus zu beginnen, den nur wenige erreicht haben!«

»Dinge hinauszuzögern, ist die größte Verschwendung des Lebens«, sagt Seneca, »es entreißt uns jeden Tag, sowie er kommt, und verweigert uns die Gegenwart, indem es die Zukunft verheißt. Das größte Hindernis für das Leben ist die Erwartung, die am Morgen hängt und das Heute verliert. Du richtest dich auf etwas ein, das in der Kontrolle des Schicksals liegt, und gibst auf, was in deiner Macht liegt … Die gesamte Zukunft ist ungewiss: Lebe jetzt.«

Also lasst uns sofort leben und nicht mehr zögern.

»Genug von diesem elenden, jämmerlichen Leben. Hör auf, deine Zeit zu verschwenden!« Mark Aurel zeigt uns, wie wir Verantwortung für unser eigenes Leben übernehmen können. Er will am Steuerrad stehen. Als Herrscher muss er Dinge erledigen.

Und wir sind auch Herrscher. Herrscher über unser eigenes Leben! Wir wissen von Natur aus, was zu tun ist. Wir haben nur keine Lust dazu. Etwas im Inneren hält uns zurück. Wir müssen jedoch bedenken, dass die Erfolgreichen unter uns tun, was getan werden muss, ob sie Lust dazu haben oder nicht.

Sie wissen, dass sie für ihr eigenes Fortkommen verantwortlich sind, und entscheiden sich dafür, lieber jeden Tag ein wenig zu leiden als später viel, wenn sie nämlich merken würden, dass sie überhaupt keine Fortschritte gemacht haben.

Das ist Selbstdisziplin. Das ist ein effektiver Umgang mit den negativen Gefühlen, die versuchen, uns zurückzuhalten.

Erkennen Sie den inneren Widerstand an und tun Sie es trotzdem. Sie sind stark genug, trotz Ihrer Müdigkeit morgens aufzustehen. Sie sind diszipliniert genug, diesem Stück Kuchen zu widerstehen, selbst wenn Sie es nur zu gern verspeisen würden. Sie sind mutig genug, trotz Ihrer Angst dem Fremden zu helfen.

Es ist Zeit, der Mensch zu sein, der Sie sein wollen. Und zwar heute, nicht morgen.

Letztendlich bekommen wir alle, was wir verdienen.

Hören Sie auf, Ihre Zeit zu verschwenden, leben Sie jetzt!

Kapitel 7

Situative Praktiken

Wie verhalten Sie sich am besten, wenn das Leben hart wird?

Wenn das Leben reibungslos verläuft, ist es einfach, nach den stoischen Prinzipien zu leben. Wenn das Leben Sie jedoch tritt und schlägt, wird es viel schwieriger.

Wie Mike Tyson einmal sagte: »Jeder hat einen Plan, bis er ins Gesicht geschlagen wird.« Als aufstrebende Stoiker müssen wir genau in solchen Momenten ruhig bleiben, unsere Impulse zurückdrängen und bewusst die klügste Reaktion wählen.

Denken Sie daran, dass es nicht darum geht, was mit uns passiert, sondern um unsere Reaktionen darauf. Nicht das Ereignis selbst bringt uns durcheinander, sondern unsere Interpretation des Ereignisses.

Das Leben verläuft nicht reibungslos. Es soll herausfordernd sein, und es wird Sie Prüfungen unterziehen:

- Sie werden verlieren, was Sie lieben.
- Sie werden krank werden.
- Sie werden mit kritischen Lebensentscheidungen konfrontiert werden.

- Ihr Lieblingskaffeebecher wird kaputtgehen.
- Sie werden sich ohne Grund fürchterlich deprimiert fühlen.
- Es wird Ihnen so vorkommen, als wäre die ganze Welt gegen Sie.

Das Leben wird manchmal hart. Die folgenden Praktiken und Strategien helfen Ihnen dabei, effektiv damit umzugehen.

Übung 22

Ihr Urteil schadet Ihnen

»Wenn dich irgendein äußeres Ereignis schmerzt,
so löst nicht dieses Ereignis den Schmerz aus,
sondern dein eigenes Urteil darüber.
Und es liegt in deiner Macht,
dieses Urteil aus dem Weg zu räumen.«
– MARK AUREL

Sie sind nicht durch das verstört, was passiert, sondern durch Ihre Meinung darüber. Das ist ein klassisches stoisches Prinzip. Sie sind deshalb so aufgewühlt, weil Sie ein äußeres Ereignis als unerwünscht oder schlecht beurteilen. Oft begleitet von Jammern, Stöhnen und Beschwerden.

Behalten Sie das im Hinterkopf: Nur eine Meinung ist die Ursache für einen sorgenschweren Geist.

Schaden entsteht nicht durch das, was Ihnen passiert – durch eine lästige Person oder ungeliebte Situation –, sondern durch Ihre Reaktion darauf. Ihr Schaden rührt von Ihren Ansichten über das Ereignis her. Wenn Sie also jemand triggert, liegt es nicht an dieser Person, sondern an Ihrer Interpretation, ob Sie verletzt werden.

Ihre Meinung ist es, die die negativen Gefühle verstärkt.

Ihre Reaktion entscheidet, ob Sie verletzt werden oder nicht. Mark Aurel sagte, es müsse so ablaufen, denn sonst hätten andere Menschen Macht über Sie. Und das liegt nicht in der Absicht des

Universums. Nur Sie haben Zugang zu Ihrem Geist, nur Sie selbst können Ihr Leben ruinieren.

Übernehmen Sie die Verantwortung. Sonst könnte ich hier schreiben, dass Sie ein Idiot sind, und das würde Ihnen direkten Schaden zufügen Aber ich habe keine solche Macht über Sie. Wenn meine Worte Sie verletzen, dann liegt es an Ihrer Interpretation, nicht an meinen Worten.

Es ist schon verrückt: Die Interpretation einer Bemerkung hat eine so immense Macht. Sie macht den Unterschied, sie entscheidet darüber, ob auf Ihrem Gesicht ein Lächeln liegt, oder ob es tränenüberströmt ist. Es liegt in Ihrer Macht, ob Sie zulassen, dass Beleidigungen Ihre Wut schüren. Wenn Sie solche Worte positiv interpretieren, dann schöpfen Sie Kraft aus ihnen.

Sie werden nur durch Ihr eigenes Urteil verletzt. Gleichzeitig verleiht Ihnen Ihr Urteilsvermögen Macht. Ich erinnere mich an einen Fußballstar, der einmal so etwas sagte wie: »Das Pfeifen und die Buhrufe der gegnerischen Fans, wann immer ich den Ball habe, motivieren mich.«

Während ein anderer Spieler dadurch vielleicht verletzt wäre und den Fokus verlieren würde, schöpft dieser daraus Kraft.

Wenn Sie das nächste Mal irgendetwas verletzt, so denken Sie daran, dass es Ihr eigenes Urteil über die Situation ist, was Sie verletzt. Versuchen Sie, dieses Urteil beiseitezuschieben, dann wird auch der Schmerz verschwinden. Beurteilen Sie das Ereignis nicht als gut oder schlecht, nehmen Sie es einfach so hin, wie es ist – und Sie werden nicht verletzt.

Erst Ihre Reaktion zeigt, ob Sie verletzt wurden oder nicht. Mark Aurel sagte dazu: »Entscheide dich, nicht verletzt zu werden – und du wirst dich nicht verletzt fühlen. Fühl dich nicht verletzt – und du wurdest es auch nicht.«

Es ist ganz bestimmt nicht einfach, aber es ist trotzdem gut, es zu wissen.

Probieren Sie einfach mal Folgendes aus: nicht jammern, nicht stöhnen, nicht klagen.

Übung 23

Wie man mit Trauer umgeht

»Es ist besser, Trauer zu überwinden,
als sie zu überspielen.«
– SENECA

Ein Freund von mir hat vor ein paar Jahren Selbstmord begangen. Es ist immer noch schwer, zu begreifen, aber ich habe die Trauer überwunden, die mich lange Zeit begleitet hat. Vielleicht kennen auch Sie dieses Gefühl.

Den Stoikern sagt man gern nach, sie würden ihre Emotionen unterdrücken, aber das stimmt nicht. Ihre Philosophie beinhaltet, sich sofort mit Emotionen auseinanderzusetzen, anstatt vor ihnen wegzulaufen.

Weglaufen ist sowieso schwer, denn wir können gar nicht anders, als uns traurig zu fühlen, wenn wir vom plötzlichen Tod eines geliebten Menschen erfahren. Das ist wie ein emotionaler Reflex. »Die Natur verlangt von uns ein wenig Trauer«, sagt Seneca. Und fügt hinzu: »Aber mehr wäre das Ergebnis von Eitelkeit.«

Etwas Trauer ist erforderlich. Richtige Trauer ist nach Seneca, wenn unser Verstand »einen Mittelwert aufrechterhält, der weder Gleichgültigkeit noch Wahnsinn imitiert, und uns in dem Zustand belässt, der das Zeichen eines liebevollen und nicht das eines unausgewogenen Geistes ist«.

Wir sollten die Tränen fließen, aber auch versiegen lassen. Und wir können tief seufzen, solange wir irgendwann damit aufhören.

Denn irgendwann sind die Folgen der Trauer schädlicher als das, was sie ausgelöst hat, sagt Mark Aurel.

Wie sagt man so schön? Wenn du dich in einem Loch wiederfindest, hör auf, zu graben. Stellen Sie sich der Emotion und klettern Sie aus dem Loch heraus. Ansonsten wird sich das negative Gefühl irgendwann selbst nähren, wie ein Teufelskreis. Sie fühlen sich dann schlecht, weil Sie noch immer traurig sind, das wiederum wird Sie sich noch schlechter fühlen lassen und so weiter. Sie werden weitergraben und nie wieder aus dem Loch herausfinden.

Was wir aber tun können, ist, darüber nachzudenken, wie viel schlimmer es für uns wäre, wenn wir niemals die Gesellschaft der Person hätten genießen können, die gestorben ist. Anstatt das Ende ihres Lebens zu betrauern, könnten wir dankbar sein für die Momente, die wir gemeinsam erlebt haben. Das mag uns traurig machen, aber auch dankbar.

Für Seneca ist die beste Waffe gegen Trauer die Vernunft, denn »solange nicht die Vernunft unsere Tränen beendet, wird das Schicksal es nicht tun«.

Würde beispielsweise die Person, um die Sie trauern, wollen, dass Sie vor Kummer vergehen? Wenn ja, dann ist sie Ihrer Tränen nicht würdig und Sie sollten aufhören, zu weinen. Wenn nicht und wenn Sie sie lieben und respektieren, dann sollten ebenfalls Sie aufhören, zu weinen.

Denken Sie auch daran, dass Dinge nicht geschehen, um Ihnen persönlich zu schaden. Schieben Sie also Ihr Gefühl beiseite, dass Ihnen Unrecht angetan wurde. Das ist nicht der Fall. Das Universum ist nicht gegen Sie.

Das ist in Momenten großer Trauer schrecklich schwer, aber es ergibt wirklich keinen Sinn, zu lange zu trauern. Das Leben geht weiter. Außerdem haben wir uns als ordentliche stoische Schüler bereits darauf vorbereitet, beispielsweise indem wir uns mit negativer Visualisierung beschäftigen (Übung 7) und über die Vergänglichkeit der Dinge nachdenken (Übung 4).

Was tun, wenn andere trauern?

Epiktet sagte, wir sollten darauf achten, dass wir uns nicht die Trauer anderer »einfangen«. Wir sollten Mitleid mit der Person haben und gegebenenfalls sogar gemeinsam mit ihnen wehklagen. Achten Sie jedoch darauf, dass Sie dabei nicht innerlich wehklagen.

»Wir sollten Anzeichen von Trauer zeigen, ohne uns selbst Trauer erleben zu lassen«, wie William Irvine es ausdrückt. Er fährt fort: »Wenn eine Freundin trauert, sollte es unser Ziel sein, ihr zu helfen, ihre Trauer zu überwinden. Wenn wir das erreichen können, indem wir vorgeben, ebenfalls zu trauern, dann sollten wir das tun. Wenn wir uns jedoch ihre Trauer ›einfangen‹, so hilft ihr das nicht, sondern verletzt uns nur zusätzlich.«

Es ist gar nicht einmal »unaufrichtiges Mittrauern«, wenn man das Gefühl kennt und mit der Person mitfühlt. Sie versuchen, zu helfen, ohne selbst in Gefahr zu geraten. Daran ist nichts auszusetzen und ich finde, Sie brauchen sich nicht die Augen ausweinen. Seien Sie einfach da und lassen Sie ihre Freundin wissen, dass Sie sie verstehen und dass es in Ordnung ist, traurig zu sein.

Das ist wie bei der Sicherheitseinweisung im Flugzeug: »Setzen Sie sich zuerst selbst eine Sauerstoffmaske auf.« Sie können niemandem helfen, wenn Sie tot sind, und ebenso können Sie anderen nicht helfen, wenn Sie genauso traurig sind wie sie.

Übung 24

Ziehen Sie Mut und Ruhe der Wut vor

*»Halten Sie diesen Gedanken griffbereit,
wenn Sie das Gefühl haben, ein Wutanfall
kündige sich an – es ist nicht mannhaft,
wütend zu sein. Vielmehr sind Sanftmut und
Höflichkeit menschlicher und damit mannhafter.
Ein echter Mann weicht nicht der Wut und
der Unzufriedenheit, und ein solcher Mensch
besitzt Kraft, Tapferkeit und Beständigkeit –
im Gegensatz zu den wütenden und klagenden
Menschen. Je näher ein Mann einem ruhigen
Geist kommt, desto näher kommt er der Stärke.«*
– MARK AUREL

Wut ist eine *Leidenschaft*, eine negative Emotion, die die Stoiker minimieren wollen. Senecas Essay *Über die Wut* ist die beste Quelle für stoische Ratschläge zum Thema Wut.

Wut, also das Verlangen, Vergeltung für ein Leiden zu üben, sei kurzzeitiger Wahnsinn, so Seneca. Weil einem wütenden Mann die Selbstbeherrschung fehlt, er die Verwandtschaftsbande zwischen allen Menschen vergisst, er taub ist für Vernunft und Ratschläge, er von Kleinigkeiten erregt wird und nicht weiß, was wahr und falsch ist – »wie ein Stein, der selbst in Stücke zerbricht, wenn er auf dem aufprallt, was er zerschmettern wollte.«

Wenn Sie wütend werden, tun Sie sich selbst am meisten weh. Und der Schaden ist enorm. Deshalb ist es am besten, bei den ersten Anzeichen von Wut sofort gegenzusteuern und sich ihren Anfängen zu widersetzen. Denn sobald wir uns von der Wut mitreißen lassen, zählt die Vernunft nichts mehr. Die Wut wird dann so viel tun und auslösen, wie sie will, und es wird schwer sein, sie abzuschalten.

Obwohl wir unsere erste Reaktion nicht kontrollieren können, können wir, wenn wir achtsam genug sind, entscheiden, ob wir ihr nachgeben wollen oder nicht. Wut ist letztlich eine Form des Urteils. Wir interpretieren die Situation so, dass wir entscheiden, es ist in Ordnung, wütend zu werden.

Aber »wozu ist Wut gut«, fragte Seneca, »wenn das Gleiche mit der Vernunft erreicht werden kann?«

Wut ist anfällig für Hast. Die Vernunft ist vertrauenswürdiger, weil sie durchdachte und beabsichtigte Reaktionen hervorbringt. »Die Vernunft will eine gerechte Entscheidung treffen; die Wut will, dass man glaubt, ihre Entscheidung wäre gerecht.«

»Das Schwert der Gerechtigkeit ist in den Händen eines wütenden Mannes schlecht aufgehoben.«

Wut bringt letztlich nichts. »Kein Mensch wird tapferer durch Wut, außer einem, der ohne Wut gar nicht tapfer gewesen wäre: Wut will also nicht der Tapferkeit helfen, sondern ihren Platz einnehmen«. Wir können auch ohne Wut einen hinreichenden Beweggrund finden – mit den richtigen Werten wie Liebe, Mitgefühl, Gerechtigkeit und Mut.

Anstatt uns von gefährlicher und unberechenbarer Wut leiten zu lassen, werden wir von inneren Werten motiviert und entscheiden uns bewusst für das Richtige.

»Wenn ein Mensch auf unseren Feldern umherstreift, weil er sich verlaufen hat, ist es besser, ihn auf den richtigen Weg zu bringen, als ihn zu vertreiben.« Dieser schöne Vergleich stammt von Seneca. Er sagt damit, wir sollten nicht Jagd auf die Menschen machen, die von ihrem Weg abgekommen sind und die sich in ihrem Handeln irren, sondern ihnen den richtigen Weg aufzeigen. Anstatt mit Wut auf Wut zu reagieren, sollten wir besser einen vernünftigeren und mitfühlenderen Weg wählen und versuchen, diesen Menschen zu helfen.

Anstatt impulsiv wütend zu werden, atmen Sie lieber tief durch und entscheiden Sie sich bewusst für Ruhe. Diese Ruhe wird nicht nur dem Unglück seine Kraft rauben, sondern Sie auch dazu befähigen, gerecht und mutig zu handeln. Wie Mark Aurel sagt: »Je näher ein Mann einem ruhigen Geist kommt, desto näher kommt er der Stärke.«

Generell sollten wir den Umständen nicht die Macht einräumen, unsere Wut zu wecken. Die Umstände scheren sich um nichts. Es wäre, als würde man wütend auf etwas, das viel größer ist als wir. Es wäre, als würde man etwas von jemandem persönlich nehmen, dem wir jedoch völlig egal sind. Dinge passieren nicht, weil sie uns schaden wollen, sie passieren einfach.

Sich über eine Situation zu ärgern, hat keinen Einfluss auf die Situation. Es ändert sie nicht, es verbessert sie nicht. Oftmals schadet uns das, was uns ärgert, nicht wirklich und unser Zorn wird den Schaden, der uns zugefügt wurde, überdauern.

Wir sind Narren, wenn wir zulassen, dass unsere Ruhe durch Kleinigkeiten gestört wird. Deshalb empfiehlt Mark Aurel, sich die Vergänglichkeit der Welt um uns herum ins Gedächtnis zu rufen. Was uns jetzt ärgert, wird morgen vergessen sein.

Wenn Sie wütend sind, so sagt Seneca, unternehmen Sie am besten Schritte, um die ersten Anzeichen des Zorns in ihr Gegenteil zu verwandeln: Zwingen Sie sich, Ihr Gesicht zu entspannen, tief durchzuatmen, Ihre Stimme Sanftheit zu verleihen und langsamer zu gehen – Ihr innerer Zustand wird bald Ihrem äußeren, entspannten Zustand ähneln.

Sie können auch versuchen, die Situation, die Sie wütend macht, so leidenschaftslos und objektiv wie möglich zu beschreiben, erklärt Epiktet. Dies verschafft Ihnen Zeit und hilft Ihnen dabei, die Situation mit größerer Distanz zu sehen.

Und er sagt, wir sollten immer im Hinterkopf behalten, dass es nicht die Situation ist, die uns schadet, sondern unsere Interpretation derselben. »Wenn also jemand deine Wut erregt, so wisse, dass es in Wirklichkeit deine Meinung ist, die sie schürt.«

Anstatt also die ganze Zeit über wütend zu sein und die Menschen um Sie herum zu quälen, so Seneca, sollten Sie lieber zu einer Person werden, die von allen geliebt wird, während Sie leben und die die Menschen vermissen, wenn Sie gegangen sind.

Übung 25

Besiegen Sie Ihre Angst mit Vorbereitung und Rationalität

»Wir sind häufiger ängstlich als verletzt; und wir leiden stärker unter unserer Vorstellungskraft als unter der Realität.«
– SENECA

Was wir fürchten, wird in der Realität oft nicht passieren. Aber unsere imaginäre Angst hat echte Folgen. Unsere Ängste blockieren uns, wir sind gelähmt durch etwas, das nicht real ist.

Die Stoiker wissen um die Gefahr der Angst. Die Dinge sind nicht so schlimm, wie wir befürchten. Wir richten mehr Schaden an, wenn wir sie blind zu verhindern versuchen.

Die Hauptursache für Angst, so Seneca, liegt darin, dass »wir Gedanken zu weit vorausschicken, anstatt uns an die gegenwärtigen Umstände anzupassen«. Eine solche Prognose über etwas, das wir nicht kontrollieren, kann ein gefährliches Maß an Sorgen verursachen.

Wir wollen etwas, das nicht unter unserer Kontrolle steht, wie Epiktet wunderbar erklärt: »Wenn ich einen Mann in Angst sehe, sage ich: ›Was kann dieser Mann wollen?‹ Würde er nicht etwas wollen, das nicht in seiner Macht liegt, wie könnte er noch ängstlich sein? Aus diesem Grund ist derjenige, der zur Leier singt, nicht ängstlich, wenn er dies allein tut, sondern nur, wenn er das Theater betritt, selbst wenn er eine sehr gute Stimme hat und gut spielt: denn er will nicht nur gut auftreten, sondern auch einen großen Namen erlangen, und das liegt außerhalb seiner eigenen Kontrolle.«

Wir fürchten uns, weil wir etwas wollen, das außerhalb unserer Macht liegt, oder wir haben uns zu sehr an etwas gebunden, das zu behalten nicht in unserer Macht liegt. Wir sind an Menschen gebunden, die wir lieben, und haben Angst, sie zu verlieren. Wir sind an die Sicherheit eines regelmäßigen Gehalts gebunden. Und wir wünschen uns etwas, das zu bekommen nicht in unserer Macht liegt.

Wir müssen aufhören, uns an äußere Dinge und Wünsche zu binden, die nicht unter unserer Kontrolle stehen. Weil ein Mangel an Kontrolle zu Angst führt.

Wer sich nichts außerhalb seiner Kontrolle wünscht, braucht keine Angst zu haben.

»Der Mann, der Schwierigkeiten vorauskalkuliert, entzieht ihnen ihre Macht, wenn sie eintreffen«, sagte Seneca. Deshalb ist es so wichtig, sich auf schwierige Situationen vorzubereiten.

Bei der Antizipation von Katastrophen geht es nicht darum, den gegenwärtigen Moment zu ruinieren, sondern ihn zu optimieren. Wir haben dann weniger Angst vor Dingen, die vielleicht gar nicht passieren werden. Die Stoiker glauben, dass der beste Weg zur Freiheit darin besteht, sich vorzustellen, dass etwas passiert, was wir fürchten, und es in unserem Kopf zu überdenken – bis wir es distanziert betrachten können.

Der gängige Weg, mit Angst umzugehen, ist, sich vor ihr zu verstecken und zu versuchen, an etwas anderes zu denken. Aber das ist wahrscheinlich die schlechteste Technik von allen. Angst wächst, wenn man sich ihr nicht stellt.

Der richtige Umgang mit dem, was wir fürchten, ist, rational, ruhig und oft darüber nachzudenken – bis es uns vertraut wird. Irgendwann werden Sie gelangweilt sein von dem, was Sie einst gefürchtet haben, und Ihre Sorgen werden verschwinden. Indem Sie sich Ihren Ängsten stellen, ob in der Vorstellung oder in der Realität, reduzieren Sie den Stress, der durch diese Ängste verursacht wird.

Mark Aurel hatte eine andere Art, mit der Angst umzugehen: »Befreie deinen Geist und bekomme dich wieder in den Griff, und wie beim Erwachen aus dem Schlaf und der Erkenntnis, dass es nur ein schlechter Traum war, der dich verstört hat, wache auf und stelle fest, dass das, was dort ist, genau wie diese Träume ist.«

Was Sie fürchten, ist oft ein Produkt Ihrer Vorstellungskraft, nicht die Realität. Sie haben Angst, aber nicht, weil die Realität schlecht *ist*, sondern weil Sie *annehmen*, die Realität wäre schlecht. Die meisten Menschen, die Angst vor Spinnen haben, waren noch nie in direktem Kontakt mit einer. Wovor haben sie Angst?

Wir fürchten uns in unserer Vorstellung. Es ist wie ein Traum. Anstatt der Angst gedankenlos nachzugeben, müssen wir innehalten und uns rational fragen: »Ergibt das einen Sinn?«

Wir schaffen uns selbst Alpträume. Deshalb müssen wir aufwachen und diesen Wahnsinn stoppen. Wir regen uns über Träume auf. Was die Angst verursacht, ist nicht real, aber die Folgen sind sehr real und stehen uns im Weg. Wir selbst sind es, die uns blockieren.

Sie können nicht all Ihre Ängste auf einmal heilen. Aber wenn es uns gelingt, uns weniger stark an Dinge zu binden, erkennen wir, dass das, was wir fürchten, nur in unserer Vorstellung existiert. Und wenn wir uns unseren Ängsten stellen, und sei es nur in der Vorstellung, dann können wir die meisten unserer Ängste überwinden. Schritt für Schritt.

Übung 26

Geben Sie Ihren Erwartungen die Schuld

»Die Gurke ist bitter? Dann wirf sie weg.
Der Weg wird von Brombeersträuchern blockiert?
Dann geh um sie herum. Das ist alles,
was du wissen musst. Nichts weiter. Fordere nicht,
zu erfahren, warum es diese Dinge gibt.
Jeder, der die Welt versteht, wird über dich lachen,
so wie ein Zimmermann, wenn du schockiert
zu sein scheinst, Sägemehl in seiner Werkstatt
vorzufinden, oder ein Schuster, wenn du dich
über Lederreste wunderst, die von der Arbeit
übriggeblieben sind.«
– MARK AUREL

Wir werden wütend, traurig oder fühlen uns enttäuscht, wenn die Realität nicht unseren Erwartungen entspricht. Wir sind überrascht, weil die Dinge nicht so laufen, wie wir es uns wünschen.

Wenn Sie frustriert sind, geben Sie nicht anderen Menschen oder externen Ereignissen dafür die Schuld, sondern sich selbst und Ihren unrealistischen Erwartungen. Richten Sie Ihren Fokus nach innen, denken Sie daran, dass wir Verantwortung übernehmen müssen.

Der einzige Grund, warum wir uns von Kleinigkeiten irritieren lassen, ist laut Seneca, dass wir sie nicht erwartet haben. »Das liegt an übermäßiger Selbstliebe. Wir haben entschieden, dass wir nicht geschädigt werden sollten, selbst von unseren Feinden nicht; ein jeder trägt in seinem Herzen die Sichtweise eines Königs und ist bereit, einen Freibrief zu nutzen, aber nicht bereit, darunter zu leiden.«

Wir sind verwöhnt, wir treten um uns und schreien wie ein Kind, wenn die Welt sich nicht unserer königlichen Sichtweise beugt. Wir denken nur daran, was die Welt uns unserer Meinung nach schuldet, und vergessen dabei, für das Glück, das wir haben, dankbar zu sein.

Unsere überoptimistischen Erwartungen und Wünsche sind die Hauptgründe für unsere Wut und Frustration. Deshalb müssen wir sie stärker an die Realität anpassen, dann werden wir uns auch nicht mehr als von der Welt übervorteilt vorkommen. Wenn wir uns nur das wünschen, was in unserer Macht liegt, dann können wir niemals frustriert sein, und zwar unabhängig von den Umständen.

Als aufstrebende Stoiker sollten wir versuchen, die Welt so zu sehen, wie sie wirklich ist, anstatt zu verlangen, dass sie unseren Erwartungen entspricht. Wir müssen uns daran erinnern, wie die Welt ist, was wir von ihr erwarten können und was unserer eigenen Kontrolle unterliegt. Ein kluger Mensch, so Seneca, »wird dafür sorgen, dass nichts von dem, was passiert, unerwartet kommt«.

»Was völlig unerwartet kommt, hat eine viel verheerendere Wirkung, und der Überraschungseffekt erhöht das Gewicht einer Katastrophe. Wenn etwas unvorhergesehen war, so hat es noch ein jedes Mal die Trauer einer Person verstärkt. Das ist ein Grund, dafür zu sorgen, dass uns nichts überrascht. Wir sollten unsere Gedanken an jeder Ecke vorausschicken und jede Eventualität ins Auge fassen, anstatt nur den üblichen Ablauf.«

Der Grad der Verstörung hängt davon ab, für wie unwahrscheinlich wir ein Ereignis im Vorfeld betrachtet haben. Deshalb ist es so wichtig, unsere Erwartungen im Zaum zu behalten, indem wir regelmäßig negative Visualisierungen vornehmen. Wenn wir uns das Schlimmste vorstellen, müssen wir uns nicht mit unerfüllten Erwartungen herumschlagen und können die negativen Emotionen, die wir erleben, drastisch reduzieren.

Lassen Sie uns also innerlich für das Schlimmste proben, das passieren könnte, und zusehen, wie sich eine Situation entgegen unseren Hoffnungen und Erwartungen entfalten kann – und wir werden mit dem, was passiert, in Frieden sein.

Wir sollten uns von nichts überraschen lassen, vor allem nicht von Dingen, die regelmäßig passieren.

»Denk daran«, sagte Mark Aurel, »du solltest weder überrascht sein, dass ein Feigenbaum Feigen hervorbringt, noch darüber, dass die Welt das produziert, wozu sie die Keime in sich trägt. Ein guter Arzt ist auch nicht überrascht, wenn seine Patienten Fieber haben, oder ein Steuermann, wenn der Wind ihm entgegenweht.«

Übung 27

Schmerz und Provokation: Große Chancen für die Tugend

»Denk bei jeder Herausforderung
an die Mittel, die du in dir hast,
um sie zu bewältigen. Hervorgerufen durch
den Anblick eines gutaussehenden Mannes
oder einer schönen Frau, wirst du in dir
die gegenläufige Kraft der Selbstbeherrschung
entdecken. Geplagt von Schmerzen wirst du
die Kraft des Duldens entdecken.
Wenn du beleidigt wirst, wirst du Geduld
entdecken. Mit der Zeit wirst du zuversichtlich
werden, dass es keinen einzigen Eindruck gibt,
den du nicht mit den moralischen Mitteln
tolerieren kannst.«
– EPIKTET

»Was im Weg steht, wird zum Weg« (Siehe Übung 3).

Wir können scheinbare Widrigkeiten in einen Vorteil verwandeln, indem wir sie als Übung nutzen. Als Kriegerphilosophen nutzen wir diese Situationen, um zu üben, unser bestmögliches Selbst zum Vorschein zu bringen.

Während andere Menschen Unglücke als schlimm ansehen, als etwas, das sie daran hindert, ihre Ziele zu erreichen, erkennen wir die Gelegenheit für Wachstum und stellen das Ganze damit auf den Kopf – wir sehen eine Chance, wo die anderen das Böse sehen.

»Krankheit ist ein Hindernis für den Körper, aber nicht für den Willen, es sei denn, der Wille selbst entscheidet sich dazu«, erklärte Epiktet. »Lahmheit ist ein Hindernis für das Bein, aber nicht für den Willen.«

Epiktet hatte ein lahmes Bein. Er beschloss, dies nur als Hindernis für das Bein und nicht für den Geist zu betrachten. Auch Schmerz und Krankheit betreffen den Körper, nicht den Geist. Wir dürfen nicht zulassen, dass wir von Selbstmitleid vereinnahmt werden. Eine solch selbstgefällige Reaktion wird unser Leiden nur noch verstärken.

Stattdessen müssen wir uns daran erinnern, dass Schmerz eine Gelegenheit sein kann, unsere Tugend zu testen und zu verbessern. Wir können Geduld und Durchhaltevermögen üben – zwei edle Stärken.

Mark Aurel stimmt dem zu: »Wer soll denn verhindern, dass du gut und aufrichtig bist?« Wir haben die angeborene Kraft, über unsere Handlungen zu entscheiden und unseren Charakter zu gestalten. »Zeig also jene Tugenden, die ganz in deiner eigenen Macht liegen – Integrität, Würde, Fleiß, Selbstlosigkeit, Zufriedenheit, Genügsamkeit, Freundlichkeit, Eigenständigkeit, Einfachheit, Besonnenheit, Großmut.«

Wir können so viele großartige Qualitäten zeigen, ohne jede Ausrede. Das Einzige, was uns zurückhalten kann, sind wir selbst, denn der Verstand steht uns immer zur Verfügung.

Genau so, wie die Natur jedes Hindernis nehmen und für sich nutzen kann, meinte Mark Aurel, »so kann auch ein rationales Wesen jeden Rückschlag in einen Rohstoff verwandeln, den er dazu nutzt, sein Ziel zu erreichen«.

Wir sollten mit kleinen Dingen beginnen, sagte Epiktet. Wenn wir Kopfschmerzen haben, können wir üben, nicht zu fluchen.

Wenn wir beleidigt werden, können wir Geduld üben. Und er betont, dass wir, wenn wir uns beklagen, sicherstellen müssen, dass wir dies nicht mit unserem ganzen Wesen tun.

Erinnern wir uns daran, dass jeder kleine Unfall, der uns passiert, eine Gelegenheit bietet, tugendhaftes Verhalten zu praktizieren.

Jeder Kopfschmerz ist eine Chance, nicht zu fluchen. Jeder attraktive Mensch ist eine Chance auf Selbstbeherrschung. Jede nervige Person ist eine Chance auf Geduld, Freundlichkeit und Vergebung. Jede schwierige Situation ist eine Chance auf Durchhaltevermögen und Fleiß.

Übung 28

Das Gelassenheitsspiel

»Wenn die Kraft der Umstände
deine Gelassenheit stört, verlier keine Zeit damit,
deine Selbstbeherrschung wiederherzustellen,
und bleib nicht länger verstimmt als nötig.
Wenn du es dir zur Gewohnheit machst,
zur Harmonie zurückzukehren, so wirst
du dies immer besser meistern.«
– MARK AUREL

Wir alle werden von Zeit zu Zeit unangenehm überrascht. Nicht nur durch große Ereignisse, sondern auch durch kleine, oft unerwartete Ereignisse. Der Zug kommt nicht rechtzeitig an, Ihr Fahrrad wird gestohlen, Ihr Freund sagt den Termin in letzter Minute ab.

Solche unbedeutenden Situationen können uns in schwachen Momenten aus dem Konzept bringen. Wir verlieren das Gleichgewicht und werden reizbar und mürrisch. Es ist völlig in Ordnung, manchmal aus dem Gleichgewicht zu geraten, das passiert den Besten von uns. Es geht darum, so schnell wie möglich wieder auf Kurs zu kommen.

Lassen Sie sich nicht länger als nötig aus dem Tritt bringen. Reißen Sie sich zusammen! Holen Sie sich Ihr Gleichgewicht zurück.

Der moderne Philosoph Brian Johnson nennt es das »Gelassenheitsspiel«. Die Regeln sind einfach: (1) bemerken, wenn Sie aus dem Gleichgewicht geraten sind, beispielsweise wenn Sie im Straßenverkehr oder mit Ihrem Ehepartner oder mit einem Kollegen die Geduld verlieren, dann (2) zusehen, wie schnell Sie sich wieder fangen und korrigieren können – zur Gelassenheit zurückfinden können.

Er sagt, *Gelassenheit* (*aequanimitas*) sei eines der wundervollsten Wörter aller Zeiten. Aus dem Lateinischen: *aequus* (eben, gerade) und *animus* (Geist), das Wort bedeutet »ausgeglichener Geist«.

Wir sollten uns also immer darüber bewusstwerden, wenn wir durch ein Ereignis aus dem Gleichgewicht gebracht werden, und dann so schnell wie möglich zu einem ausgeglichenen Geist zurückkehren. Rückschläge passieren, wir werden nicht immer die beste Version unserer selbst sein. Wer weise ist, weiß das. Das Hauptziel besteht darin, sich so schnell wie möglich zu erholen. Wie ein Boxball, der zurückfedert, wenn man auf ihn einschlägt.

Wir wollen mit Arete leben und jederzeit unser bestes Selbst präsentieren. Wenn wir also bemerken, dass wir diesem Ziel hinterherhinken, versuchen wir, uns von dem Rückschlag zu erholen und wieder auf Kurs zu kommen. Wir können in diesem Spiel bei jeder neuen Runde Punkte sammeln. Wir werden besser, je häufiger wir uns selbst bei einer unerwünschten Reaktion ertappen und wieder zurück ins Gleichgewicht finden.

»Wenn du es dir zur Gewohnheit machst, zur Harmonie zurückzukehren, so wirst du dies immer besser meistern«, wie Mark Aurel uns lehrt.

Denken Sie immer daran: Hindernisse und schwierige Situationen machen uns stärker, sie sind eine Chance auf Wachstum. Wir wollen Krieger des Geistes sein, die sich nicht zurückziehen, sondern versuchen, angesichts der Herausforderungen des Lebens voll präsent zu sein – in dem Bewusstsein, dass diese Herausforderungen uns stärker machen werden.

Vorhin haben wir gesagt, dass ein Feuer Hindernisse als Brennstoff verwendet. Sie machen das Feuer nur stärker. Betrachten wir nun eine weitere Brandmetapher: Der Wind entfacht ein Feuer und löscht eine Kerze. Der Wind ist das Hindernis; er löscht Sie aus, wenn Ihr Engagement und Ihr Durchhaltevermögen schwach sind, aber er treibt Sie an, wenn Sie die Herausforderung annehmen und nicht gleich bei den ersten Schwierigkeiten aufgeben.

Wenn Sie auf eine Kerze pusten, erlischt sie. Wenn Sie in ein Lagerfeuer pusten, mag es zunächst den Anschein haben, als würde es erlöschen, doch es kommt noch stärker als zuvor zurück. Sie möchten das Feuer sein, das immer stärker zurückkommt.

Wann immer das Leben Ihnen übel mitspielt, so sehen Sie sich zunächst an, was genau Sie niederstreckt, und dann versuchen Sie, so schnell wie möglich wieder aufzustehen. Beobachten Sie sich selbst und finden Sie heraus, was Ihnen dabei hilft, Ihr Gleichgewicht wiederzufinden. Sie können dieses Spiel den ganzen Tag spielen, jeden Tag.

Was mir am meisten hilft, sind die stoischen Ideen, sich auf das zu konzentrieren, was man kontrolliert, die Realität so zu akzeptieren, wie sie ist und Verantwortung für das eigene Leben zu übernehmen. Denn es liegt immer in meiner Macht, mich dafür zu entscheiden, tugendhaft zu reagieren.

Übung 29

Die Anti-Marionetten-Mentalität

»Würde jemand deinen Körper
dem ersten besten,
der dir begegnet, ausliefern,
dann wärst du entrüstet. Und doch
lieferst du selbst deinen Geist
jedem Beliebigen aus, indem es dich
beunruhigt und verstört,
wenn man dich beleidigt –
schämst du dich eigentlich nicht?«
– EPIKTET

Wir werden ständig von äußeren Dingen und unüberlegten Impulsen an der Nase herumgeführt. Wie Marionetten lassen wir andere die Fäden ziehen und tanzen nach deren Geschmack.

Die zweideutige Bemerkung eines Kollegen, der Freund, der nicht anruft, oder der Kommentar eines Fremden – wir werden von Dingen, die außerhalb unserer Kontrolle liegen, herumgewirbelt. Wir lassen uns durch andere triggern.

Schlimmer noch, wir gestatten das nicht nur anderen Menschen, wir lassen auch das Wetter, Social-Media-Beiträge, Nachrichten und Sportergebnisse unsere Fäden ziehen. Wir tanzen zu Sonnenschein und stampfen bei Regen mit den Füßen auf. Wir jubeln über das Tor unserer Lieblingsmannschaft und beklagen den späten Ausgleich.

Das ist Wahnsinn. Der Verstand gehört uns. Nicht unser Körper, unser Besitz, unsere Freunde, sondern nur unser Verstand. Aber passen wir einmal nicht auf, dann – schwups – haben wir ihn dem Wetteransager oder dem Schiedsrichter ausgeliefert.

»Versteh endlich, dass du etwas Mächtigeres und Göttlicheres in dir hast, als das, was die körperlichen Leidenschaften verursacht und dich wie eine Marionette lenkt.«

Was Mark Aurel meint, ist unser Verstand, unser Geist. Wir können entscheiden, was externe Ereignisse für uns bedeuten. Wir müssen uns nicht von dem, was um uns herum passiert, an der Nase herumführen lassen. Tatsächlich können wir ruhig bleiben, ohne verletzt und gereizt zu werden.

Schneiden Sie einfach die Fäden durch, die an Ihrem Verstand zerren. Holen Sie sich zurück, was Ihnen bestimmt ist. Stoppen Sie den Wahnsinn. Lassen Sie sich nicht von etwas herumzerren, das nicht Ihrer Kontrolle unterliegt.

Ja, sagte Mark Aurel, andere können unser Handeln behindern, aber sie können nicht unsere Absichten und unsere Einstellungen behindern. Unser Verstand ist anpassungsfähig. Wenn sich das Leben gegen uns zu wenden scheint, können wir uns anpassen und die Chance auf Wachstum erkennen. Wir können Hindernisse in Chancen verwandeln.

Anstatt uns von etwas, das in der unkontrollierbaren Welt dort draußen passiert, wie ein Spielball herumwirbeln zu lassen, sollten wir uns von wahren Werten leiten lassen. Egal was passiert, wir halten uns an unsere Werte der Ruhe, Geduld, Freundlichkeit, Akzeptanz, Gerechtigkeit, Mut und Selbstdisziplin.

Unsere Werte und unsere Achtsamkeit gegenüber dem gegenwärtigen Moment verhindern, dass wir zu Marionetten werden. Doch das gelingt nicht automatisch, sondern erfordert harte Arbeit. Als aufstrebende Stoiker beschließen wir, diese harte Arbeit zu leisten und selbst Herr über uns zu werden, anstatt uns von jeder Unannehmlichkeit herumschubsen zu lassen.

»Rahme dir diese Gedanken ein – du bist ein alter Mensch, du lässt dich davon nicht mehr versklaven, lässt dich nicht länger von jedem Impuls wie eine Marionette steuern, und du hörst auf, dich über dein gegenwärtiges Schicksal zu beklagen oder die Zukunft zu fürchten.«

Mark Aurel gibt wunderbare Ratschläge. Nehmen wir diesen hier: Wir sind reife Menschen und werden nicht länger von äußeren Ereignissen und anderen Menschen versklavt. Wir werden nicht von jedem Impuls wie eine Marionette gesteuert. Wir werden uns nicht über den gegenwärtigen Moment beschweren oder die Zukunft fürchten.

Es ist an der Zeit, wieder die Kontrolle zu übernehmen. Lassen Sie uns unseren Seelenfrieden schützen.

»Das Erste, was du tun musst, ist, dich nicht mehr aufzuregen.« So erinnerte Mark Aurel sich daran, ruhig zu bleiben. Sobald Sie sich selbst im Griff haben, betrachten Sie die anstehende Aufgabe als das, was sie ist, und behalten Sie dabei Ihre Werte im Auge. Dann ergreifen Sie geeignete Maßnahmen mit Freundlichkeit, Bescheidenheit und Aufrichtigkeit.

Erstens, regen Sie sich nicht auf. Zweitens, tun Sie das Richtige. Das ist alles.

Wenn wir einer Situation mit Achtsamkeit begegnen, stehen uns diese Möglichkeiten immer zur Verfügung. Wir versuchen zunächst, uns nicht zu ärgern. Und dann schauen wir uns die Umstände objektiv an, während wir unsere Werte im Auge behalten. Und handeln entsprechend.

Dieser Prozess erfordert, dass wir unsere Impulse, Eindrücke und Urteile wahrnehmen, damit wir von ihnen Abstand nehmen können, anstatt uns von ihnen mitreißen zu lassen. Wir müssen vermeiden, dass wir bei unseren Reaktionen überstürzt reagieren. Das ist tatsächlich alles.

Vermeiden Sie Eile, bleiben Sie ruhig, und Sie werden nicht wie eine Marionette fremdgesteuert.

Übung 30

Das Leben soll fordernd sein

»Wenn Schwierigkeiten auftreten,
zeigt sich der Charakter eines Menschen.
Wenn du also vor einer Herausforderung stehst,
denk daran, dass Gott dich mit einem
jüngeren Sparringspartner zusammenbringt,
wie es auch ein Konditionstrainer tun würde.
Warum? Ein Olympionike zu werden,
erfordert Schweiß! Ich glaube, niemand anderes
hat eine bessere Herausforderung als du,
wenn du sie nur so benutzen würdest wie
ein Sportler diesen jüngeren Sparringspartner.«
– EPIKTET

Wir sind schnell dabei, uns über eine Situation zu beschweren. Aber wer hat behauptet, das Leben sei fair? Wer hat behauptet, das Leben sei einfach?

Niemand. Deshalb sind wir hier! Wir sind dafür bestimmt. So werden wir besser. So lernen wir, auszuhalten und durchzuhalten. So wachsen wir zu einem reifen Menschen heran.

»Was, glaubst du, wäre aus Herkules geworden, wenn es keinen Löwen, keine Hydra, keine Hirschkuh und keinen Eber gegeben hätte – und keine grausamen Verbrecher, von denen man die Welt befreien müsste? Was hätte er ohne solche Herausforderungen getan?«

Dieses Herkules-Beispiel, das Epiktet bringt, ist es wert, wiederholt zu werden. Er fährt fort: »Offenkundig hätte er sich einfach im Bett umgedreht und wäre wieder eingeschlafen. Indem er sein gesamtes Leben in Luxus und Komfort verschlafen hätte, hätte er sich niemals zum mächtigen Herkules entwickelt. Und selbst wenn er es getan hätte, was hätte es ihm gebracht? Was wäre der Nutzen dieser Arme, dieses Körpers und dieser edlen Seele gewesen, ohne Krisen und Bedingungen, um ihn zum Handeln zu bewegen?«

Wünschen Sie sich kein hartes Leben, aber wünschen Sie sich auch nicht, es wäre einfacher, wenn es schwierig wird. Wünschen Sie sich vielmehr die Kraft, damit umzugehen. Es ist eine Chance auf Wachstum. Es ist der jüngere Sparringspartner, der Sie herausfordert. Er testet Sie nur.

Die Frage ist: Was machen Sie aus dieser Herausforderung? Sind Sie jemand, der sie akzeptiert und bereit ist, sie frontal anzugehen? Oder sind Sie jemand, der nach dem ersten Kinnhaken das Handtuch wirft?

Dafür sind wir hier, sagen die Stoiker. Das Leben soll hart sein. Es wäre sogar schade, wenn man sich keinen Herausforderungen stellen stellen müsste. Dazu Seneca: »Ich halte dich für unglücklich, weil du noch nie ein Unglück erlebt hast. Du bist durchs Leben gegangen, ohne auf Widerstand zu stoßen. Niemand kann beurteilen, wozu du fähig bist, nicht einmal du.«

Deshalb haben sich die Stoiker so sehr im wahren Leben engagiert. Sie wussten, dass der Mensch dort wächst, nicht in den Elfenbeintürmen.

Wenn Sie das nächste Mal in einer schwierigen Situation sind, nehmen Sie es als Chance auf Wachstum an. Machen Sie sich keine Sorgen. Sie können nur wachsen. Vielleicht ist es eine prägende Erfahrung, für die Sie später dankbar sein werden.

Die Frage ist nicht, *ob* das Leben Ihnen ein paar Schläge versetzen wird, sondern *wann*. Und wie Sie darauf reagieren werden.

Werden Sie wachstumsorientiert und positiv reagieren – bereit, die Herausforderung zu überwinden? Oder werden Sie wie ein Opfer reagieren – indem Sie sich beschweren und beim ersten Anzeichen von Schwierigkeiten das Handtuch werfen?

Sehen Sie es als Chance, zu lernen und stärker zu werden? Oder sind Sie frustriert und beginnen, zu weinen?

Wenn das Leben also schwierig wird, dann erinnern Sie sich daran, dass Sie genau dafür auf dieser Welt sind. Es wird Sie stärker machen.

Übung 31

Konzentrieren Sie sich auf das Hier und Jetzt

»Lass dich nicht durch die Betrachtung deines Lebens in seiner Gesamtheit entmutigen! Halte dich nicht länger mit Unannehmlichkeiten auf, die in der Vergangenheit aufgetreten sein mögen oder in der Zukunft auftreten könnten. Frag dich vielmehr in jedem Moment der Gegenwart: ›Was ist denn daran nicht zu ertragen oder nicht unterstützenswert?‹«

– MARK AUREL

Ein wichtiger Teil des Stoizismus ist die Entwicklung eines Bewusstseins für den gegenwärtigen Moment, das es Ihnen ermöglicht, einen Schritt zurückzutreten, die Situation objektiv zu betrachten, Ihre Eindrücke zu analysieren und konstruktiv fortzufahren.

In einem hektischen Moment ist es leicht, den Fokus auf die anstehende Aufgabe zu verlieren und sich in den Weiten unseres Lebens zu verlieren. Wir blicken weit in die ungewisse Zukunft und zurück in die sichere, aber vergangene Vergangenheit. Kein Wunder, dass wir überfordert sind.

Vergessen wir nicht, dass weder die Vergangenheit noch die Zukunft unserer Kontrolle unterliegen. Sie sind den Stoikern gleichgültig. Der gegenwärtige Moment ist alles, was ein Mensch besitzt, sagte Mark Aurel. Aber »niemand kann die Vergangenheit oder die Zukunft verlieren, denn wie soll jemand um etwas gebracht werden können, das ihm nicht gehört?«

Die Vergangenheit ist unwiederbringlich verschwunden. Die Zukunft kann nur durch unser Handeln im Hier und Jetzt beeinflusst werden. Deshalb meinen die Stoiker, dass wir im gegenwärtigen Moment achtsam sein und uns auf das Reale und Greifbare konzentrieren müssen.

Die ganze Macht, die wir haben, steckt in diesem Moment. Genau jetzt können wir die Entscheidungen, die wir treffen, kontrollieren. Sie entscheiden sich dafür, jetzt dieses Buch zu lesen, welches ich seinerzeit in einem bestimmten Moment beschlossen habe, zu schreiben.

Unser selbstgewähltes Denken und Handeln ist das Einzige, was in unserer Macht liegt. Nur in diesem Moment.

Wenn wir unser bestes Selbst in jedem Moment präsentieren möchten, dann *müssen* wir uns unseres Handelns im gegenwärtigen Moment bewusst sein. Diese Achtsamkeit ist eine Voraussetzung für den praktizierenden Stoiker.

Die Schwierigkeit ist folgende: Wir lassen uns von unseren Gedanken über die Vergangenheit oder Zukunft mitreißen. Und währenddessen verlieren wir den Kontakt zum Hier und Jetzt. Das ist der Hauptgrund, aus dem wir überfordert sind. Im Gegensatz zu Tieren machen wir uns Sorgen über Dinge, die schon längst vergangen sind oder die noch kommen werden – und beides liegt außerhalb unserer Kontrolle. Dazu Seneca: »Wilde Tiere fliehen vor Gefahren, wenn sie sie erkennen. Sobald sie geflohen sind, sind sie frei von Ängsten. Aber wir werden sowohl von der Zukunft als auch von der Vergangenheit gequält.«

Die Gegenwart allein, so sagte er, kann einen Menschen nicht unglücklich machen.

Deshalb sollten wir versuchen, uns selbst dabei zu ertappen, wenn wir überfordert sind, und uns fragen: »Welche Aufgabe liegt genau hier, genau jetzt vor uns, und warum erscheint sie so unerträglich?«

Wenn Sie in der Lage sind, sich auf den gegenwärtigen Moment zu konzentrieren und ihn isoliert zu betrachten, dann werden diese schwierigen Momente plötzlich leichter zu ertragen und zu bewältigen sein. Es wird einfacher sein, sie so zu akzeptieren, wie sie sind, und sich auf das zu konzentrieren, was Sie in diesem Moment tun können, um Ihre Situation zu verbessern, um das Beste daraus zu machen.

Einen winzigen Schritt nach dem anderen.

Je besser Sie darin werden, Ihren Fokus auf den gegenwärtigen Moment zu lenken, desto achtsamer werden Sie gegenüber Ihren gegenwärtigen Handlungen und desto näher werden Sie Ihrem Ziel kommen, Ihrem besten Selbst Ausdruck zu verleihen.

Mark Aurel sagte, dies sei alles, was Sie jemals brauchen werden:

- **Gewissheit beim Urteil über den gegenwärtigen Moment:** Wie sieht die Situation objektiv aus?
- **Akzeptanz von externen Ereignissen im gegenwärtigen Moment:** Akzeptieren Sie das, was sich außerhalb Ihrer Kontrolle befindet, und begnügen Sie sich damit.
- **Handeln zugunsten des Gemeinwohls im gegenwärtigen Moment:** Welche Maßnahme ist die beste, die ich im Moment ergreifen kann?

Wenn das alles ist, was Sie von der stoischen Philosophie mitnehmen, und wenn Sie genügend Achtsamkeit in Ihren Alltag bringen, dann werden Sie bereits sehr profitieren!

Als aufstrebende Stoiker sollten wir versuchen, uns auf den gegenwärtigen Moment zu konzentrieren und uns nicht von der

Vergangenheit oder der Zukunft ablenken zu lassen. Nur so können wir unsere Eindrücke hinterfragen und die Situation objektiv betrachten, das, was nicht in unserer Macht liegt, mit Gelassenheit akzeptieren und unser Handeln an unseren wichtigsten Werten wie Weisheit, Gerechtigkeit, Tapferkeit und Selbstdisziplin ausrichten. Das wird genügen.

Übung 32

Seien Sie dankbar

»Träume nicht von Dingen, die du nicht besitzt, als wären sie dein, sondern sei dankbar für das, was du tatsächlich besitzt, und denk daran, wie sehr du es dir wünschen würdest, würde es dir nicht schon gehören. Aber pass auf, dass du diese Dinge nicht so sehr schätzt, dass du bekümmert bist, wenn du sie verlieren solltest.«

– MARK AUREL

In Zeiten, in denen man zu kämpfen hat, kann es hilfreich sein, sich daran zu erinnern, was man hat. Wir vergessen häufig, wie gut wir es tatsächlich haben und wie wohlgesonnen uns das Leben in der Vergangenheit war.

Vergessen Sie nicht, für die Dinge, die Sie haben, dankbar zu sein – auch im Angesicht von Schwierigkeiten. Mark Aurel erinnert uns dazu an drei Dinge:

- Materielle Dinge sind nicht wichtig, sammeln und horten Sie solche Dinge nicht.
- Seien Sie dankbar für alles, was Sie haben.
- Achten Sie darauf, nicht Ihr Herz an diese Dinge zu hängen.

Wen interessiert es, was andere haben? Sie können selbst entscheiden, was wirklich wichtig ist und was nicht. Konzentrieren Sie sich auf sich selbst. Machen Sie sich bewusst, wie großzügig das Leben zu Ihnen war. Sie benötigen nicht immer mehr Zeug, sondern weniger. Dann werden Sie freier sein. Je mehr Sie besitzen, desto mehr können Sie verlieren. Seien Sie dankbar für das, was Sie haben. Sie sollten diese Dinge wertschätzen und Möglichkeiten finden, das, was Sie bereits haben, gut zu nutzen.

Hier ist ein göttliches Gesetz, das Epiktet großzügig mit uns teilte: »Und wie lautet das göttliche Gesetz? Den Besitz eines Menschen zu bewahren, nicht das zu beanspruchen, was anderen gehört, sondern das zu nutzen, was einem gegeben wurde, und wenn es nicht gegeben wurde, es auch nicht zu begehren; und wenn dir etwas weggenommen wird, es bereitwillig und sofort aufzugeben und dankbar zu sein für die Zeit, die du es nutzen durftest.«

Begehre nicht, was du nicht hast, sondern schätze, was du hast. Sei immer bereit, das zurückzugeben, was dir gegeben wurde, und sei dankbar für die Zeit, die du es nutzen konntest.

Was für ein einfaches Gesetz. Lassen Sie uns das in unser Hirn eingravieren.

Seneca stimmt zu: »Der größte Segen der Menschheit ist in uns … Ein weiser Mensch begnügt sich mit seinem Schicksal, wie auch immer es aussehen mag, ohne sich zu wünschen, was er nicht hat.«

Lassen Sie uns diese Dankbarkeit für immer beibehalten. Für alles, was wir haben, und für alles, was uns in die Quere kommt. Stellen Sie sicher, sich regelmäßig in Dankbarkeit zu üben. Der einfachste Weg dazu ist, täglich ein paar konkrete Dinge aufzuschreiben, für die Sie dankbar sind. Fügen Sie dies zu Ihrer Morgenroutine hinzu, wenn Sie mit den Worten von Mark Aurel sagen: »Wenn du morgens aufstehst, so denke daran, welch kostbares Privileg es ist, zu leben – zu atmen, zu denken, zu genießen, zu lieben.«

Übung 32

Denken Sie daran, sich nicht zu sehr an die Dinge, für die Sie dankbar sind, zu klammern. Sie sind nur von der Natur geliehen und können im Handumdrehen weggenommen werden.

Übung 33

Wechseln Sie die Perspektive

»Wir können uns mit dem Willen der Natur vertraut machen, indem wir uns an unsere gemeinsamen Erfahrungen erinnern. Wenn ein Freund ein Glas fallen lässt und es zerbricht, sagen wir schnell: ›Oh, was für ein Pech.‹ Es ist also nur vernünftig, dass man, wenn man selbst ein Glas zerbricht, es mit der gleichen geduldigen Gelassenheit akzeptiert … Wir sollten uns besser daran erinnern, wie wir reagieren, wenn ein ähnlicher Verlust andere trifft.«
– EPIKTET

Wie unterschiedlich wir doch das gleiche Ereignis bewerten, je nachdem, ob es uns zustößt oder anderen Menschen. Wenn Ihr Kollege eine Tasse zerbricht, nehmen Sie es locker und lassen vielleicht einen Kommentar fallen wie das Sprichwort »Scherben bringen Glück.« oder »Kann passieren, lass mich dir helfen, es aufzufegen.«.

Aber wenn es uns passiert, beurteilen wir uns selbst schnell als ungeschickt oder unfähig. Natürlich ist es viel einfacher, ruhig zu bleiben und Gelassenheit zu bewahren, wenn Missgeschicke anderen als uns selbst passieren.

Wäre es nicht klüger, ähnlich zu reagieren, wenn etwas uns betrifft? Ich meine, immerhin sind wir nichts Besonderes. Warum also sollten wir aus einer Mücke einen Elefanten machen, wenn uns etwas betrifft, es jedoch mit einem Lächeln abhaken, wenn es anderen passiert?

Das ergibt keinen Sinn. Das Universum behandelt uns nicht anders als andere, es ist nicht hinter uns her. Dinge passieren einfach, manchmal stoßen sie uns zu, manchmal anderen. Die Dinge passieren uns in der völlig normalen Reihenfolge der Dinge. Nehmen Sie das als Trostpflaster.

Wenn Ihnen das nächste Mal etwas Ungelegenes passiert, dann stellen Sie sich vor, es wäre jemand anderem passiert. Fragen Sie sich, wie Sie reagieren würden, wenn das Gleiche Ihrer Kollegin Sharon passiert wäre. Wenn es nicht furchtbar ist, wenn es Sharon passiert, dann ist es auch nicht furchtbar, wenn es Ihnen passiert. Damit wird Ihnen bewusst, wie relativ bedeutungslos die „schlimmen" Dinge sind, die allen von uns zustoßen, und es wird Sie daher davon abhalten, sich zu sehr aufzuregen.

Epiktet geht noch einen Schritt weiter: »Kommen wir zu schwerwiegenderen Dingen: Wenn die Frau oder das Kind von jemandem stirbt, sagen wir alle routinemäßig zu ihm: ›Nun, das ist Teil des Lebens.‹ Aber wenn jemand aus unserer eigenen Familie stirbt, dann heißt es sofort: ›Ich Armer, ich Armer!‹«

Mit einer zerbrochenen Tasse funktioniert das viel einfacher als mit einem gebrochenen Herzen. Und doch ist es das Gleiche. Warum ist es nicht allzu schlimm, wenn Sharon ihren Mann verliert, aber das Schlimmste, was überhaupt passieren kann, wenn es sich um Ihren Mann handelt?

Wir können natürlich nicht einfach den Tod eines geliebten Menschen wie das Zerbrechen einer Tasse abhaken. Aber über unsere Reaktion nachzudenken, wenn es jemand anderem passiert, könnte dennoch hilfreich sein. Es rückt die Dinge in die richtige Perspektive und erinnert uns daran, dass das, was uns passiert, auch anderen passiert.

Ebenso kann es Ihnen dabei helfen, anderen gegenüber mehr Empathie und Verständnis entgegenzubringen, wenn Sie sich vorstellen, dass das, was ihnen zugestoßen ist, Ihnen passiert wäre. Wir sind manchmal schnell dabei, jemandem zu unterstellen, er würde überreagieren, und seine Gefühle abzutun, aber wenn das Gleiche uns passieren würde, wären wir genauso. Oder noch schlimmer.

Wenn Ihnen also Unannehmlichkeiten zustoßen, dann denken Sie an die Reaktion, die Sie zeigen würden, wenn es jemand anderem passiert wäre. Dies wird Ihnen dabei helfen, sich Ihren ausgeglichenen Geist zu bewahren.

Umgekehrt gilt auch, dass Sie die Reaktion von anderen auf ein Unglück nicht vorschnell beurteilen, sondern zunächst an Ihre eigene Reaktion auf das gleiche Unglück denken sollten. Dies wird Ihnen dabei helfen, mehr Verständnis für andere zu entwickeln.

Übung 34

Nehmen Sie die Vogelperspektive ein

»Wie schön Platon es in Worte gefasst hat. Wann immer Sie über Menschen sprechen wollen, ist es am besten, die Vogelperspektive einzunehmen und alles auf einmal zu sehen – Versammlungen, Armeen, Bauernhöfe, Hochzeiten und Scheidungen, Geburten und Todesfälle, laute Gerichtssäle oder stille Orte, alle fremden Völker, Feiertage, Gedenkstätten, Märkte – alles vermischt und in gegensätzlichen Paaren arrangiert.«
– MARK AUREL

Was für eine tolle Übung. Stellen Sie sich vor, Sie verlassen Ihren Körper und schweben am Himmel. Immer höher und höher. Sie sehen sich selbst, Ihr Haus, Ihre Nachbarschaft, andere Menschen, Ihre Stadt mit ihrem See und ihrem Fluss, bis Ihr Körper wie ein winziger Samen erscheint. Und weiter hinauf steigen Sie, bis Sie Ihr Land sehen, das Meer und sogar den ganzen Planeten.

Diese Übung hilft Ihnen, sich selbst als Teil des Ganzen zu erkennen. Sie sehen alle menschlichen Dinge von weit oben, zuerst wie ein Vogel und dann wie ein Astronaut.

»Du kannst dich von vielen nutzlosen Dingen befreien, die dich stören«, so Mark Aurel, »denn sie liegen ganz in deiner Vorstellung.«

Viele Probleme lassen sich mit dieser Perspektive von weit oben lösen. Menschliche Angelegenheiten und das eigene Unglück erscheinen aus dieser Perspektive trivial.

»Und indem man die Ewigkeit der Zeit betrachtet und den schnellen Wandel eines jeden Teils von allem beobachtet, wie kurz ist da die Zeit von der Geburt bis zum Verfall im Vergleich zur unendlichen Zeit vor der Geburt sowie zur ebenso grenzenlosen Zeit nach dem Verfall.«

Unsere Probleme erscheinen nicht nur unbedeutend und lösen sich schnell auf, sondern wir werden auch an die Vergänglichkeit der Dinge erinnert. Wir sind nicht nur sehr klein, sondern auch sehr kurzlebig, sehr flüchtig. Mark Aurel drückt es perfekt aus: »Stell dir ständig Zeit und Raum als Ganzes vor, und jede einzelne Sache, die räumlich betrachtet ein winziger Samen, zeitlich betrachtet die bloße Drehung einer Schraube ist.«

Wenn Sie das nächste Mal Probleme haben, versuchen Sie einmal, die Vogelperspektive einzunehmen.

Wir sind oft in unserem Kopf gefangen. Dann machen wir den Fehler, uns einzubilden, es handele sich um eine große Sache. Wir sind in Gedanken versunken und erkennen deren Banalität nicht. Wir konzentrieren uns auf das anstehende Problem, und es scheint das Wichtigste auf Erden zu sein. Wie ein massives Problem.

Dann lohnt es sich, den Blick von weit oben zu wagen. Ihr massives Problem erscheint plötzlich völlig unbedeutend im Vergleich zu den Weiten des Universums. Dies hilft Ihnen, die Dinge ins rechte Licht zu rücken, das Gesamtbild zu erkennen und gegenüber äußeren Dingen gleichgültig zu bleiben, die andere Menschen fälschlicherweise wertschätzen, wie Reichtum, Aussehen oder sozialer Status.

Übung 35

Alles bleibt gleich

»Alles, was geschieht, ist so gewöhnlich
und bekannt wie die Rose im Frühling
und die Frucht zur Erntezeit.
Hierzu gehören auch Krankheit,
Tod, Blasphemie, Verschwörung … alles,
was dumme Menschen erfreut oder
wütend macht.«
– MARK AUREL

»Ein Geschlecht vergeht, das andere kommt; die Erde aber bleibt ewiglich.« Obwohl dies von Mark Aurel sein könnte, stammt es tatsächlich aus der Bibel.

Letztendlich ändert sich nichts, die Dinge waren schon immer so wie heute. Menschen haben schon immer getan, was Menschen nun einmal so tun. Bestimmte Einstellungen und Praktiken sind gekommen und gegangen, aber Menschen und ihre Leben waren immer gleich – heiraten, Kinder großziehen, krank werden, sterben, kämpfen, weinen, lachen, feiern, vortäuschen, meckern, sich verlieben, begehren und philosophieren.

Nichts Neues. Die Dinge sind noch genau so wie vor zehn Generationen und werden auch in zukünftigen Generationen noch gleich sein. Seneca, Epiktet und Mark Aurel hatten die gleichen Probleme wie wir zweitausend Jahre später, deshalb sind ihre Texte auch heute noch so aktuell. Mark Aurel erinnert uns daran, dass alles wiederkehrt. »Unheil: Es ist das gleiche alte Ding. Egal was passiert, behalte das im Hinterkopf: Es ist das gleiche alte Ding, von einem Ende der Welt zum anderen. Es füllt die Geschichtsbücher, alte und moderne, und die Städte und die Häuser auch. Überhaupt nichts Neues.«

Es ist leicht zu glauben, dass das, was jetzt passiert, etwas Besonderes ist. Aber als starke Menschen müssen wir uns dieser Vorstellung widersetzen und uns bewusst sein, dass die Dinge bis auf wenige Ausnahmen die gleichen sind, die sie immer waren und immer sein werden. Die gleichen alten Dinge.

Wir sind genau wie die Menschen, die vor uns kamen. Wir sind nur kurze Zwischenstopps, bis andere Menschen wie wir kommen, wenn wir weg sind. Die Erde bleibt für immer, aber wir werden kommen und gehen.

Bevor Sie irgendetwas zu ernst nehmen, sollten Sie sich daran erinnern, dass Dinge, die Ihnen passieren, nichts Besonderes sind. Hunderte haben es bereits vor Ihnen erlebt und Hunderte mehr werden es erleben, wenn Sie nicht mehr da sind.

Es tut mir leid, Ihnen das sagen zu müssen, aber Sie sind nichts Besonderes. Was Ihnen passiert, ist nichts Besonderes. Wie Sie sich verhalten, ist nichts Besonderes.

Dies könnte Ihnen helfen, die Dinge ins rechte Licht zu rücken. Und nicht alles so ernst zu nehmen. Und sich selbst nicht zu ernst zu nehmen. Es sind die gleichen alten Dinge.

Zudem ist dies ein weiterer Grund, warum uns Kleinigkeiten nicht überraschen sollten – solche Dinge passieren immer wieder, dessen sollten wir uns bewusst sein. Dinge zerbrechen, Menschen sterben, Spiele gehen verloren, Menschen scheitern – wie die Rose im Frühling und die Früchte im Sommer – Dinge werden immer wiederkehren.

Übung 36

Fleisch ist totes Tier: Betrachten Sie Dinge objektiv

»Wenn wir Fleisch und ähnliche Lebensmittel vor
uns haben, so erkennen wir,
dass dies der Leichnam eines Fisches ist,
und jenes der Leichnam eines Vogels oder
eines Schweins; und abermals, dass dieser
falernianische [Wein] nur ein wenig
Traubensaft ist, und dieses lila Gewand
ein bisschen Schafwolle, gefärbt mit dem Blut
von Schalentieren; oder, was den
Geschlechtsverkehr betrifft, dass es sich
lediglich um innere Reibung und
die krampfartige Ausscheidung von Samen
handelt: so stark sind diese Eindrücke,
dass sie die Dinge selbst erreichen und
sie durchdringen, und so sehen wir die Dinge,
wie sie wirklich sind.«
– MARK AUREL

Die Stoiker raten, ein Objekt oder eine Situation so objektiv wie möglich zu betrachten. Halten Sie sich an die Fakten und beschreiben Sie ein Ereignis so wertfrei und realitätsnah wie möglich.

Das ist klassisches stoisches Denken: Ein Ereignis selbst ist objektiv. Nur wir geben ihm eine Bedeutung, indem wir es beurteilen.

Wie oben erwähnt, gemahnt sich Mark Aurel selbst daran, immer die grundlegenden Bestandteile der Dinge zu betrachten. Er will sicherstellen, dass er den äußeren Einflüssen nicht zu viel Bedeutung beimisst.

(Nebenbei bemerkt: Der Teil, der sich auf den Geschlechtsverkehr bezieht, soll nicht prüde wirken – schließlich hatte Mark Aurel 13 Kinder –, sondern eher als Prüfung wider eine Lust um der Lust willen.)

Wir sollten die Dinge so betrachten, wie sie sind, »sie offen legen, ihre Wertlosigkeit erkennen und sie von all den Worten befreien, mit denen sie erhöht werden«.

Wir sollten ein Ereignis als das ansehen, was es ist, es analysieren, »es auf den Kopf stellen und sehen, wie es beschaffen ist, was aus ihm im Alter, während einer Krankheit und im Tod wird«.

Mark Aurel krempelt die Dinge um und schaut sie sich genau an. Er spricht von den kaiserlichen Gewändern als »ein bisschen Schafwolle, gefärbt mit dem Blut von Schalentieren«. Mag es auch kostbar sein, so ist es doch nur ein bisschen Schafwolle, die mit dem Blut übelriechender Murex-Schalentierextrakte gefärbt wurde. Wenn Sie aufmerksam gelesen haben, dann erinnern Sie sich vielleicht daran, dass eben aus diesem Farbstoff die Ladung bestand, die Zenon bei seinem Schiffbruch viele Jahre vor der Gründung des Stoizismus verlor.

Die Dinge mögen tatsächlich wertvoll sein, betrachtet man sie aber objektiv, so verlieren sie ziemlich schnell ihren Wert.

Mark Aurel rät uns dazu, das Leben so gut wie möglich zu gestalten. Die hierzu benötigte Kraft liegt in der Seele jedes Menschen, sofern diese es fertigbringt, gleichmütig gegenüber äußeren Einflüssen zu sein. Und dies wird sie sein, wenn sie »diese Dinge sowohl als

Ganzes betrachtet als auch in ihre Bestandteile zerlegt, und sich darauf besinnt, dass weder das eine noch das andere uns ein Urteil aufdrängt oder uns dazu nötigt, ein Urteil zu fällen«.

Im Wesentlichen wird die objektive Betrachtung der Dinge, so wie sie wirklich sind, uns dabei helfen, das Beste aus uns selbst herauszuholen. Wir werden erkennen, wie völlig bedeutungslos die Dinge sind und uns daran erinnern, dass es nur unsere Werturteile sind, die ihnen Wert und Bedeutung verleihen.

In der stoischen Philosophie betrachten wir die Dinge von allen Seiten und lernen, Situationen besser zu verstehen. Oftmals hilft uns die objektive Darstellung der Abläufe dabei, klar zu sehen und verhindert, dass wir ihnen zu viel Bedeutung beimessen.

Wenn Sie also im Leben gefordert werden, wenn Sie nicht vorankommen, dann versuchen Sie, Ihre Situation objektiv zu betrachten. Krempeln Sie sie um, zerlegen Sie sie in ihre Bestandteile und beschreiben Sie sie mit einfachen Worten. So wahrheitsgetreu wie möglich. Wie mutet sie an? Aus welchen Bestandteilen besteht sie? Wie lange wird sie andauern?

Übung 37

Seien Sie nicht voreilig: Überprüfen Sie Ihre Eindrücke

»Mach es dir umgehend zur Gewohnheit,
jedem starken Eindruck auf dich
Folgendes mitzuteilen: ›Ein Eindruck ist alles,
was du bist, aber nicht die Quelle des Eindrucks.‹
Alsdann prüfe und bewerte ihn anhand
deiner Kriterien, aber vor allem mit diesem:
›Ist dies etwas, das meiner Kontrolle unterliegt
oder nicht?‹ Und falls es keines der Dinge ist,
die du kontrollieren kannst, so lass diese
Reaktion darauf folgen: ›Dann geht es mich
nichts an.‹«
– EPIKTET

Wir sind von Natur aus darauf bedacht, das anzugehen, was sich gut anfühlt, und zu vermeiden, was sich schlecht anfühlt. Das ist unser Überlebensinstinkt, der massiv unser Verhalten im Alltag beeinflusst.

Das ist der Hauptgrund, warum wir Dinge auf die lange Bank schieben. Und es ist der Hauptgrund, warum man während der Autofahrt andere Fahrer beschimpft. Ein gewisser Reiz löst einen Eindruck aus und wir handeln danach. In den meisten Fällen geschieht dies automatisch:

- Ein Fahrer schneidet uns und wir schreien ihn an.
- Unsere Großmutter serviert uns Kekse und wir essen sie.
- Unser Bruder schaut fern, also setzen wir uns hin und schauen mit zu.

Das Problem dabei? Unsere Sinne spielen uns ständig Streiche. Unsere emotionalen Eindrücke sind in der heutigen Welt kontraproduktiv. Wenn wir nur das angehen, was sich gut anfühlt, verschwenden wir unser Leben damit, Netflix-Serien am Stück zu schauen, kiloweise M&Ms zu futtern und uns mit Wein aus Tetra Paks zu betrinken!

Der Punkt ist, dass das, was sich richtig *anfühlt*, oft nicht das Richtige ist.

Denken Sie daran, dass wir als aufstrebende Stoiker immer das Steuer in der Hand haben wollen, damit wir bewusst unsere besten Handlungen wählen können. Deshalb ist es entscheidend, dass wir nicht impulsiv auf Eindrücke reagieren, sondern uns einen Moment Zeit nehmen, bevor wir reagieren, und es wird viel einfacher sein, die Kontrolle zu behalten.

Wir müssen überstürzte Handlungen vermeiden. Wie Epiktet sagte: »Lasst euch nicht von der Lebendigkeit des Eindrucks mitreißen, sondern sagt: ›Warte ein Weilchen auf mich, Eindruck: Erlaube mir, zu sehen, wer du bist und wovon du ein Eindruck bist; erlaube mir, dich auf die Probe zu stellen.‹«

Lassen Sie uns unsere Eindrücke auf die Probe stellen. Ist es wirklich so schlimm? Was genau ist passiert? Will ich wirklich diesen Weg einschlagen? Warum spüre ich einen so starken Drang in mir? Was weiß ich über diese Person?

Wenn Sie in der Lage sind, innezuhalten und solche Fragen zu stellen, werden Sie sich nicht mehr von den Eindrücken mitreißen lassen und keine voreiligen Schritte mehr unternehmen. Es geht darum, automatische Reaktionen zurückzuhalten. Wiederstehen Sie

Ihren impulsiven Eindrücken und akzeptieren Sie sie nicht. Prüfen Sie sie zunächst.

Das ist nicht einfach. Wenn wir unsere Eindrücke auf die Probe stellen wollen, wenn wir zuerst einen Schritt zurücktreten und sie als bloße Hypothesen betrachten möchten, dann müssen wir erst einmal in der Lage sein, sie *überhaupt* zu erkennen. Dies erfordert Selbsterkenntnis.

In Wahrheit sind es also zwei Schritte: Zuerst müssen wir unsere Eindrücke erkennen und sicherstellen, dass wir uns nicht sofort von ihnen mitreißen lassen. Anschließend müssen wir die Eindrücke überprüfen und in Ruhe entscheiden, was als Nächstes zu tun ist.

Die Fähigkeit, unsere Reaktionen auf leidenschaftliche Eindrücke mit den Worten »Warte ein Weilchen auf mich, Eindruck« hinauszuzögern, ist die Grundlage für das Leben mit Arete. Es ist die einzige Möglichkeit, wie wir dem widerstehen können, was sich gut anfühlt, und die Dinge tun können, bei denen das nicht der Fall ist.

Wenn Sie in der Lage dazu sind, überstürzte Handlungen zu vermeiden und die nötige Selbstdisziplin aufzubringen, dann werden Sie zu einem Menschen, der in der Lage ist, Nein zu den Dingen zu sagen, denen andere nicht widerstehen können, und der fähig ist, die Dinge zu tun, vor denen sich andere graulen.

Wie Sie sehen, ist das Prüfen Ihrer Eindrücke wirklich wichtig und eine Kernqualität eines jeden aufstrebenden Stoikers. Wenn Sie das immer wieder tun, so werden Sie auch erkennen, dass es nicht das Ereignis selbst ist, das Sie verärgert oder erfreut, sondern Ihre Reaktion darauf. Wenn Sie sich dafür entscheiden, auf kleine Unannehmlichkeiten überhaupt nicht mehr zu reagieren, dann werden sie Sie auch nicht mehr bekümmern. Als ob nichts passiert wäre.

Wenn wir uns einfach etwas Zeit nehmen und eine Weile warten, bevor wir reagieren, dann können wir auch unserem Impuls widerstehen, instinktiv und sofort zu reagieren. Diese impulsiven Reaktionen sind in den meisten Fällen nicht hilfreich.

Dabei geht es primär darum, vorschnelle emotionale Reaktionen zu vermeiden. Um anschließend erst einmal zu prüfen, ob es etwas gibt, das wir unternehmen können, oder nicht. Belasten Sie sich nicht mit etwas, das außerhalb Ihrer Kontrolle liegt – eben deshalb, weil wir sowieso nichts dagegen unternehmen könnten.

Wir kontrollieren einzig und allein unsere Reaktion. Daher lassen Sie uns unsere intelligenteste (Nicht-)Reaktion wählen und weiterziehen. Sehen wir uns nun Epiktets Strategie zum Umgang mit angenehmen Eindrücken an: »Wann immer du einen Eindruck von etwas bekommst, das Vergnügen bereitet, mache es so wie bei jedem anderen Eindruck auch – verwahre dich davor, von ihm mitgerissen zu werden, lass ihn auf deine Handlung warten, verschaffe dir selbst etwas Zeit. Danach überdenke beide Zeitpunkte – zuerst den, an dem du das Vergnügen genießt, und anschließend den, an dem du es bereuen und dich selbst dafür hassen wirst. Dann vergleiche diese beiden mit der Freude und Befriedigung, die du empfinden würdest, wenn du auf beide verzichtet hättest.«

Zum Mitnehmen: Bevor Sie handeln, sagen Sie: »Warte ein Weilchen auf mich, Eindruck. Erlaube mir, dich auf die Probe zu stellen.«

Übung 38

Tun Sie Gutes, seien Sie gut

»Benimm dich nicht, als seiest du dazu bestimmt, ewig zu leben. Der Tod schwebt schon über dir. Solange du noch lebst und solange du noch kannst, sei ein guter Mensch.«
– MARK AUREL

Weshalb lesen Sie dieses Buch?

Sie bekommen kein Ehrenabzeichen und auch keine andere Auszeichnung, wenn Sie etwas über den Stoizismus lernen. Niemand interessiert sich dafür, welche Bücher Sie lesen oder wie viel Sie über die antike Philosophie wissen.

Und das wiederum ist Ihnen egal, weil Sie es sich selbst wegen lesen. Weil Sie die bestmögliche Version Ihrer selbst sein wollen. Weil Sie in der Lage sein wollen, effektiv mit den Herausforderungen des Lebens umzugehen. Weil Sie ein glückliches und reibungslos verlaufendes Leben führen wollen.

Und genau darum geht es. »Denn Philosophie besteht nicht in der äußeren Darstellung«, erinnert uns Gaius Musonius Rufus, »sondern darin, auf das Notwendige zu achten.«

Wer Sie sind und was Sie tun, ist das, was zählt. Es ist die menschliche Vortrefflichkeit, die einen Menschen schön macht, sagt Epiktet. Wenn Sie Eigenschaften wie Gerechtigkeit, Ruhe, Tapferkeit,

Selbstdisziplin, Freundlichkeit oder Geduld entwickeln, werden Sie schön werden.

Niemand kann sich wahre Schönheit durch Betrügereien ergaunern.

Gut und Böse liegen in unseren Entscheidungen. Es kommt darauf an, was wir mit den uns gegebenen Karten machen. Wenn Sie versuchen, gut zu sein, wenn Sie Ihr Bestes geben, dann spielt das Ergebnis keine Rolle.

Sie können von sich aus gut werden. »Glücklich ist derjenige, der sich selbst zum Glück verhilft«, sagte Mark Aurel. »Und Glück ist gute Gemütsstimmung, gute Neigungen und gute Taten.«

Freude entsteht durch Ihre Entscheidungen, durch Ihre bewusst gewählten Taten. Gut gemeinte Taten werden Ihnen Gemütsruhe einbringen. Das ist Ihre beste Chance auf Glück.

Tun Sie Gutes, weil es das Richtige ist. Erwarten Sie nichts im Gegenzug. Tun Sie es für sich. Damit Sie die Person sein können, die Sie sein möchten.

Gehören Sie nicht zu den Menschen, die es überall herumposaunen, sobald sie einmal gerecht gehandelt haben. »Gehen Sie einfach zur nächsten Tat über, so wie die Weinrebe zu gegebener Zeit wieder Trauben hervorbringt.« Mark Aurel erinnert uns daran, Gutes um seiner selbst willen zu tun.

Es liegt in unserer Natur, anderen Menschen Gutes zu tun. Es ist unsere Aufgabe.

Es wäre kindisch, darauf hinzuweisen, dass man etwas Gutes getan hat. Als Kind habe ich, wenn ich etwas getan hatte, das unserer ganzen Familie zugutekam, sichergestellt, dass jeder darüber Bescheid wusste. Aber was ist mit meiner Mutter? Meinem Vater? Sie haben jeden Tag solche Dinge getan, ohne dass es jemand bemerkt hätte. Wir Kinder haben alles für selbstverständlich gehalten. Meist ohne uns zu bedanken.

Während wir heranreifen, verstehen wir immer besser, dass das Richtige zu tun und anderen zu helfen einfach das ist, was wir tun müssen. Es ist unsere Pflicht als kluger, verantwortungsbewusster und reifer Mensch. Nichts anderes. Es ist nun einmal das, was Führungspersönlichkeiten tun – nicht des Dankes, der Anerkennung oder des Ehrenabzeichens wegen.

»Tu jetzt, was die Natur von dir verlangt. Komm gleich zur Sache, wenn das in deiner Macht liegt. Sieh dich nicht erst um, um festzustellen, ob die Leute davon erfahren werden.«

Als römischer Kaiser hatte Mark Aurel sicherlich mehr Macht als wir und seine Handlungen hatten größere Auswirkungen als Ihre und meine. Doch selbst der mächtigste Mensch der damaligen Zeit erinnerte sich daran, »sich mit dem kleinsten Schritt nach vorn zufriedenzugeben und das Ergebnis nicht zu wichtig zu nehmen«.

Lassen Sie uns, wann immer möglich, einen kleinen Schritt nach vorn machen. Was dabei herauskommt? Es spielt keine Rolle.

»Was ist Ihr Beruf? Ein guter Mensch zu sein.«

Das ist die einfachste Stellenbeschreibung, die es gibt. Was nicht bedeutet, dass es einfach ist. Aber wenn wir uns zum Ziel setzen, gut zu sein, dann bin ich mir sicher, dass wir es schaffen können. Mit einer guten Tat nach der anderen.

Kapitel 8

Situative Praktiken

Wie verhalten Sie sich schwierigen Menschen gegenüber am besten?

Die schwierigsten und häufigsten Herausforderungen im Alltag kommen durch andere Menschen zustande. Jeden Tag gibt es mindestens eine nervige Person, die versucht, Sie zu triggern: ein rücksichtsloser Fahrer, eine unverfrorene Sekretärin, ein hirnloser Skater-Typ oder ein nervtötender kleiner Bruder.

Doch wir können nicht all diese Menschen loswerden. Wir führen ein Leben. Wir arbeiten mit Menschen zusammen. Wir haben Familie und Freunde. Und vor allem haben wir eine soziale Verpflichtung. Die stoische Philosophie verlangt, anderen zu helfen und sich um das Wohlergehen der gesamten Menschheit zu kümmern.

Denken Sie daran, dass wir andere Menschen als Verwandte behandeln sollten, da wir alle Bürger derselben Welt sind. Wir müssen einen gewissen Dienst für die Gemeinschaft leisten. Wir sind sozial, weil wir ohne einander nicht existieren können. Und anderen Gutes zu tun, nützt uns in erster Linie selbst.

Wie Mark Aurel sagt, verschafft Ihnen die Erfüllung unserer sozialen Verpflichtungen die beste Chance darauf, ein gutes Leben zu führen. Aber andere Menschen können so nervenaufreibend sein:

- Menschen lügen Ihnen ins Gesicht.
- Menschen beleidigen Sie.
- Menschen verletzen Ihre Gefühle.
- Menschen betrügen Sie.
- Menschen bestehlen Sie.
- Menschen ärgern Sie.

Wie können wir also unsere Ruhe bewahren, während wir unsere sozialen Verpflichtungen erfüllen und mit anderen Menschen interagieren? Genau darum geht es bei den folgenden Übungen und Strategien.

Übung 39

Wir alle sind Teil eines großen Ganzen

»Ich kann also weder von diesen Menschen verletzt werden, noch kann ich wütend werden auf jemanden, der mit mir verwandt ist, noch kann ich ihn hassen, denn wir sind zur Zusammenarbeit geschaffen, wie Füße, wie Hände, wie Augenlider oder die untere und die obere Zahnreihe. Gegeneinander zu arbeiten ist daher naturwidrig; und wütend auf einen anderen Menschen zu sein und sich von ihm abzuwenden, bedeutet sicherlich, gegen ihn zu arbeiten.«

– MARK AUREL

Sie und ich, wir sind Verwandte. Ich bin Ihr Bruder. Sie sind mein Bruder oder meine Schwester. Wir sind zur Zusammenarbeit geschaffen.

»Betrachte das Universum immer als ein einziges Lebewesen«, sagte Mark Aurel. Wir müssen uns selbst als Gliedmaße eines größeren Körpers verstehen und zusammenarbeiten: »Da du selbst eines der Teile bist, die der Vervollkommnung eines sozialen Systems dienen, soll jede deiner Taten zur Vervollkommnung des sozialen Lebens beitragen.«

Lassen Sie Ihre Taten zum Wohlergehen der Menschheit beitragen. Sie sind ein Glied des Ganzen. Wir müssen zusammenarbeiten. Seneca stimmt dem zu, indem er sagt, dass Mutter Natur uns als Verwandte geboren hat. Und sie hat uns gegenseitige Liebe eingeflößt.

Wir stammen aus der gleichen Quelle. »Unsere Gemeinschaft ist einem Steinbogen sehr ähnlich, der auseinanderfallen würde, würden sich die Steine nicht gegenseitig stützen.« Wir müssen uns gegenseitig unterstützen, sonst fällt das Ganze auseinander. Wir sind alle miteinander verbunden und voneinander abhängig.

Füreinander zu arbeiten, ist notwendig, wenn wir unser bestmögliches Leben führen wollen. Das bedeutet für Sie als Teil des Ganzen: Helfen Sie anderen. Wählen Sie Ihre Taten zum Wohle der Allgemeinheit. Das ist der einzige Weg, wie Sie ein gutes Leben erreichen können.

Wenn wir diese Verbundenheit nicht erkennen und wenn wir unser Handeln nicht auf diese sozialen Ziele ausrichten, dann reißen wir unser Leben auseinander, sagt Mark Aurel. Dies wird Trennung und Disharmonie zur Folge haben. Und wir werden kein gutes Leben führen können.

Denken Sie daran, dass wir Menschen füreinander geschaffen sind. Wir sind dazu geboren, so zusammenzuarbeiten wie unsere Hände und Augenlider. Unsere Taten sollen der Menschheit dienen, mit dem Ziel der Harmonie.

Lassen Sie uns anderen Gutes tun und sie wie Brüder und Schwestern behandeln, mit Geduld, Freundlichkeit, Vergebung und Großzügigkeit. Das ist der einzige Weg zu einem guten Leben.

Erinnern Sie sich an Mark Aurel' Worte: »Was dem Bienenstock keinen Nutzen bringt, bringt auch der Biene keinen Nutzen.«

Übung 40

Niemand handelt absichtlich falsch

»Wenn ein Mensch etwas Falsches behauptet, dann wisse, dass er nicht den Wunsch hatte, Falsches zu behaupten, ›denn keine Seele wird mit ihrer eigenen Zustimmung der Wahrheit beraubt‹, wie Platon sagt, sondern das Falsche erschien ihm wahr.«

– EPIKTET

Die Menschen tun, was ihnen richtig erscheint. Wenn sie etwas falsch machen, dann nur, weil es ihnen als richtig erscheint. Deshalb sollten wir den Menschen keinen Vorwurf machen, auch wenn sie uns unhöflich und ungerecht behandeln. Sie tun so etwas nicht absichtlich. Wie Sokrates sagte: »Niemand macht willentlich etwas falsch.«

Jesus sagte etwas sehr Ähnliches, nachdem er gezwungen wurde, sein eigenes Kreuz zu tragen, und er geschlagen, gepeitscht und beleidigt wurde. Trotz dieser schrecklichen Situation blickte Jesus zum Himmel hinauf und sagte: »Vater, vergib ihnen, denn sie wissen nicht, was sie tun.«

Die Stoiker glauben, dass Menschen so handeln, wie sie es als am besten für sich empfinden. Wenn Menschen lügen, liegt das daran, dass sie glauben, es komme ihnen zugute. Wenn Menschen stehlen, glauben sie, dass es das Beste ist, was sie tun können. Wenn Menschen gemein sind, haben sie irgendwie den Eindruck, dass sie so das Beste aus der Situation herausholen.

Es fehlt ihnen an einer gewissen Weisheit. Sie wissen nicht, was richtig und was falsch ist. Und selbst wenn sie wissen, dass das, was sie tun, falsch sein könnte, so irren sie sich dennoch, weil sie glauben, es wäre zu ihrem Vorteil.

Sie machen jedoch nicht absichtlich etwas falsch. Sie verstehen es nur nicht besser.

Wir müssen Geduld mit diesen Menschen haben. »Manche Menschen sind scharfsinnig und andere dumm«, erinnert uns Gaius Musonius Rufus und ergänzt: »Einige wachsen in einer besseren Umgebung auf, andere in einer schlechteren. Letztere werden aufgrund ihrer minderwertigeren Gewohnheiten und Erziehung ein Mehr an Beweisen und sorgfältiger Anleitung benötigen, um diese Lehren zu meistern und von ihnen geformt zu werden – wie auch der Körper, der sich in einem schlechten Zustand befindet, besonders viel Pflege benötigt, wenn perfekte Gesundheit angestrebt wird.«

Vergessen wir nicht, dass wir privilegiert sind. Nicht jeder hatte eine solche Kindheit wie wir. Nicht alle haben die gleichen Gene, die gleiche Bildung und wurden früh den gleichen Einflüssen ausgesetzt. All das beeinflusst einen Menschen sehr stark, dabei unterliegt nichts davon unserer Kontrolle.

So wie ein Körper in schlechter Verfassung mehr Zeit braucht, um zu heilen, als einer in guter Verfassung, braucht eine Person, der es an viel Weisheit mangelt, länger, um aufzuholen und zu verstehen, als eine Person, die weise Eltern und die beste Schulbildung hatte.

Es ist nicht sinnvoll, auf diese Menschen wütend zu werden, denn es ist nicht ihre Schuld. Lieber sollte man mit gutem Beispiel vorangehen. Reagieren Sie freundlich und verständnisvoll, statt wütend. Anstatt die Menschen zu verurteilen, sollten Sie besser versuchen, ihnen zu helfen und sie zu unterstützen.

Wann immer Sie in eine Situation geraten, in der Menschen falsch zu handeln scheinen, bietet Ihnen das die Chance auf Wachstum. Weil Sie die Tugenden der Selbstbeherrschung, Vergebung, Freundlichkeit und Geduld üben können.

Mark Aurel sagte, es sei wichtig, Folgendes im Hinterkopf zu behalten: »Wie Platon sagte, wird eine Seele nur gegen ihren Willen der Wahrheit beraubt. Das Gleiche gilt für Gerechtigkeit, Selbstbeherrschung, Wohlwollen gegenüber anderen und jede ähnliche Tugend. Es ist wichtig, sich ständig daran zu erinnern, denn du wirst dadurch freundlicher gegenüber allen.«

Übung 41

Eigene Fehler finden

»Wann immer du dich über das Fehlverhalten von jemandem ärgerst, wende dich sofort deinen eigenen ähnlichen Fehlern zu, wie zum Beispiel Geld oder Vergnügen oder ein wenig Ruhm als gut anzusehen – egal, in welcher Form sie auftreten. Wenn du über deine eigenen Fehler nachdenkst, wirst du schnell deinen Zorn vergessen und zudem erwägen, was diese Menschen zu ihren zwingt – denn was könnten sie sonst tun? Oder nimm ihnen ihren Zwang, wenn du es vermagst.«

– MARK AUREL

Irren ist menschlich. Wir alle machen Fehler. Wir vergessen es nur. Und werden wütend, wenn andere die gleichen Fehler machen, die wir vor nicht allzu langer Zeit selbst gemacht haben.

Wie Sie inzwischen wissen, machen die Menschen nicht absichtlich Fehler. Denken Sie nur an all die Gelegenheiten, in denen Sie ohne Boshaftigkeit oder Absicht etwas falsch gemacht haben. Als Sie beispielsweise nicht die exakte Wahrheit gesagt haben. Als Sie sich an schlechten Ratschlägen orientiert haben. Als Sie wegen Ihres Liebeskummers fürchterlich unhöflich waren. Als Sie nicht richtig zugehört und etwas missverstanden haben, was dazu führte, dass Sie das genaue Gegenteil taten.

Schreiben Sie andere nicht ab, nur weil sie irren. Wir alle haben schlechte Momente.

»Wenn du dich durch die Schuld eines Mannes beleidigt fühlst«, rät Epiktet uns, »so wende dich dir selbst zu und studiere deine eigenen Fehler. Dann wirst du deine Wut vergessen.«

Wenn wir andere wegen ihres Fehlverhaltens verurteilen, sind wir oftmals selbst kein bisschen besser. Wir *glauben* nur gern, dass wir es wären.

Studiere deine eigenen Fehler. Davon gibt es viele. Wir sind nur großzügig, was unsere eigenen Fehler anbelangt, und winken sie bereitwillig durch. Weil wir der Ansicht sind, dass wir so etwas *eigentlich* nicht tun, dass wir es doch nur gut meinen und in *Wirklichkeit* besser sind und kein solches Verhalten erlauben. Diesmal ist es eine Ausnahme.

Wir schlüpfen unter dem Radar hindurch, weil unser Gehirn unsere Fehler wunderbar rationalisiert. Aber sobald wir feststellen, dass andere das Gleiche tun, geht der Alarm sofort los, wir zeigen mit dem Finger auf sie und sind schnell dabei, ein alles andere als mildes Urteil zu fällen.

Lassen wir uns nicht von unserem ersten Eindruck, der andere sei ein Idiot, mitreißen, sondern erinnern wir uns daran, dass wir so etwas auch schon erlebt haben. Wir waren schon mal selbst genau dieser Idiot. Und wir haben uns nur milde dafür verurteilt, wenn überhaupt.

Selbst wenn Sie sich Ihrer Fehler immer stärker bewusstwerden, sie korrigieren und tatsächlich nicht mehr die gleichen Fehler begehen, so sollten Sie jederzeit ruhig und verständnisvoll gegenüber anderen bleiben. Denken Sie an zwei Dinge: Erstens irren sie nicht mit Absicht. Zweitens haben auch Sie schon viele Fehler gemacht. Und es werden noch mehr hinzukommen.

Es gibt übrigens noch einen zweiten Teil zu der Redewendung, die diese Übung eingeleitet hat: Irren ist menschlich, vergeben ist göttlich.

Übung 42

Vergeben Sie jenen, die straucheln, und lieben Sie sie

*»Wann immer du jemanden triffst,
frag dich gleich zu Beginn: ›Was denkt er
darüber, was im Leben grundsätzlich gut
und was schlecht ist?‹ Wenn sich jemand
wie dein Feind verhält, dich beleidigt
oder bekämpft, so denk daran, dass er nur das tat,
was ihm richtig erschien, denn er wusste es
nicht besser, und sag dir selbst: ›
Für ihn erschien es so.‹«*

– EPIKTET

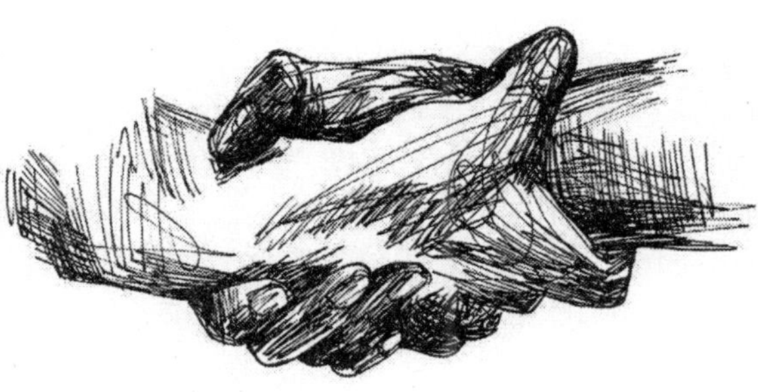

Stoizismus fordert Vergebung. Die Stoiker rufen sich ins Gedächtnis, dass die Übeltäter es nicht besser wissen. Sie begehen nicht absichtlich Unrecht, vielmehr scheint ihnen das, was sie tun, in ihrer Situation das Richtige zu sein.

Es ist unser besonderes Privileg, so Mark Aurel, »auch diejenigen zu lieben, die straucheln.« Er erinnert an vier Punkte: (1) dass die strauchelnden Menschen Verwandte sind, (2) sie unabsichtlich Fehler machen, (3) wir sowieso alle bald tot sein werden und (4) uns nur dann Schaden zugefügt werden kann, wenn wir es zulassen.

Deshalb liegt es in unserer Macht (und Pflicht), auch die Strauchelnden zu lieben. Seneca meint ebenfalls: »Gewähre Vergebung für vieles, suche Vergebung für nichts.«

Er ist sich bewusst, dass andere das tun, was ihnen als richtig erscheint, und deshalb vergibt er ihnen bereitwillig. Gleichzeitig weiß er, dass, wenn sie ihm nicht vergeben, es daran liegt, dass es ihnen nicht notwendig erscheint.

Seien Sie versöhnlich, auch wenn andere es nicht sind. Sie gehen mit gutem Beispiel voran, wissend, dass diese anderen nicht erkennen, was Ihnen klar ist.

In gewisser Weise betrachten die Stoiker strauchelnde Menschen als fehlgeleitet und meinen, ihnen fehle es an Wissen, sie sehen sie eher als Kinder denn als bösartige Menschen an. Diese Menschen erkennen nicht, dass das, was sie tun, nicht einmal in ihrem eigenen Interesse liegt. Sie sind blind. Es ist wie eine Krankheit.

Sie erkennen nicht, was sie tun. Und weil sie krank sind, haben sie diesbezüglich nicht einmal eine Wahl. Wer sind wir also, dass wir ihnen die Schuld geben? Wir sollten ihnen nicht verübeln, was sie tun, denn das wäre so, als würden wir ihnen ihre Krankheit verübeln.

Die einzig richtige Reaktion sind Mitgefühl und Vergebung.

Mark Aurel zieht einen guten Vergleich: Er sagt, dass der Wunsch, ein unwissender Mensch solle nichts Falsches tun, wie der Wunsch sei, dass ein Feigenbaum keine Feigen hervorbringen solle, Babys nicht weinen und Pferde nicht wiehern sollen. Doch diese Dinge sind unvermeidlich. Sie kommen von Natur aus vor.

Wünschen Sie sich nicht, dass Menschen nichts falsch machen, sondern wünschen Sie sich die Kraft, es zu tolerieren und zu vergeben.

Stellen Sie sich vor, wie viel leichter es Ihnen fallen würde, zu verzeihen, wenn Sie die Fehltritte anderer Menschen als unvermeidlich, als natürlich oder als Folge einer Krankheit sehen könnten. Sie wurden fehlgeleitet. Es ist nicht ihre Schuld.

Noch einmal: Mitgefühl und Vergebung sind die einzig richtige Reaktion. Versuchen Sie auch, zu helfen, anstatt diejenigen zu verurteilen, die straucheln.

Achtung: Bedenken Sie stets, dass auch Sie selbst falsch liegen könnten. Vielleicht sind Sie derjenige, der sich irrt.

Übung 43

Bemitleiden Sie Übeltäter, statt ihnen Vorwürfe zu machen

»Wie wir die Blinden und Lahmen bemitleiden,
so sollten wir auch diejenigen bemitleiden,
die in ihren wesentlichsten Fähigkeiten
verblendet und gelähmt sind. Wer sich das
vor Augen hält, wird auf niemanden
wütend sein, sich über niemanden ärgern,
sich über niemanden empören,
niemanden beschimpfen, niemanden
verurteilen, niemanden hassen,
niemanden beleidigen.«
– EPIKTET

Menschen, die Fehler machen? Bemitleiden Sie sie, anstatt sie zu verurteilen. Diese Menschen tun es nicht mit Absicht. Sie sind verblendet und gelähmt in ihrem wesentlichsten Vermögen: in ihrem Verstand und damit in ihrer Fähigkeit, klar zu denken und Vernunft zu gebrauchen.

Diese armen Menschen! Selbst wenn das, was sie tun, Sie verletzt, so wissen Sie doch, dass sie verblendet sind und ihnen nicht klar ist, was sie tun. Wenn Sie in der Lage sind, diese Verletzung zu erkennen, werden Sie auf niemanden wütend sein, sich über niemanden ärgern, niemanden verurteilen und niemanden beleidigen.

Genau das verlangen die Stoiker von uns: Die beste Version unserer selbst zu sein, auch wenn man uns übel mitspielt. Und zu wissen, dass der Übeltäter in seinem wesentlichsten Vermögen gehandicapt ist, ist eine große Hilfe.

Sie würden einen verletzten Teamkollegen nicht verurteilen, wenn er keinen Ball fangen kann. Ebenso sollte der verletzte Spieler nicht jemanden verurteilen, der ihm die Meinung sagt. Weil derjenige, der ihn angreift, ebenfalls eine Verletzung hat, wenn auch nicht an seinem Körper, sondern in seinem Geist. Auch wenn wir es von außen nicht sehen können.

Die Person ist genug damit gestraft, in ihrer wesentlichsten Fähigkeit eingeschränkt zu sein.

Wenn es Ihnen jedoch schwerfällt, eine solche Verletzung bei einem Menschen zu erkennen, der Sie verletzt hat, dann lassen Sie sich sagen: »Die Person, die Unrecht tut, tut sich selbst Unrecht. Der Ungerechte ist sich selbst gegenüber ungerecht, indem er sich selbst zu einem bösen Menschen macht.«

Mark Aurel betont, dass Menschen sich letztlich selbst verletzen, wenn sie etwas falsch machen. Vielleicht fühlen sie sich schuldig oder beschämt, nachdem sie ungerecht gehandelt haben, vielleicht ist es ihnen aber auch egal. Es spielt keine Rolle.

Sie jedoch wissen inzwischen, dass Tugend das höchste Gut ist. Wenn Sie tun, was richtig ist, werden Sie ein glückliches Leben führen. Umgekehrt gilt für die Menschen, die sich falsch verhalten, dass sie kein glückliches Leben führen werden.

Früher oder später rächt sich alles einmal.

Wann immer Ihnen jemand Unrecht tut, haben Sie mehrere Möglichkeiten. Sie können das Geschehene als schlimm beurteilen und dabei verletzt werden. Sie können den Übeltäter als böse beurteilen und wütend auf ihn werden. Vielleicht sehen Sie aber auch die Situation als neutral an und machen das Beste daraus. Und vielleicht erkennen Sie, dass der Übeltäter in seiner Fähigkeit, seine Vernunft zu benutzen, gehandicapt ist, und entscheiden sich dafür, Mitleid zu haben, anstatt ihn zu verurteilen.

Es liegt in Ihrer Macht, freundlich zu den Menschen zu sein. Es liegt in Ihrer Macht, Ihrem Weg treu zu bleiben und den Übeltätern mit Mitgefühl, Vergebung und Freundlichkeit zu begegnen. Denn selbst wenn das, was diese Menschen sagen oder tun, Sie verletzt, wissen Sie, dass sie in ihrer wesentlichsten Fähigkeit gehandicapt sind und sich letztendlich selbst verletzen werden.

Übung 44

Freundlichkeit ist Stärke

»Wo immer es einen Menschen gibt,
gibt es die Gelegenheit zur Freundlichkeit.«
– SENECA

Wann immer man ein anderes Wesen trifft, bietet dies die Chance auf Freundlichkeit. Es muss sich nicht um einen *Menschen* handeln, sondern es können auch Katzen, Hunde und andere Tiere, sogar Pflanzen sein.

Wenn Sie Ihr bestmögliches Selbst sein möchten, ist Freundlichkeit ein großer Wert, den es zu entwickeln gilt. Und nichts kann Sie daran hindern, freundlich zu sein. Freundlichkeit ist immer möglich – lächeln Sie morgens Ihrem Nachbarn zu, begrüßen Sie den Busfahrer und danken Sie der Kassiererin im Supermarkt.

»Freundlichkeit ist unbesiegbar«, sagte Mark Aurel, solange sie aufrichtig ist. »Denn was kann selbst der bösartigste Mensch tun, wenn du weiterhin Freundlichkeit zeigst?«

Wenn Sie das nächste Mal gemein behandelt werden, wehren Sie sich nicht, sondern akzeptieren Sie es. Kämpfen Sie nicht gegen das an, was passiert. Akzeptieren Sie es so, wie es ist, und reagieren Sie mit Toleranz und Freundlichkeit. Das ist das Beste, was Sie tun können. »Die meisten Grobheiten, Gemeinheiten und Grausamkeiten sind eine Maske für tiefsitzende Schwächen«, meint Ryan Holiday. »In solchen Situationen freundlich zu sein, ist nur Menschen mit großer Stärke möglich.«

Seien Sie freundlich und zeigen Sie diese Stärke.

Wir sind freundlich geboren worden, meint Mark Aurel. Es liegt in unserer Natur, freundlich zu sein und anderen zu helfen. Denken Sie daran, wir sind alle Brüder und Schwestern, und selbst wenn andere sich irren, sind wir dazu bestimmt, freundlich zu reagieren. Das ist geschwisterliche Liebe.

Was hält Sie auf? Stellen Sie sich folgende Fragen: In welchen Situationen möchten Sie heute freundlicher reagieren? Wann und wo möchten Sie Ihr Lächeln verschenken, tolerant gegenüber falsch handelnden Menschen sein, ein freundliches und aufrichtiges *Dankeschön* aussprechen und eine helfende Hand reichen?

Erinnern Sie sich an Senecas Worte: »Wo immer es einen Menschen gibt, gibt es die Gelegenheit zur Freundlichkeit.« Von ihm stammt auch dieser Rat: »Hecato sagt: ›Ich kann dir einen Liebestrank beibringen, der ohne Drogen, Kräuter oder besonderen Zauberspruch hergestellt wird – willst du geliebt werden, so liebe.‹«

Übung 45

Der richtige Umgang mit Beleidigungen

»Wie viel besser ist es doch, zu heilen, als nach Rache für erlittene Verletzungen zu streben. Rache verschwendet viel Zeit und setzt dich noch viel mehr Verletzungen aus als die erste, die sie ausgelöst hat. Wut überdauert immer den Schmerz. Am besten ist es, den entgegengesetzten Weg einzuschlagen. Oder würde es jemand für normal halten, ein Maultier zurückzutreten oder einen Hund zurückzubeißen?«

– SENECA

Simple, aber gemeine Bemerkungen können einen ganzen Tag ruinieren. Aber nur, wenn wir es zulassen.

Es ist keine Kunst, wütend zu werden und mit einer Beleidigung zu kontern. Wir könnten auch, wenn uns nicht passt, was eine andere Person tut, denken: »Oh Mann, dafür kriege ich ihn!« Dies ist die schlechteste Reaktion auf schlechtes Verhalten.

Wie sieht also die stoische Reaktion auf Beleidigungen aus? William Irvine führt einige Strategien in einem Kapitel über Beleidigungen in seinem Buch *A Guide to the Good Life* auf. Sehen wir uns einige aus seinem Buch an plus einige andere.

Eine Strategie besteht darin, innezuhalten und sich zu fragen, ob das, was gesagt wurde, wahr ist. »Warum sollte es eine Beleidigung sein«, fragte Seneca, »zu erfahren, was offensichtlich ist?«

Zudem sollten wir uns fragen, wer uns beleidigt hat. Wenn es jemand ist, den wir respektieren, dann schätzen wir dessen Meinung und akzeptieren sie als etwas, das wir tatsächlich verbessern können. Wenn wir die Quelle der Äußerung jedoch nicht respektieren, warum sollten wir uns dann Gedanken darüber machen?

Seneca rät, einen Beleidiger als übergroßes Kind zu betrachten. So, wie es für eine Mutter dumm wäre, sich über Bemerkungen ihres Kleinkindes aufzuregen, wäre es ebenso dumm, wenn wir uns durch die Beleidigungen einer kindischen Person verletzt fühlten. Menschen mit einem so mangelhaften Charakter verdienen unsere Wut nicht, sagte Mark Aurel, sie verdienen nur unser Mitleid.

Denken wir daran, dass vernunftbegabte und kluge Menschen andere nicht beleidigen, zumindest nicht absichtlich. Wenn uns also eine Person beleidigt, können wir sicher sein, dass diese Person einen mangelhaften und unreifen Charakter besitzt. Irvine zieht einen anschaulichen Vergleich. Von einer anderen Person beleidigt zu werden, sei so, als würde man das Bellen eines Hundes persönlich nehmen. Wir wären Narren, würden wir uns über den Hund aufregen und für den Rest des Tages denken: »Oh je! Dieser Hund mag mich nicht!«

Mark Aurel sah Beleidigungen von Menschen als Lehre an: Man lerne, wie man *nicht* sein solle. »Die beste Rache besteht darin, anders zu sein als der, der die Verletzung verursacht hat.« Die beste Rache ist, loszulassen und ein besseres Beispiel abzugeben.

Und wie sollen wir reagieren, wenn wir konfrontiert werden?

Die Stoiker sagen, mit Humor und nicht mit einer Gegenbeleidigung. Machen Sie einen Witz, lachen Sie es weg.

Es kann schwer sein, die richtigen Worte zu finden, stimmt's? Eine bessere Strategie könnte also darin bestehen, überhaupt nicht zu reagieren. Anstatt auf eine Beleidigung zu reagieren, so rät Gaius Musonius Rufus, »ertrage ruhig und friedlich, was passiert ist«.

Denken Sie an die Kunst der Duldung: Wir wollen alles so akzeptieren, wie es nun mal geschieht. Weil es nicht in unserer Macht liegt und wir es nicht ändern können, sobald es passiert ist. Die Realität ist so, wie sie ist.

Also leisten Sie am besten keine Gegenwehr, wenn Sie beleidigt wurden. Greifen Sie nicht Ihrerseits an, verteidigen Sie sich nicht und ziehen Sie sich auch nicht zurück, sondern lassen Sie die Beleidigung einfach durch sich hindurchgehen. Als ob Sie nicht da wären. Bieten Sie keinen Widerstand.

Es gibt niemanden, der Sie verletzen kann. Auf diese Weise werden Sie unverwundbar. Die Beleidigung geht direkt durch Sie hindurch. Diese Person hat keine Macht darüber, wie Sie sich fühlen.

Sie können diese Person jedoch wissen lassen, dass ihr Verhalten inakzeptabel ist, wenn Sie das tun möchten. In bestimmten Situationen mag dies sogar erforderlich sein. Beispielsweise müssen wir Kindern beibringen, wie sie sich in dieser Welt richtig verhalten sollen. Wenn ein Kind oder sogar ein Student eine Lehrveranstaltung stört, indem er den Lehrer oder andere Schüler beleidigt, dann muss der Lehrer den Beleidiger tadeln, um die richtige Unterrichtsumgebung zu gewährleisten. Der Verweis ist dann keine emotionale Reaktion auf die Beleidigung, sondern eine rational gewählte Aktion, die dem Beleidiger hilft, sein Verhalten zu verbessern, und die dazu beiträgt, die richtige Umgebung zu schaffen.

Eine weitere Strategie besteht darin, im Hinterkopf zu behalten, was Epiktet gesagt hat: »Was beleidigend ist, ist nicht die Person, die dich missbraucht oder schlägt, sondern das Urteil über sie, dass sie beleidigend ist.«

Wir können nur beleidigt werden, wenn wir es zulassen. Wenn es uns egal ist, was andere sagen, dann werden wir uns auch nicht beleidigt fühlen. Schließlich unterliegen die Handlungen anderer Menschen nicht unserer Kontrolle, sodass sie letztlich gleichgültig sind. Also sollten wir nicht zu sehr darauf achten, was andere zu und über uns sagen. Woher sollten sie es besser wissen? Mark Aurel dazu: »Es erstaunt mich immer wieder, dass der Mensch, der sich selbst doch mehr liebt als alle anderen, dennoch dem Urteil anderer über sich mehr Wert beimisst als seinem eigenen … Wie viel Vertrauen wir in die Meinungen Fremder über uns haben und wie wenig in unsere eigenen!«

Nehmen Sie sich das zu Herzen und nehmen Sie die Meinung anderer Menschen über sich nicht zu ernst. Üben Sie, ihre Beleidigungen zu ertragen. Sie werden effektiver darin werden, angemessen zu reagieren, Sie werden stärker und Sie könnten sogar unbesiegbar werden, so Epiktet: »Wer ist dann unbesiegbar? Derjenige, der sich von nichts aus der Fassung bringen lässt, das nicht seiner eigenen vernünftigen Entscheidung entspringt.«

Übung 46

Blessuren sind im Training normal

»Wenn dein Sparringspartner dir Kratzer oder einen Kopfstoß verpasst, so machst du keine Show daraus, protestierst nicht, beäugst ihn nicht voller Argwohn oder vermutest auch nicht, er plane eine Verschwörung gegen dich. Und doch behältst du ihn im Auge, nicht als Feind oder mit Argwohn, sondern als gesunde Vermeidungsstrategie. So solltest du dich bei allem im Leben verhalten. Wir sollten denen, die mit uns trainieren, vieles durchgehen lassen. Denn, wie gesagt, man kann Blessuren auch ohne Argwohn oder Hass vermeiden.«

– MARK AUREL

Sehen Sie jeden Tag und jede Situation als Trainingseinheit an. So werden Sie alles Mögliche schneller akzeptieren, auch wenn es sich um ärgerliche Dinge handelt – immerhin ist es nur Training.

Blessuren passieren. Geben Sie nicht Ihrem Sparringspartner die Schuld. Geben Sie nicht dem Ereignis die Schuld. Wir trainieren alle nur. Dinge laufen manchmal schief. Manchmal benehmen sich Menschen, als wären sie Idioten.

Plötzlich steht viel weniger auf dem Spiel. Wir interpretieren Fehler großzügiger. Wir lassen einmal mehr alle Fünfe gerade sein. Auf diese Weise sind wir viel belastbarer.

Stellen Sie sich nun das Gegenteil vor. Jede Situation so zu sehen, als stünde die Meisterschaft auf dem Spiel … Sie wären die ganze Zeit über in der Klemme und würden auf jede Kleinigkeit reagieren. Es ist viel klüger, locker zu bleiben und leichtere Schläge mit einem Achselzucken abzuschütteln. Sehen Sie es einfach als Training an. Es ist nichts passiert. Weitermachen.

Sie wollen nicht jemand sein, der wegen kleinen Kratzern ausrastet. Der alles so ernst nimmt, dass es von außen betrachtet lächerlich erscheint. Solche Menschen glauben, dass kaum sichtbare Flecken ihr Aussehen ruinieren, dass eine niederträchtige Bemerkung einen Kampf wert ist oder dass es, wenn nur ein einziger Schluck Milch in der Flasche übrig gelassen wurde, Grund genug ist, den Verstand zu verlieren.

Solche Dinge mögen auch Ihnen wichtig sein, aber sie sind kein Grund, an die Decke zu gehen. Bleiben Sie ruhig, Blessuren sind ganz normal. Setzen Sie ein Lächeln auf und machen Sie weiter. Und wenn es angebracht ist, dann teilen Sie anderen Ihre Meinung darüber mit, wie man Eis essen sollte, oder sprechen Sie mit anderen darüber, wie viel Milch in der Flasche bleiben sollte.

»Die Kunst des Lebens entspricht eher dem Ringen als dem Tanzen«, wie in Kapitel 1 zu lesen ist, »denn ein kunstvolles Leben erfordert die Vorbereitung darauf, plötzlichen und unerwarteten Angriffen zu begegnen und zu widerstehen.«

Damit erinnert uns Mark Aurel daran, dass wir uns auf plötzliche Schläge vorbereiten sollen. All diese Schläge, die das Leben uns zumutet, sind Gelegenheiten zum Üben. Jeder Schlag enthält die Möglichkeit, ruhig zu bleiben und unseren Charakter zu stärken, aber auch das Risiko, aus der Haut zu fahren und sich weiter in eine Richtung zu entwickeln, die wir gar nicht einschlagen möchten.

Übung 46

Sie sind ein Krieger. Nichts und niemand kann Sie leicht aus dem Gleichgewicht bringen. Sie sind bereit, ein paar Schläge und Tritte einzustecken. So ist das Leben. Aber es kommt noch besser: Da Sie wissen, dass diese Tritte Sie stärken, reiben Sie sich die Hände und freuen sich auf sie. Sie können gar nicht unerwartet und hart genug kommen.

Sie wollen stark sein. Sie wollen Widrigkeiten bewältigen können. Sie wollen inmitten eines Sturms unerschütterlich sein. Sie wollen ruhig bleiben, wenn andere in Panik geraten. Daher können Sie es sich einfach nicht leisten, jedem kleinen Kratzer große Aufmerksamkeit zu schenken. Es ist nur Training. Lächeln, Krone richten, weitermachen.

Übung 47

Lassen Sie weder andere im Stich noch sich selbst

»Während du voranschreitest auf dem Pfad der Vernunft, werden dir Menschen im Wege stehen. Sie werden dich zu keiner Zeit davon abhalten können, das zu tun, was vernünftig ist, also lass nicht zu, dass sie das Wohlwollen zerstören, das du für sie empfindest. Achte stets auf beide Seiten, nicht nur auf gut fundierte Urteile und Handlungen, sondern auch auf Freundlichkeit gegenüber denen, die unseren Weg behindern oder andere Schwierigkeiten verursachen. Denn Wut ist auch eine Schwäche, ebenso wie das Kapitulieren vor unserer Aufgabe oder sich aus Panik heraus geschlagen zu geben. Denn beides gleicht einer Fahnenflucht – das eine durch Zurückschrecken und das andere durch Entfremdung von Familie und Freund.«

– MARK AUREL

Sie sind ein Leser. Als Leser lernen Sie neue Konzepte sowie verschiedene Arten und Weisen, wie Sie Dinge angehen und bewerkstelligen können. Sie setzen das in die Praxis um, was Ihnen am besten liegt, und als Folge daraus lassen Sie Ihre alten Verhaltensweisen fallen und ersetzen Sie durch das neu Erlernte.

Der Punkt ist, dass man sich im Laufe der Zeit verändert. Sie halten sich nicht an alte Gewohnheiten, nur weil es bequem ist, Sie wollen sich weiterentwickeln und neue Herangehensweisen ausprobieren und diejenigen, die funktionieren, beibehalten.

Vor einigen Jahren lernte ich eine ganze Menge über Milch und Milchprodukte und beschloss, für immer auf sie zu verzichten. Diese Veränderung betraf in erster Linie mich selbst. Bei einigen Gelegenheiten hätte es auch andere betreffen können, zum Beispiel wenn ich meinem Vater gesagt hätte: »Tut mir leid, ich kann dieses Omelett nicht essen, weil du ein bisschen Milch hineingetan hast.« Oder wenn ich zu jedem Dessert oder zu jedem Essen mit auch nur einem Fingerhut Milch darin strikt Nein gesagt hätte.

Ich habe mich aus Gründen der Einfachheit entschieden, nicht diesen Weg zu nehmen. Zu meinem Wohle und dem der anderen. Ich wollte mich nicht jedes Mal rechtfertigen müssen, warum ich bestimmte Lebensmittel mit auch nur einem Hauch von Milch darin nicht aß. Außerdem hätte ich einige Menschen dazu genötigt, speziell für mich etwas zuzubereiten, und das wollte ich nicht. Außerdem habe ich mein ganzes Leben lang viel Milch getrunken, und es war nie ein Problem, warum also ein Drama aus einem einzigen Tropfen machen?

Daher war der Verzicht auf Milch eine problemlose Veränderung, da sie sich hauptsächlich nur auf mich selbst auswirkte und ich mich dafür entschieden hatte, es nicht peinlich genau zu nehmen.

Aber bei anderen Veränderungen könnten wir auf stärkeren Gegenwind stoßen. »Wenn du auf dem Pfad der Vernunft voranschreitest«, so Mark Aurel, »werden dir die Menschen im Wege stehen.« Während Sie neue Verhaltensweisen annehmen und versuchen, Fortschritte zu machen, sind andere vielleicht nicht so schnell oder vielleicht gar nicht dazu bereit, mitzumachen. Nun ist es an uns, unseren neuen Pfad nicht aufzugeben, aber gleichzeitig auch nicht unsere Freunde und Familie im Stich zu lassen.

Ryan Holiday vergleicht dies mit einer Diät: Wenn jeder in Ihrer Clique sich ungesund ernährt, dann gibt es eine natürliche Übereinstimmung. Aber wenn Sie sich, zum Beispiel nach dem Lesen eines Buches, dafür entscheiden, sich gesund zu ernähren, so gibt es plötzlich unterschiedliche Vorstellungen. Jetzt gibt es plötzlich Diskussionen darüber, wo man essen gehen soll.

»So, wie Sie Ihren neuen Weg nicht aufgeben dürfen, nur weil andere Leute ein Problem damit haben könnten«, sagt Ryan, »so dürfen Sie auch diese anderen Leute nicht aufgeben. Schreiben Sie sie nicht einfach ab, lassen Sie sie nicht links liegen. Werden Sie nicht wütend, bekämpfen Sie sie nicht. Schließlich befinden sie sich an dem gleichen Punkt, an dem Sie sich vor nicht allzu langer Zeit selbst befanden.«

Nur weil Sie ein Buch über gesunde Ernährung lesen und von einem Tag auf den anderen entscheiden, kein Gluten mehr zu essen, können Sie nicht einfach alle Ihre Freunde verlassen, weil sie noch Gluten essen. Ich meine, vor ein paar Tagen haben immerhin noch Sie selbst den Pizza-Abend organisiert.

Also sollten wir andere nicht im Stich lassen, nur weil wir uns entschieden haben, uns zu ändern, aber wir sollten auch unseren neuen Pfad nicht aufgeben. Das ist eine Herausforderung, der wir alle früher oder später begegnen werden, nicht zwingend mit Gluten, sondern vielleicht mit anderen Ideen und Werten. Weniger (oder kein) Fleisch essen, weniger Zeit mit Videospielen verschwenden, weniger Nachrichten anschauen, mehr Zeit im Freien verbringen, mehr lesen, weniger Materielles kaufen, öfter trainieren, mit dem Alkoholkonsum am Wochenende aufhören oder sich weniger beschweren.

Nun ist es eine große Herausforderung, an Ihrem neuen Pfad festzuhalten und andere dabei nicht im Stich zu lassen. Weil die Gegensätze enorm sein können. Aber, wenn Sie am Ball bleiben und etwas Geduld haben, dann, da bin ich mir sicher, werden Sie eine Lösung finden. Entscheiden Sie sich dafür, Ihr eigenes Essen zum Pizza-Abend mitzubringen, seien Sie bereit dazu, notfalls zu fasten, vermitteln Sie anderen Ihre Ansichten und machen Sie vielleicht auch einmal im Monat Kompromisse.

Bleiben Sie freundlich zu anderen und bringen Sie ihnen Geduld entgegen, schließlich befanden Sie sich vor nicht allzu langer Zeit noch am selben Punkt. Finden Sie Wege, wie Sie Ihren neuen Weg fortsetzen können. Verbiegen Sie sich und Ihre Wertvorstellungen nicht.

Übung 48

Wählen Sie Gelassenheit und Seelenfrieden

»Fang deshalb mit Dingen
von geringem Wert an –
ein wenig verschüttetes Öl,
ein wenig stibitzter Wein –
und sage dir: ›Für solch einen
kleinen Preis erkaufe ich mir
Gelassenheit und Seelenfrieden.‹«
– EPIKTET

Dies ist eines meiner stoischen Lieblingskonzepte. »Ich erkaufe mir stattdessen Gelassenheit.« Dieser Satz hat mich unzählige Male davor bewahrt, wütend und gereizt zu werden. Wie oft ärgern wir uns über Kleinigkeiten? Wie oft verlieren wir halb den Verstand wegen etwas so Nichtigem wie einem Furz im Badezimmer?

Wir lassen zu, dass winzigste Dinge uns auf die Palme bringen, und unsere daraus resultierenden Handlungen verursachen Wut bei anderen und so weiter. Die Stoiker wollen ihre Ruhe selbst inmitten eines Sturms bewahren. Und doch macht es uns halb wahnsinnig, wenn unser Mitbewohner vergisst, das Geschirr abzuwaschen, Spuren auf der Toilette hinterlässt oder seine häuslichen Pflichten nicht erledigt.

Das muss natürlich nicht so sein. Bevor Sie auf etwas, das in Ihrem Inneren Wut entfacht, reagieren, sagen Sie zu sich selbst: »Ich erkaufe mir stattdessen Gelassenheit.« Dann lächeln Sie, tun das, was getan werden muss, und fahren mit Ihrem Leben fort.

Nichts ist passiert. Sie werden bald erkennen, dass die kleinen Dinge, die Sie normalerweise zur Weißglut bringen, den Aufwand nicht wert sind. Schlucken Sie einfach die Gefühle, die in Ihnen entstehen, hinunter und machen Sie weiter. Das erspart Ihnen eine Menge Nerven und Energie.

Die größte Herausforderung ist, sich solcher auftretenden Gefühle erst einmal bewusstzuwerden. Wir müssen also in der Lage sein, zwischen dem Reiz und unserer automatischen Reaktion einzugreifen. Und sobald wir in diese Bresche gesprungen sind, müssen wir die Selbstdisziplin aufbringen, von einem Moment auf den anderen die nötige Ruhe zu gewinnen und überhaupt nicht zu reagieren.

Je öfter Sie Ruhe und Gelassenheit bewahren können, desto einfacher wird es. Bald werden Sie in der Lage sein, auch in schwierigeren Situationen Ruhe zu bewahren.

Bremsspuren sind kein großes Problem, es dauert nur wenige Sekunden, sie zu beseitigen. Rotwein auf Ihrer weißen Kleidung ist auch noch keine große Sache, es handelt sich schließlich nur um ein Kleidungsstück. Auch ein gegen Spielende erzielter und spielentscheidender Ausgleich gegen Ihre Lieblingsmannschaft ist immer noch handhabbar – es ist nur ein Spiel. Wenn Ihr Freund Sie betrügt, ist das schon entscheidend schwieriger, weil man den Kummer und die Wut erst einmal verarbeiten muss.

Wichtig ist, dass Sie umso besser darin werden, Ruhe zu bewahren, je mehr Sie üben. Bis hin zu dem Moment, in dem Sie Ihre Ruhe sogar inmitten eines Höllenfeuers bewahren können.

Letztendlich basiert all das auf dem stoischen Prinzip, dass nicht die Ereignisse selbst uns verärgern, sondern wie wir diese Ereignisse beurteilen. Wenn wir unsere Kraft verinnerlichen und mit genügend Achtsamkeit und Disziplin in schwierige Situationen gehen, dann sind wir auf dem Weg, ein emotional belastbarer und standhafter Mensch zu werden.

Wenn das der Weg ist, den Sie gehen wollen, so fragen Sie sich selbst: »In welchen Situationen könnte ich öfter Ruhe bewahren?«

Übung 49

Versetzen Sie sich in die Lage anderer Menschen

»Wenn du dich jemandes Beleidigungen ausgesetzt siehst, seinem Hass, was auch immer … so sieh dir seine Seele an. Sieh dir an, was für ein Mensch er ist. Du wirst feststellen, dass es nicht nötig ist, sich anzustrengen, um ihn zu beeindrucken.«
– MARK AUREL

Wir urteilen oft vorschnell:

- Der Vater im Zug, der seinen lauten Kindern nicht sagt, dass sie ruhig sein sollen – wir reden dann davon, dass er nicht die geringste Ahnung von Erziehung habe.
- Der Fahrer, der alle roten Ampeln überfährt – wir verurteilen ihn sofort als Idioten.
- Die Mutter, die uns auf dem Spielplatz beschimpft – wir sind uns sofort sicher, dass sie völlig übergeschnappt ist.

In den meisten Fällen wissen wir nicht viel über die andere Person, und doch beurteilen wir sie und beschweren uns über sie.

Die Stoiker raten uns dazu, uns in die Lage des anderen zu versetzen, seine Perspektive zu übernehmen, bevor wir ein Urteil fällen. Wir sollten in den Kopf der anderen Person eindringen, schrieb Mark Aurel. Und sehen, wie sie beschaffen sind. Was sie beschäftigt. Und was bei ihnen Liebe und Bewunderung hervorruft. »Stell dir vor, ihre Seelen lägen nackt und entblößt vor dir.« Wir sollten wirklich versuchen, uns in ihre Lage zu versetzen, bevor wir über sie urteilen.

Für die Stoiker ist es wichtiger, zu lieben, als geliebt zu werden. Sie üben sich im Umgang mit schwierigen Menschen – insbesondere um impulsive und wütende Reaktionen zu vermeiden. Deshalb sollten wir versuchen, in ihre Fußstapfen zu treten und die Gründe für ihr Handeln zu verstehen. Und vielleicht erkennen wir so, warum sie so handeln, wie sie es tun. Möglicherweise werden wir sie verstehen. Und vielleicht kommen wir zu dem Schluss, dass ihre Gründe falsch sind.

Erinnern Sie sich an den Vater mit den lauten Kindern im Zug? Derjenige, von dem wir sagten, dass er nicht die geringste Ahnung von Erziehung habe? Sehr gut. Lassen Sie mich Ihnen eine kurze Geschichte über diesen Mann und seine Kinder erzählen. (Die Geschichte stammt aus Stephen R. Coveys Buch *Die 7 Wege zur Effektivität*).

Dieser Vater sitzt also im Zug, sein Gesicht in beiden Händen vergraben, ein wahres Bild des Elends. Seine beiden Kinder rennen laut schreiend herum. Die Leute regen sich über sie auf. Auch Sie ärgern sich und sind überzeugt davon, dass der Vater sich besser um seine Kinder kümmern sollte. Sie stehen auf und nähern sich dem Mann:

»Entschuldigen Sie, mein Herr, Ihre Kinder sind sehr laut. Könnten Sie ihnen bitte sagen, dass sie ruhig sein sollen?«

»Oh, tut mir sehr leid«, entgegnet er. »Ich weiß einfach nicht, was ich tun soll. Wir kommen gerade aus dem Krankenhaus, in dem ihre Mutter gestorben ist.«

Hoppla!

Wie sich nun plötzlich die Perspektive verschiebt, oder?

Wir verurteilen Menschen, wissen aber nichts über die Situation, in der sie sich befinden. Wir kennen ihre Vorgeschichte nicht, wir wissen nicht, warum sie tun, was sie tun. Im Grunde genommen wissen wir gar nichts über sie.

Nehmen wir uns den Rat der Stoiker zu Herzen und nehmen wir uns immer eine Sekunde Zeit, bevor wir andere verurteilen. Versetzen Sie sich in deren Lage und denken Sie über mögliche Gründe nach, warum sie sich so verhalten, wie sie es tun. Vielleicht würden Sie sich ebenso verhalten, wenn Sie in ihrer Situation wären. Wer weiß?

Übung 50

Wählen Sie Ihre Gesellschaft mit Bedacht

»Vermeide es, dich mit Nicht-Philosophen zu verbrüdern. Wenn du es dennoch tun musst, dann achte darauf, nicht auf ihr Niveau herabzusinken, denn eines solltest du wissen: Ist ein Gefährte dreckig, so können seine Freunde nicht anders, als sich auch ein wenig dreckig zu machen, egal, wie sauber sie anfangs auch waren.«

– EPIKTET

Wir können uns die Menschen, mit denen wir es zu tun haben, nicht immer aussuchen. Deshalb offerieren uns die Stoiker so viele Strategien, um mit schwierigen Menschen klarzukommen. Aber bis zu einem gewissen Grad können wir uns unsere Gesellschaft aussuchen. Wir können wählen, mit wem wir den Großteil unserer Freizeit verbringen möchten. Wir können wählen, an welchen Veranstaltungen wir teilnehmen und wer uns dorthin begleitet.

Wie Epiktet sagte: Wenn unsere Gefährten dreckig sind, so könnten auch wir dreckig werden. Deshalb warnt Seneca uns davor, dass Laster ansteckend sind – sie verbreiten sich wie ein Lauffeuer, werden aber nicht bemerkt.

Das ist das Einmaleins des Gruppenzwangs – wir tun Dinge, die wir sonst unter gar keinen Umständen tun würden. Unser Verhalten steht plötzlich in völligem Widerspruch zu unseren Werten. Wir passen uns den Menschen an, mit denen wir uns umgeben. Vielleicht haben sie Jim Rohns bekanntes Konzept schon einmal gehört: »Sie sind der Durchschnitt der fünf Leute, mit denen Sie die meiste Zeit verbringen.«

Deshalb sollten wir unsere Freunde sorgfältig auswählen. Sie haben die Macht, dass wir uns entweder auf ihr Niveau herablassen oder hinaufsteigen. Wir werden dank der Menschen, mit denen wir Zeit verbringen, entweder zu besseren Menschen oder aber zu schlechteren.

»Vermeide es, mit primitiven Leuten zu feiern. Diejenigen, die auch nüchtern nicht maßvoll sind, werden beim Trinken noch viel leichtsinniger und unverschämter.« Seneca bringt hier ein sehr gutes Argument an. Seine Lösung?

»Umgib dich mit Menschen, die dazu geeignet sind, dich zu erhöhen.«

Sie kennen vielleicht auch Menschen, die Sie lieben, die Sie aber mit ihrer Geisteshaltung nach unten ziehen, selbst dann, wenn sie nüchtern sind. Sie sind faul. Moralische Werte kümmern sie nicht. Sie sind nicht daran interessiert, sich selbst zu verbessern, von solchen Ideen wie dem Stoizismus ganz zu schweigen. Sie glauben, es sei die langweiligste und nervigste Idee, von der sie jemals gehört haben.

Was soll man mit solchen Leuten anfangen? Epiktet sagte: »Der entscheidende Punkt ist, sich nur mit Menschen zu umgeben, die dich erheben, deren Anwesenheit das Beste in dir hervorruft.«

Folgende Möglichkeiten gibt es: Entweder sind diese Menschen dazu bereit, sich zum Besseren zu verändern, oder Sie verbringen einfach weniger Zeit mit ihnen. Wenn Ihre Freunde Sie nicht besser werden lassen, wenn sie Sie nicht dazu ermutigen, vorwärts zu streben, Sie nicht einmal bei Ihrem ehrgeizigen Streben nach moralischer Verbesserung unterstützen, dann ist es an der Zeit, sie fallen zu lassen.

Sie müssen Ihnen nicht die Freundschaft aufkündigen und sie niemals wiedersehen, aber Sie können bewusst weniger Zeit mit ihnen verbringen. Auch können Sie jederzeit mit anderen Menschen sprechen, einige davon werden ganz Ohr sein, um von Ihren neu gewonnenen Kenntnissen, Ideen und Aktivitäten zu hören.

Seneca rät auch dazu, weniger Zeit mit Menschen zu verbringen, die sich ständig über irgendetwas beschweren: Der Gefährte, »der stetig verärgert ist und alles beklagt, ist ein Feind der Gelassenheit.«

Abgesehen davon, dass wir *weniger* Zeit mit denen verbringen sollten, die sich ständig beschweren, und ebenso mit denen, die uns nach unten ziehen, sollten wir versuchen, *mehr* Zeit mit Menschen zu verbringen, von denen wir annehmen können, dass wir durch sie weiterkommen. Es ergibt absolut Sinn. Wenn Sie Zeit mit einem Musterbeispiel von Menschen verbringen, ist es wahrscheinlicher, dass Sie wie diese Person werden.

Wo findet man Menschen, mit deren Hilfe man sich verbessern kann? Seien Sie kreativ. Nehmen Sie an einem Yoga-Kurs teil, besuchen Sie TED-Talks oder andere Vorträge, treten Sie einem Buchclub bei, buchen Sie einen Sprachkurs oder was auch immer. Ich bin sicher, es gibt viele Menschen da draußen, von denen man lernen kann.

Denken Sie aber daran, dass auch Sie selbst nervig sein können. Wir alle haben Schwächen. Während wir also planen, uns mit besseren Menschen zu umgeben, dürfen wir nicht vergessen, dass wir selbst auch unvollkommen sind. Wir machen Fehler, wir sind nicht immer fair und wir jammern herum. Behalten Sie dies im Hinterkopf.

Abschließend möchte ich sagen, dass es bei der Idee, Ihre Gesellschaft mit Bedacht auszuwählen, nicht nur um die Menschen geht, mit denen Sie den Löwenanteil Ihrer Zeit verbringen, sondern auch darum, Ihre kostbare Zeit nicht zu verschwenden. Versuchungen und Zeitfresser lauern an jeder Ecke, also müssen wir darauf achten, was wir tun und mit wem wir es tun.

Im Wesentlichen kann man sagen: Wenn Sie das Beste aus sich herausholen wollen, dann umgeben Sie sich mit den besten Leuten. Wenn Sie verhindern wollen, dass Sie wütend und genervt werden, verbringen Sie keine Zeit mit Menschen, die Sie wahrscheinlich wütend machen und verärgern werden.

Übung 51

Urteilen Sie über niemand anderen als sich selbst

»Wenn jemand in Eile badet,
so sage nicht von ihm, dass er schlecht bade,
sondern in Eile. Wenn jemand viel Wein trinkt,
so sage nicht, dass er schlecht trinke,
sondern viel. Solange du nicht die wahren
Gründe kennst, wie sollst du dann wissen,
ob ihre Handlungen fehlerhaft sind?
Das wird dich davor bewahren,
eine Sache zwar klar wahrzunehmen,
dann jedoch etwas anderes zu behaupten.«
– EPIKTET

Unser Verstand urteilt sehr schnell. Wir beurteilen Menschen auf der Grundlage von sehr wenigen Informationen. Wir sind voreingenommen. Oh, er ist ein Lehrer. Oh, sie ist eine Frau. Oh, schau dir die Schuhe an, die er trägt.

Wir finden bei anderen Menschen Fehler wie Sand am Meer.

Meistens *wollen* wir andere gar nicht so schnell verurteilen, es passiert einfach automatisch, diese Urteile entspringen unserem Kopf auf magische Weise. Wir müssen jedoch die Verantwortung für unsere Urteile übernehmen. Weil wir wählen können, ob wir sie übernehmen oder nicht. Auch wenn Ihr Geist Ihnen aufzeigt, dass dieser Mann ein schlechter Vater ist, weil er nicht auf seine Kinder aufpasst, so können Sie doch darüber entscheiden, ob Sie dies akzeptieren oder nicht.

Sie haben die Macht, innezuhalten und die Situation objektiv zu beurteilen. Was wissen Sie über diesen Mann? Wie genau ist die aktuelle Situation beschaffen?

Akzeptieren Sie nichts, was nicht objektiv ist. Halten Sie sich an die Fakten und halten Sie sich die Situation neutral vor Augen. Ohne ihr eine Wertung hinzuzufügen.

Denken Sie daran, dass Sie nur dann frei sind, wenn Sie äußere Ereignisse unvoreingenommen betrachten können. Und das unmittelbare Hinzufügen einer Wertung zu einem Ereignis ist alles andere als unvoreingenommen.

Wir müssen zwischen den Fakten und den Wertungen, die wir ihnen hinzufügen, unterscheiden. Was ist Fakt? Was habe ich hinzugefügt?

Entscheidend für die Fähigkeit, dies zu tun, ist, dass wir unsere Reaktion verzögern. »Warte ein Weilchen auf mich, Eindruck. Erlaube mir, dich auf die Probe zu stellen.«

Und nun, anstatt den Eindruck tatsächlich zu prüfen – was normalerweise sowieso nicht wichtig ist –, rufen Sie sich Ihr Lebensziel vor Augen. Wenn Sie sich auch nur einen der Ratschläge dieser Philosophie zu Herzen nehmen, dann besteht Ihr Ziel darin, sich zu verbessern und die beste Version Ihrer selbst zu präsentieren.

»Nutze die Philosophie, um deine eigenen Fehler zu beseitigen, und nicht, um gegen die Fehler anderer zu wettern.« Seneca erinnert uns hier an den wahren Zweck der Philosophie: Wir wollen unsere eigenen Fehler ein für allemal beseitigen. Der Fokus liegt nach innen gewandt. Es gilt, das eigene Ich zu verbessern und anderen diese Aufgabe selbst zu überlassen. Jeder muss seinen eigenen Weg gehen.

Ihre Fehler liegen in Ihrer eigenen Hand. Die Fehler anderer Menschen tun es nicht. Sie merzen Ihre Fehler aus und überlassen es anderen Menschen, ihre eigenen selbst zu beseitigen.

Wir dürfen nicht vergessen, warum wir uns überhaupt mit Philosophie beschäftigen, nämlich um uns selbst zu verbessern. Sie dient nicht dazu, andere zu korrigieren. Das würde nur Schmerz und Leid verursachen.

Überlassen Sie andere Menschen ihren eigenen Makeln. Nichts im Stoizismus befähigt uns, über sie zu urteilen – er ermöglicht uns lediglich, sie so zu akzeptieren und zu lieben, wie sie sind. Konzentrieren wir uns auf unser eigenes Inneres. Es gibt genug in uns selbst, das korrigiert werden muss.

Halten Sie nun einen Moment inne und stellen Sie sich einmal vor, wie die Welt wohl wäre, wenn wir uns aller unserer Vorurteile erwehren und uns vielmehr darauf konzentrieren würden, unsere eigenen Fehler zu beseitigen. Was haben Sie dabei vor Augen?

Übung 52

Tun Sie Gutes, nicht nur nichts Schlechtes

»Oft liegt die Ungerechtigkeit in dem,
was man nicht tut, nicht nur in dem,
was man tut.«
– MARK AUREL

Sicher, es ist großartig, wenn man seine Kollegen nicht schikaniert. Aber wenn Sie nur herumstehen und zusehen und vielleicht sogar über die gemeinen Bemerkungen eines Fieslings lachen, dann sind Sie nicht besser als der Fiesling selbst.

Beenden Sie solch ein unreifes Verhalten. Gehen Sie dazwischen, helfen Sie den Opfern. Fassen Sie Mut und tun Sie, was richtig ist.

Wenn gute Bürger es ablehnen, sich zu engagieren, wird das Böse siegen. Es gibt ein berühmtes Sprichwort: »Das Einzige, was nötig ist, damit das Böse triumphiert, ist, dass gute Menschen nichts tun.«

Seien Sie nicht jemand, der nichts tut. Es gibt nichts zu verlieren. Wenn Sie mit gutem Beispiel vorangehen, werden dem viele folgen. Die Menschen brauchen nur einen Anführer. Sie können dieser Anführer sein.

Ich wette, Sie kennen diese Szene: Eine unhöfliche Person geht allen anderen auf die Nerven. Es ist ein Klassiker. Jeder beobachtet diese Nervensäge und alle kochen innerlich, aber niemand unternimmt etwas dagegen. Bis der Held die Szene betritt, auf den Nervenden zugeht, ihn zurechtweist und voilà – Problem gelöst.

Jeder hätte es tun können. Aber niemand glaubte von sich, der Richtige dafür zu sein. Oder keiner hatte den Mut, die Nervensäge zur Rede zu stellen.

Leider gibt es aber nicht immer einen Helden, sondern der Irrsinn geht weiter, bis das Spiel vorbei ist, das Ende des Films erreicht ist oder man nach einem nervtötenden Abend nach Hause geht.

Ich weiß auch, dass es nicht einfach ist, auf nervige Menschen zuzugehen und sie zur Rede zu stellen – insbesondere dann, wenn es für Sie gefährlich werden könnte. Niemand verlangt von Ihnen, gegen einen Messerstecher zu kämpfen.

Beginnen Sie mit kleinen Dingen. Mit dem, der geräuschvoll kauend im Zug neben Ihnen sitzt. Mit Ihrer Mitarbeiterin mit dem schrecklichen Mundgeruch. Oder mit dem Kerl in der Sauna, der immer vergisst, die Tür zu schließen.

Es nötigte mir zwei lange Minuten und einiges an Nerven ab, um dem Kerl zu sagen, dass er doch bitte die Saunatür schließen solle. Anstatt ihn sofort darum zu bitten, die Tür hinter sich zu schließen, kämpfte ich zwei Minuten lang mit mir selbst, wurde wütend auf ihn und erkannte dann, wie lächerlich meine Gedanken und mein Verhalten waren.

Das nächste Mal werde ich schneller darum bitten, was meiner Meinung nach den üblichen guten Manieren entspricht. Bitte stellen Sie sich hinten an wie alle anderen auch. Bitte drehen Sie die Lautstärke herunter. Bitte schließen Sie die Tür.

Zugegeben, das klingt jetzt vielleicht ein wenig nach Kontrollwahn. Aber ist es nicht viel klüger, sich mit jemandem auseinanderzusetzen und eine peinliche Situation zu riskieren, aber eventuell sogar dieser Person zu helfen, anstatt stocksauer zu werden, innerlich zu kochen und dennoch nichts zu tun?

Es ist kurios, dass wir uns eher dafür entscheiden, wütend auf Fremde zu sein, anstatt sie höflich zu bitten, aufzuhören oder sich zu ändern.

Ryan Holiday drückt es treffend aus: »Wir möchten nicht einfach nur, dass sich Menschen bessern, wir gehen davon aus, dass dies auf magische Weise passiert – dass wir einfach anderen Menschen unseren Willen, sie mögen sich ändern, aufzwingen können, indem wir ihnen mit unseren wütenden Blicken Löcher in den Schädel brennen.«

Mark Aurel erinnert sich selbst und uns daran, in solchen Situationen unsere Vernunft einzusetzen: »Wirst du wütend darüber, wenn jemandes Achseln stinken oder sein Atem schlecht ist? Welchen Sinn hätte das? Mit so einem Mund und solchen Achselhöhlen verströmen sie einen schlechten Geruch. Du meinst, sie müssten doch ein Gespür dafür haben, können sie nicht erkennen, wie sehr sie andere damit belästigen? Nun, auch du hast Gespür, Gratulation! Darum nutze die dir gegebene Vernunft, um die ihre zu erwecken, es ihnen zu zeigen, sie darauf hinzuweisen. Wenn die Person dir zuhört, dann wirst du sie ohne grundlosen Ärger kuriert haben. Weder Drama noch ungebührliche Vorstellung sind dazu erforderlich.«

So geht es auch mir. Es ist einfacher, nichts zu sagen und verbittert darüber zu sein, als tapfer zu sein, sich mit einer schwierigen Situation auseinanderzusetzen – und sich dann eventuell darüber freuen zu können. Als aufstrebende Stoiker sollten wir jedoch lieber unseren ganzen Mut aufbringen und versuchen, die Situation im Sinne aller Beteiligten zu klären. Wenn Sie schlechten Atem haben, würden Sie nicht darüber informiert werden wollen? Wenn Sie unangenehm riechen, würden Sie es nicht gern erfahren? Die nervige Person könnte sich vielleicht gar nicht bewusst darüber sein, dass sie andere stört. Warum also nicht darauf hinweisen und ihr die Chance geben, es zu ändern? Und gleichzeitig Ihnen die Möglichkeit zu geben, Ihre innere Ruhe wiederzuerlangen?

Es reicht nicht aus, einfach nur nichts Schlechtes zu tun. Wir müssen eine Kraft des Guten in der Welt sein, auch in kleinen Situationen. So gut, wie wir eben können.

Übung 53

Sagen Sie nur das, was nicht ungesagt bleiben sollte

»Schweig meistens oder sprich nur so viel wie nötig und mit wenigen Worten. In den seltenen Fällen, in denen du aufgerufen bist, zu sprechen, so sprich, aber nie über Banalitäten wie Gladiatoren, Pferde, Sport, Essen und Trinken – wovon man allerorts spricht. Vor allem aber tratsche nicht über Menschen, weder lobend, noch tadelnd, noch vergleichend.«

– EPIKTET

Wenn Sie das nächste Mal mit anderen sprechen, beobachten Sie das Gespräch. Sie werden feststellen, dass jeder über sich selbst spricht. Unabhängig vom Thema findet jeder etwas aus seinem eigenen Leben, das er in das Gespräch einbringen kann.

So sind wir Menschen nun einmal. Wir reden gern über uns selbst. Wir hören also nicht wirklich zu, verfolgen nicht, was gesagt wird, sondern wir bereiten uns auf den Moment vor, an dem wir endlich an der Reihe sind.

Und wenn wir über andere sprechen, dann geht es höchstwahrscheinlich um etwas, das sie nicht gut machen. Wir tratschen. Wir vergleichen uns mit anderen in etwas, in dem wir uns für besser halten. Wenn wir darüber nachdenken, dann erscheinen der Klatsch und das Verurteilen von Menschen, die nicht anwesend sind und sich somit nicht verteidigen können, nicht gerade fair.

Die Stoiker geben ganz klar vor: Nicht tratschen. Andere nicht verurteilen. Sich nicht beschweren. Nicht zu viel reden. Schon gar nicht über Dinge, die keine oder nur eine geringe Bedeutung haben.

»In deinem Gespräch solltest du nicht zu lange bei deinen eigenen Taten oder Abenteuern verweilen.« Epiktet ist streng: Erzählen Sie keine ausschweifenden Geschichten. »Nur weil du gern über deine Heldentaten berichtest, bedeutet das nicht, dass andere das gleiche Vergnügen daraus ziehen, von ihnen zu hören.«

Niemand will Ihre übertriebenen Schul-, Sport- und Partygeschichten hören. Sie sind nervig und egozentrisch. Vielleicht fühlen Sie sich großartig, weil Sie im Mittelpunkt des Gesprächs stehen – aber wie ist es für die anderen? Sicher, sie lächeln und sagen nicht viel, aber wie fühlen sie sich tatsächlich?

Mark Aurel rät, nur das auszusprechen, was Sie für angemessen halten, und zwar immer mit Freundlichkeit, Bescheidenheit und Aufrichtigkeit.

Also sollten Sie nur dann sprechen, wenn Sie sich sicher sind, dass das, was Sie sagen werden, nicht ungesagt bleiben sollte.

Setzen Sie zudem das, was Sie predigen, in die Praxis um. Lassen Sie mehr Ihre Taten als Ihre Worte sprechen.

Das lässt sich sehr einfach in die Praxis umsetzen. Gehen Sie mit der Absicht in ein Gespräch, größtenteils zuzuhören. Beobachten Sie, worüber die anderen reden. Beobachten Sie Ihren inneren Drang, etwas zu sagen (vermutlich wird es um etwas Selbstbezogenes gehen), und sagen Sie es dann nur, wenn es besser nicht ungesagt bleiben sollte.

Bauen Sie eine Verbindung zu anderen Menschen auf. Spielen Sie Ihnen nichts vor. Lassen Sie sie den größten Teil des Redens übernehmen. Viel Spaß beim Zuhören.

Übung 54

Bemühen Sie sich um Verständnis

»Gewöhnen Sie sich an, sich sorgfältig mit dem zu beschäftigen, was ein anderer sagt, und so weit wie möglich in den Geist des Sprechers einzutreten.«
– MARK AUREL

Die Stoiker raten, lieber zuzuhören als zu sprechen. Und wenn Sie zuhören, so sollten Sie auf das achten, was gesagt wird, damit Sie verstehen, was der Sprecher auszudrücken versucht. Auf diese Weise erkennen Sie die Werte und die Autonomie der anderen Person an.

Wenn Sie in ein Gespräch einsteigen, besteht das Ziel darin, zu verstehen, was die andere Person Ihnen mitteilen möchte. Sie hören mit der Absicht zu, sie zu verstehen. Das nennt man *empathisches Zuhören*. Es wird Ihre Beziehungen massiv verbessern.

Widerstehen Sie dem Drang, zu sprechen. Akzeptieren Sie, dass etwas in Ihnen immer sofort reagieren will. Es möchte dem Gespräch etwas hinzufügen. Aber oft ist das nicht notwendig und sogar schädlich für das Gespräch. Mark Aurel beschreibt es so: »Im Gespräch sollte man dem Gesagten hohe Aufmerksamkeit schenken und bei jedem Impuls darauf achten, was daraus erwächst; im letzteren Fall, um von Anfang an zu sehen, welches Ende beabsichtigt ist, und im ersteren, um genau zu beobachten, was die Menschen zu sagen beabsichtigen.«

Ihre Hauptfrage lautet: Was versucht die andere Person auszudrücken?

Hören Sie sich an, was gesagt wird, und berücksichtigen Sie auch begleitende Emotionen. So fördern Sie das Verständnis und die Verbindung zwischen Ihnen und dem Sprecher.

Erinnern Sie sich noch an den Gründer des Stoizismus? Zenon von Kition, der Schiffbrüchige? Der griechische Biograph Diogenes Laertios schrieb, Zenon habe zu einem jungen Mann, der Unsinn redete, gesagt: »Die Natur hat uns zwei Ohren und nur einen Mund gegeben, damit wir mehr zuhören und weniger reden.«

Machen Sie es sich im Gespräch zur Regel, sich zurückzuhalten. Hören Sie hauptsächlich zu und sagen Sie nur das, was das Gespräch verbessert. Die Menschen werden davon profitieren, auch wenn sie es nicht so sagen. Und Sie selbst verbessern nicht nur Ihre empathischen Zuhörfähigkeiten, sondern auch Ihre Konversations- und Beobachtungsfähigkeiten und darüber hinaus Ihre Beziehungen.

Wie Zenon bekanntermaßen sagte: »Lieber mit den Füßen stolpern als mit der Zunge.«

Übung 55

Mit gutem Beispiel vorangehen

»Verschwende keine Zeit mehr damit,
darüber zu debattieren,
was ein guter Mensch sein sollte.
Sei einer.«
– MARK AUREL

Führen Sie durch Ihre Taten. Seien Sie ein gutes Beispiel. Ein aktives Vorbild übertrifft eine Vorlesung mit Leichtigkeit.

Unterweisen Sie andere nicht, sondern demonstrieren Sie stillschweigend. Beginnen Sie mit dem Gesicht im Spiegel. »Handle nach deinen Prinzipien«, sagte Epiktet, »sag zum Beispiel bei einem Bankett nicht, wie man essen sollte, sondern iss so, wie man es tun sollte.«

Es bestehe große Gefahr darin, so Epiktet, über das zu sprechen, was man gelernt habe. Weil man vielleicht etwas erbricht, das noch nicht verdaut wurde. »Denn selbst Schafe erbrechen nicht ihr Gras und zeigen den Hirten, wie viel sie gefressen haben; aber wenn sie das Futter innerlich verdaut haben, bringen sie äußerlich Wolle und Milch hervor.«

Auf die gleiche Weise sollten wir nicht über das sprechen, was noch nicht vollständig verdaut ist, sondern die Handlungen an den Tag legen, die aus dem Verdauen der Theorie resultieren. Zeigen Sie, was Sie gelernt haben, anstatt es zu beschreiben.

Wenn Sie also jemand unhöflich behandelt, können Sie zeigen, was Sie gelernt haben, und mit Freundlichkeit und Vergebung reagieren. Denn wenn Sie Ihrerseits mit Unhöflichkeit reagieren, beweist das nur, dass Sie noch nichts gelernt haben. Dann sind Sie genauso wie die anderen.

Aber wenn es Ihnen gelingt, ruhig und überlegt zu bleiben und eine tolerante und mitfühlende Reaktion zu wählen, so gehen Sie mit gutem Beispiel voran. Und andere werden folgen. Vielleicht sogar der Übeltäter.

Laut den Stoikern sollten wir Normen setzen und dann nach ihnen leben. Es sei die Aufgabe der Philosophie, die Normen zu untersuchen und aufrechtzuerhalten, »aber die Aufgabe eines wirklich guten Menschen besteht darin, diese Normen anzuwenden, wenn er sie kennt«.

Epiktet könnte es nicht klarer ausdrücken – wir müssen nach den Normen leben, die wir kennen.

Haben Sie eine der Ideen, die in diesem Buch vorgestellt werden, bewundert? Haben Sie einigen von ihnen zugestimmt? Dann seien Sie der wirklich gute Mensch, der sich auch nach dem richtet, was er weiß.

Stellen Sie sich die Frage: »Wer will ich in der Welt da draußen sein?« Und dann leben Sie entsprechend. Wenn Sie freundlich sein möchten, dann seien Sie freundlich. Wenn Sie geduldig sein möchten, dann seien Sie geduldig. Wenn Sie ehrlich sein möchten, dann seien Sie ehrlich.

Wenn Sie nach Ihren Überzeugungen und Normen leben, werden Sie eine Harmonie erreichen, die als kognitive Harmonie bezeichnet wird. Sie denken auf eine bestimmte Weise und verhalten sich auch so. Das fühlt sich toll an.

Setzen Sie das in die Praxis um, was Sie für richtig halten.

Führen Sie, indem Sie mit gutem Beispiel vorangehen, und andere werden folgen. Die Menschen folgen Taten eher als Anweisungen. Zeigen Sie also aktiv, was Ihrer Meinung nach das Beste ist, was man tun und wie man sich verhalten sollte. Wie man so schön sagt: Seien Sie die Veränderung, die Sie in der Welt sehen möchten.

»Verschwende keine Zeit mehr damit, darüber zu debattieren, was ein guter Mensch sein sollte. Sei einer.«

Danksagungen

Zunächst möchte ich mich bei Ihnen, dem Leser, bedanken, dass Sie einem unbekannten Erstautor die Chance gegeben haben, sich zu beweisen. *Vielen Dank* für Ihre Zeit. Ich weiß das aufrichtig zu schätzen.

Nils, mein Bruder, Geschäftspartner und Freund – *merci* für deine endlose Unterstützung. Ohne dich hätte dieses Buch nie das Licht der Welt erblickt.

Anastasia, unsere griechische Künstlerin – *efharisto* für deine atemberaubenden Zeichnungen. Sie verleihen diesem Buch genau die richtige Würze.

Und vielen Dank an alle, die mich auf diesem mühsamen Weg unterstützt haben. Der Kampf hat sich sehr gelohnt.

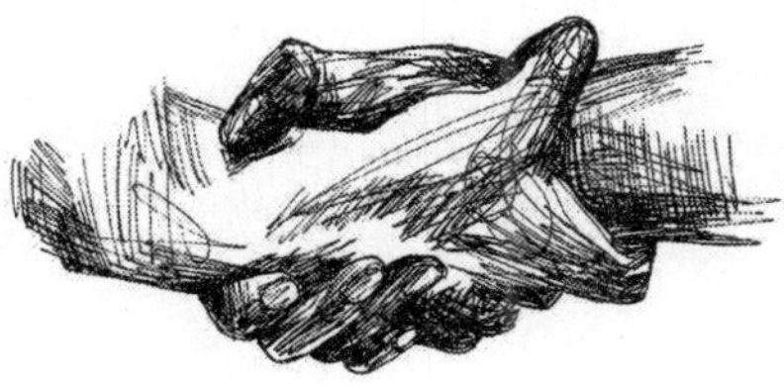

Danke!

Ausgewählte Literatur

Covey, Stephen R. *Die 7 Wege zur Effektivität.* Offenbach a.M.: GABAL, 2005.

Diogenes Laertius. *Leben und Meinungen berühmter Philosophen.* 2. Auflage, Hamburg: Felix Meiner Verlag, 1967.

Epiktet. *Discourses.* http://classics.mit.edu/Epiktet/discourses.html.

Epiktet. *Anleitung zum glücklichen Leben. Encheiridion (Handbuch der Moral).* Übers. und hrsg. von Rainer Nickel, Düsseldorf: Artemis & Winkler, 2006.

Evans, Jules. *Seneca and the Art of Managing Expectations.* https://www.cbu.ca/wp-content/uploads/2017/01/8-Why-is-it-important-to-Manage-our-Expectations.pdf.

Frankl, Viktor. … *und trotzdem Ja zum Leben sagen: Ein Psychologe erlebt das Konzentrationslager.* München: Penguin Verlag, 2018.

Hadot, Pierre. *Philosophie als Lebensform: Antike und moderne Exerzitien der Weisheit.* Frankfurt am Main: Fischer, 2011.

Hadot, Pierre. *Die innere Burg. Anleitung zu einer Lektüre Marc Aurels.* Übersetzt von Makoto Ozaki und Beate von der Osten. Frankfurt am Main: Eichborn, 1997.

Holiday, Ryan. *Dein Hindernis ist Dein Weg: Mit der Weisheit der alten Stoiker Schwierigkeiten in Chancen verwandeln.* FinanzBuch Verlag, 2018.

Holiday, Ryan, und Stephen Hanselmann. *Der tägliche Stoiker: 366 nachdenkliche Betrachtungen über Weisheit, Beharrlichkeit und Lebensstil.* München: FinanzBuch Verlag, 2017.

Irvine, William B. *A Guide to the Good Life.* New York: Oxford University Press, 2008.

Johnson, Brian. https://www.optimize.me/plus-one/how-to-high-five-your-inner-daimon/.

Katie, Byron, und Stephen Mitchell. *Lieben was ist. Wie vier Fragen Ihr Leben verändern können.* München: Goldmann, 2002.

Long, A. A. *Epiktet: A Stoic and Socratic Guide to Life.* Oxford: Clarendon Press, 2002.

Marc Aurel. *Selbstbetrachtungen*. Köln: Anaconda Verlag, 2018.

Millman, Dan. *Der Pfad des friedvollen Kriegers*. München: Heyne Verlag, 2013.

Musonius Rufus. *The Lectures and Sayings of Musonius Rufus*. Übersetzt von Cynthia King. Createspace, 2011.

Pigliucci, Massimo. *Die Weisheit der Stoiker: ein philosophischer Leitfaden für stürmische Zeiten*. München Piper Verlag, 2019.

Robertson, Donald. *Stoicism and the Art of Happiness: Ancient Tips for Modern Challenges*. London: Hodder & Stoughton, 2013.

Robertson, Donald. *The Philosophy of Cognitive Behavioural Therapy (CBT)*. London: Karnac, 2010.

Seneca. *Dialogues and Letters*. Herausgegeben und übersetzt von C. D. N. Costa. London: Penguin Verlag, 2005.

Seneca. *Letters from a Stoic*. London: Penguin Verlag, 2004.

Seneca. *Moral Essays*. Vol. 1. Übersetzt von John W. Basore. Cambridge, MA: Harvard University Press, 1928.

Stephens, William O. »Stoic Ethics.« *Internet Encyclopedia of Philosophy*, http://www.iep.utm.edu/stoiceth/.

Taleb, Nassim N. *Antifragilität: Anleitung für eine Welt, die wir nicht verstehen*. München: Pantheon Verlag, 2018.

Möchten Sie mehr zum Thema erfahren?

Mein Bruder Nils und ich sind unersättliche Leser und wir versuchen, jeden Tag als Menschen besser zu werden. Der Stoizismus, die positive Psychologie und die Überwindung von Prokrastination helfen dabei und doch haben wir immer noch zu kämpfen. Das ist in Ordnung. Stehen Sie einfach wieder auf, klopfen Sie sich den Staub ab, schauen Sie nach vorn und gehen Sie weiter Ihren Weg.

Auf NJlifehacks.com schreiben wir über die Dinge, die wir in unserer schnelllebigen Welt voller Ablenkungen am nützlichsten finden. Wenn Sie sich uns anschließen mögen und jede Woche neue Artikel zum Thema in Ihrem Posteingang vorfinden möchten, dann melden Sie sich bei NJlifehacks.com an. Sie können mir auch einfach eine E-Mail an jonas@njlifehacks.com schicken und mir mitteilen, dass Sie diese Artikel erhalten möchten (schreiben Sie dazu einfach » Fresh Articles« in die Betreffzeile).